学ぶ人は、
変えて
ゆく人だ。

目の前にある問題はもちろん、
人生の問いや、
社会の課題を自ら見つけ、
挑み続けるために、人は学ぶ。
「学び」で、
少しずつ世界は変えてゆける。
いつでも、どこでも、誰でも、
学ぶことができる世の中へ。

旺文社

2021年度版

文部科学省後援

英検®3級
過去6回全問題集

「日本英語検定協会推奨」とは、皆様に適切なものを安心してご選択いただけるよう、「英検®ブランド第三者審議委員会」の審査を通過した商品・サービスに限り、公益財団法人 日本英語検定協会がその使用を認めたものです。なお、「日本英語検定協会推奨」は、商品・サービスの使用により英検®の合格や英検CSEスコアアップを保証するものではありません。

※ 英検®には複数の試験があります（p.11参照）。本書に収録されている問題は、「従来型」の過去問のうち、公益財団法人 日本英語検定協会から提供を受けたもののみです。準会場・海外受験などの問題とは一致しない場合があります。英検CBT®、英検 2020 1 day S-CBT®、英検 2020 2 days S-Interview®の過去問は公表されていませんが、問題形式・内容は従来型と変わりませんので、受験準備のためには本書収録の過去問がご利用いただけます。

英検®は、公益財団法人 日本英語検定協会の登録商標です。

旺文社

Volleyball

Volleyball is an exciting team sport. Many students learn to play volleyball during P.E. classes at school, and some people enjoy playing beach volleyball in summer. Watching professional volleyball games can also be fun.

Painting Pictures

Painting pictures is popular with both children and adults. Many people think it is a good way to relax. Some people enjoy painting pictures of trees and flowers, so they go to parks on weekends.

2020年度 第1回 二次試験 A日程 (2020.8.22 実施)

問題カード

この問題カードは切り取って，本番の面接の練習用にしてください。
質問は p.61 にありますので，参考にしてください。

Department Stores

Many cities have department stores. In Japan, they are often built near large train stations. Many people enjoy shopping for new clothes and eating delicious food, so they visit department stores in their free time.

2020年度 第1回 二次試験 B日程 (2020.8.23 実施)

問題カード

この問題カードは切り取って，本番の面接の練習用にしてください。
質問は p.63 にありますので，参考にしてください。

Piano Lessons

Many children in Japan take piano lessons. During these lessons, they sometimes learn to play difficult songs. Some children want to take part in piano contests, so they practice hard for many hours every day.

2019年度 第3回 二次試験 A日程 (2020.2.23 実施)

問題カード

この問題カードは切り取って，本番の面接の練習用にしてください。
質問は p.85 にありますので，参考にしてください。

Badminton

Playing badminton is a popular activity in Japan. Some students join badminton teams at school, and many people play badminton in local gyms on weekends. Some players hope to take part in the Olympics someday.

2019年度 第3回 二次試験 B日程 (2020.3.1 実施)

問題カード

この問題カードは切り取って，本番の面接の練習用にしてください。
質問は p.87 にありますので，参考にしてください。

Spaghetti

Spaghetti is eaten by people all over the world. It is often eaten with a sauce made from tomatoes. Spaghetti is delicious and easy to cook, so it is a popular dish with many families.

2020年度第2回　英検3級　解答用紙

【注意事項】
① 解答にはHBの黒鉛筆（シャープペンシルも可）を使用し，解答を訂正する場合には消しゴムで完全に消してください。
② 解答用紙は絶対に汚したり折り曲げたり，所定以外のところへの記入はしないでください。
③ マーク例

	良い例	悪い例
	●	

これ以下の濃さのマークは読めません。

解答欄

問題番号	1	2	3	4
(1)	①	②	③	④
(2)	①	②	③	④
(3)	①	②	③	④
(4)	①	②	③	④
(5)	①	②	③	④
(6)	①	②	③	④
(7)	①	②	③	④
(8)	①	②	③	④
(9)	①	②	③	④
(10)	①	②	③	④
(11)	①	②	③	④
(12)	①	②	③	④
(13)	①	②	③	④
(14)	①	②	③	④
(15)	①	②	③	④

(1の解答欄)

解答欄

問題番号	1	2	3	4
(16)	①	②	③	④
(17)	①	②	③	④
(18)	①	②	③	④
(19)	①	②	③	④
(20)	①	②	③	④
(21)	①	②	③	④
(22)	①	②	③	④
(23)	①	②	③	④
(24)	①	②	③	④
(25)	①	②	③	④
(26)	①	②	③	④
(27)	①	②	③	④
(28)	①	②	③	④
(29)	①	②	③	④
(30)	①	②	③	④

(2, 3の解答欄)

※筆記4の解答欄はこの裏にあります。

リスニング解答欄

問題番号	1	2	3	4
例題	①	②	●	
No. 1	①	②	③	
No. 2	①	②	③	
No. 3	①	②	③	
No. 4	①	②	③	
No. 5	①	②	③	
No. 6	①	②	③	
No. 7	①	②	③	
No. 8	①	②	③	
No. 9	①	②	③	
No. 10	①	②	③	
No. 11	①	②	③	④
No. 12	①	②	③	④
No. 13	①	②	③	④
No. 14	①	②	③	④
No. 15	①	②	③	④
No. 16	①	②	③	④
No. 17	①	②	③	④
No. 18	①	②	③	④
No. 19	①	②	③	④
No. 20	①	②	③	④
No. 21	①	②	③	④
No. 22	①	②	③	④
No. 23	①	②	③	④
No. 24	①	②	③	④
No. 25	①	②	③	④
No. 26	①	②	③	④
No. 27	①	②	③	④
No. 28	①	②	③	④
No. 29	①	②	③	④
No. 30	①	②	③	④

(第1部, 第2部, 第3部)

2020年度第2回
Web特典「自動採点サービス」対応
オンラインマークシート
※検定の回によってQRコードが違います。
※筆記1〜3，リスニングの採点ができます。
※PCからも利用できます（問題編 p.8 参照）。

※実際の解答用紙に似せていますが，デザイン・サイズは異なります。

切り取り線

●記入上の注意（記述形式）
・指示事項を守り，文字は，はっきりと分かりやすく書いてください。
・太枠に囲まれた部分のみが採点の対象です。

4 ライティング解答欄

5

10

2020年度第1回 英検3級 解答用紙

【注意事項】
① 解答にはHBの黒鉛筆（シャープペンシルも可）を使用し，解答を訂正する場合には消しゴムで完全に消してください。
② 解答用紙は絶対に汚したり折り曲げたり，所定以外のところへの記入はしないでください。

③ マーク例

良い例	悪い例
●	◐ ✗ ◯

これ以下の濃さのマークは読めません。

解答欄

問題番号	1	2	3	4
(1)	①	②	③	④
(2)	①	②	③	④
(3)	①	②	③	④
(4)	①	②	③	④
(5)	①	②	③	④
(6)	①	②	③	④
(7)	①	②	③	④
(8)	①	②	③	④
(9)	①	②	③	④
(10)	①	②	③	④
(11)	①	②	③	④
(12)	①	②	③	④
(13)	①	②	③	④
(14)	①	②	③	④
(15)	①	②	③	④

（筆記1）

解答欄

問題番号	1	2	3	4
(16)	①	②	③	④
(17)	①	②	③	④
(18)	①	②	③	④
(19)	①	②	③	④
(20)	①	②	③	④
(21)	①	②	③	④
(22)	①	②	③	④
(23)	①	②	③	④
(24)	①	②	③	④
(25)	①	②	③	④
(26)	①	②	③	④
(27)	①	②	③	④
(28)	①	②	③	④
(29)	①	②	③	④
(30)	①	②	③	④

（筆記2・3）

※筆記4の解答欄はこの裏にあります。

リスニング解答欄

問題番号	1	2	3	4
例題	①	②	●	
No. 1	①	②	③	
No. 2	①	②	③	
No. 3	①	②	③	
No. 4	①	②	③	
No. 5	①	②	③	
No. 6	①	②	③	
No. 7	①	②	③	
No. 8	①	②	③	
No. 9	①	②	③	
No. 10	①	②	③	
No. 11	①	②	③	④
No. 12	①	②	③	④
No. 13	①	②	③	④
No. 14	①	②	③	④
No. 15	①	②	③	④
No. 16	①	②	③	④
No. 17	①	②	③	④
No. 18	①	②	③	④
No. 19	①	②	③	④
No. 20	①	②	③	④
No. 21	①	②	③	④
No. 22	①	②	③	④
No. 23	①	②	③	④
No. 24	①	②	③	④
No. 25	①	②	③	④
No. 26	①	②	③	④
No. 27	①	②	③	④
No. 28	①	②	③	④
No. 29	①	②	③	④
No. 30	①	②	③	④

（第1部／第2部／第3部）

2020年度第1回 Web特典「自動採点サービス」対応 オンラインマークシート
※検定の回によってQRコードが違います。
※筆記1〜3，リスニングの採点ができます。
※PCからも利用できます（問題編 p.8 参照）。

※実際の解答用紙に似せていますが，デザイン・サイズは異なります。

切り取り線

●記入上の注意（記述形式）
・指示事項を守り，文字は，はっきりと分かりやすく書いてください。
・太枠に囲まれた部分のみが採点の対象です。

4 ライティング解答欄

5

10

2019年度第3回 英検3級 解答用紙

【注意事項】
① 解答にはHBの黒鉛筆(シャープペンシルも可)を使用し，解答を訂正する場合には消しゴムで完全に消してください。
② 解答用紙は絶対に汚したり折り曲げたり，所定以外のところへの記入はしないでください。

③ マーク例

良い例	悪い例
●	◐ ✗ ◯

これ以下の濃さのマークは読めません。

解答欄

問題番号	1	2	3	4
(1)	①	②	③	④
(2)	①	②	③	④
(3)	①	②	③	④
(4)	①	②	③	④
(5)	①	②	③	④
(6)	①	②	③	④
(7)	①	②	③	④
(8)	①	②	③	④
(9)	①	②	③	④
(10)	①	②	③	④
(11)	①	②	③	④
(12)	①	②	③	④
(13)	①	②	③	④
(14)	①	②	③	④
(15)	①	②	③	④

(1の解答欄)

解答欄

問題番号	1	2	3	4
(16)	①	②	③	④
(17)	①	②	③	④
(18)	①	②	③	④
(19)	①	②	③	④
(20)	①	②	③	④
(21)	①	②	③	④
(22)	①	②	③	④
(23)	①	②	③	④
(24)	①	②	③	④
(25)	①	②	③	④
(26)	①	②	③	④
(27)	①	②	③	④
(28)	①	②	③	④
(29)	①	②	③	④
(30)	①	②	③	④

※筆記4の解答欄はこの裏にあります。

リスニング解答欄

問題番号	1	2	3	4
例題	①	②	●	
No. 1	①	②	③	
No. 2	①	②	③	
No. 3	①	②	③	
No. 4	①	②	③	
No. 5	①	②	③	
No. 6	①	②	③	
No. 7	①	②	③	
No. 8	①	②	③	
No. 9	①	②	③	
No. 10	①	②	③	
No. 11	①	②	③	④
No. 12	①	②	③	④
No. 13	①	②	③	④
No. 14	①	②	③	④
No. 15	①	②	③	④
No. 16	①	②	③	④
No. 17	①	②	③	④
No. 18	①	②	③	④
No. 19	①	②	③	④
No. 20	①	②	③	④
No. 21	①	②	③	④
No. 22	①	②	③	④
No. 23	①	②	③	④
No. 24	①	②	③	④
No. 25	①	②	③	④
No. 26	①	②	③	④
No. 27	①	②	③	④
No. 28	①	②	③	④
No. 29	①	②	③	④
No. 30	①	②	③	④

第1部：No.1〜No.10
第2部：No.11〜No.20
第3部：No.21〜No.30

2019年度第3回
Web特典「自動採点サービス」対応 オンラインマークシート
※検定の回によってQRコードが違います。
※筆記1〜3，リスニングの採点ができます。
※ PCからも利用できます (問題編 p.8 参照)。

※実際の解答用紙に似せていますが，デザイン・サイズは異なります。

切り取り線

●記入上の注意（記述形式）
・指示事項を守り，文字は，はっきりと分かりやすく書いてください。
・太枠に囲まれた部分のみが採点の対象です。

4 ライティング解答欄

5

10

2019年度第2回 英検3級 解答用紙

【注意事項】
① 解答にはHBの黒鉛筆（シャープペンシルも可）を使用し，解答を訂正する場合には消しゴムで完全に消してください。
② 解答用紙は絶対に汚したり折り曲げたり，所定以外のところへの記入はしないでください。
③ マーク例

これ以下の濃さのマークは読めません。

解答欄

問題番号	1	2	3	4
1 (1)	①	②	③	④
(2)	①	②	③	④
(3)	①	②	③	④
(4)	①	②	③	④
(5)	①	②	③	④
(6)	①	②	③	④
(7)	①	②	③	④
(8)	①	②	③	④
(9)	①	②	③	④
(10)	①	②	③	④
(11)	①	②	③	④
(12)	①	②	③	④
(13)	①	②	③	④
(14)	①	②	③	④
(15)	①	②	③	④

解答欄

問題番号	1	2	3	4
2 (16)	①	②	③	④
(17)	①	②	③	④
(18)	①	②	③	④
(19)	①	②	③	④
(20)	①	②	③	④
3 (21)	①	②	③	④
(22)	①	②	③	④
(23)	①	②	③	④
(24)	①	②	③	④
(25)	①	②	③	④
(26)	①	②	③	④
(27)	①	②	③	④
(28)	①	②	③	④
(29)	①	②	③	④
(30)	①	②	③	④

※筆記4の解答欄はこの裏にあります。

リスニング解答欄

問題番号	1	2	3	4
例題	①	②	●	
第1部 No. 1	①	②	③	
No. 2	①	②	③	
No. 3	①	②	③	
No. 4	①	②	③	
No. 5	①	②	③	
No. 6	①	②	③	
No. 7	①	②	③	
No. 8	①	②	③	
No. 9	①	②	③	
No. 10	①	②	③	
第2部 No. 11	①	②	③	④
No. 12	①	②	③	④
No. 13	①	②	③	④
No. 14	①	②	③	④
No. 15	①	②	③	④
No. 16	①	②	③	④
No. 17	①	②	③	④
No. 18	①	②	③	④
No. 19	①	②	③	④
No. 20	①	②	③	④
第3部 No. 21	①	②	③	④
No. 22	①	②	③	④
No. 23	①	②	③	④
No. 24	①	②	③	④
No. 25	①	②	③	④
No. 26	①	②	③	④
No. 27	①	②	③	④
No. 28	①	②	③	④
No. 29	①	②	③	④
No. 30	①	②	③	④

2019年度第2回
Web特典「自動採点サービス」対応
オンラインマークシート
※検定の回によってQRコードが違います。
※筆記1〜3，リスニングの採点ができます。
※PCからも利用できます（問題編 p.8 参照）。

※実際の解答用紙に似せていますが，デザイン・サイズは異なります。

切り取り線

●記入上の注意（記述形式）
・指示事項を守り，文字は，はっきりと分かりやすく書いてください。
・太枠に囲まれた部分のみが採点の対象です。

4 ライティング解答欄

2019年度第1回　英検3級　解答用紙

【注意事項】
①解答にはHBの黒鉛筆（シャープペンシルも可）を使用し，解答を訂正する場合には消しゴムで完全に消してください。
②解答用紙は絶対に汚したり折り曲げたり，所定以外のところへの記入はしないでください。

③マーク例

良い例	悪い例
●	◯ ✕ ◉

これ以下の濃さのマークは読めません。

解答欄

問題番号	1	2	3	4
(1)	①	②	③	④
(2)	①	②	③	④
(3)	①	②	③	④
(4)	①	②	③	④
(5)	①	②	③	④
(6)	①	②	③	④
(7)	①	②	③	④
(8)	①	②	③	④
(9)	①	②	③	④
(10)	①	②	③	④
(11)	①	②	③	④
(12)	①	②	③	④
(13)	①	②	③	④
(14)	①	②	③	④
(15)	①	②	③	④

（大問1）

問題番号	1	2	3	4
(16)	①	②	③	④
(17)	①	②	③	④
(18)	①	②	③	④
(19)	①	②	③	④
(20)	①	②	③	④
(21)	①	②	③	④
(22)	①	②	③	④
(23)	①	②	③	④
(24)	①	②	③	④
(25)	①	②	③	④
(26)	①	②	③	④
(27)	①	②	③	④
(28)	①	②	③	④
(29)	①	②	③	④
(30)	①	②	③	④

（大問2・3）

リスニング解答欄

問題番号	1	2	3	4
例題	①	②	●	
No. 1	①	②	③	
No. 2	①	②	③	
No. 3	①	②	③	
No. 4	①	②	③	
No. 5	①	②	③	
No. 6	①	②	③	
No. 7	①	②	③	
No. 8	①	②	③	
No. 9	①	②	③	
No. 10	①	②	③	
No. 11	①	②	③	④
No. 12	①	②	③	④
No. 13	①	②	③	④
No. 14	①	②	③	④
No. 15	①	②	③	④
No. 16	①	②	③	④
No. 17	①	②	③	④
No. 18	①	②	③	④
No. 19	①	②	③	④
No. 20	①	②	③	④
No. 21	①	②	③	④
No. 22	①	②	③	④
No. 23	①	②	③	④
No. 24	①	②	③	④
No. 25	①	②	③	④
No. 26	①	②	③	④
No. 27	①	②	③	④
No. 28	①	②	③	④
No. 29	①	②	③	④
No. 30	①	②	③	④

（第1部 / 第2部 / 第3部）

※筆記4の解答欄はこの裏にあります。

2019年度第1回
Web特典「自動採点サービス」対応
オンラインマークシート

※検定の回によってQRコードが違います。
※筆記1〜3，リスニングの採点ができます。
※PCからも利用できます（問題編 p.8 参照）。

※実際の解答用紙に似せていますが，デザイン・サイズは異なります。

●記入上の注意（記述形式）
・指示事項を守り，文字は，はっきりと分かりやすく書いてください。
・太枠に囲まれた部分のみが採点の対象です。

4 ライティング解答欄

5

10

切り取り線

2018年度第3回　英検3級　解答用紙

【注意事項】
①解答にはHBの黒鉛筆（シャープペンシルも可）を使用し，解答を訂正する場合には消しゴムで完全に消してください。
②解答用紙は絶対に汚したり折り曲げたり，所定以外のところへの記入はしないでください。

③マーク例

	良い例	悪い例
	●	◐ ✗ ◉

これ以下の濃さのマークは読めません。

解答欄 1

問題番号	1	2	3	4
(1)	①	②	③	④
(2)	①	②	③	④
(3)	①	②	③	④
(4)	①	②	③	④
(5)	①	②	③	④
(6)	①	②	③	④
(7)	①	②	③	④
(8)	①	②	③	④
(9)	①	②	③	④
(10)	①	②	③	④
(11)	①	②	③	④
(12)	①	②	③	④
(13)	①	②	③	④
(14)	①	②	③	④
(15)	①	②	③	④

解答欄 2・3

問題番号	1	2	3	4
(16)	①	②	③	④
(17)	①	②	③	④
(18)	①	②	③	④
(19)	①	②	③	④
(20)	①	②	③	④
(21)	①	②	③	④
(22)	①	②	③	④
(23)	①	②	③	④
(24)	①	②	③	④
(25)	①	②	③	④
(26)	①	②	③	④
(27)	①	②	③	④
(28)	①	②	③	④
(29)	①	②	③	④
(30)	①	②	③	④

※筆記4の解答欄はこの裏にあります。

リスニング解答欄

問題番号	1	2	3	4
例題	①	②	●	
No. 1	①	②	③	
No. 2	①	②	③	
No. 3	①	②	③	
No. 4	①	②	③	
No. 5	①	②	③	
No. 6	①	②	③	
No. 7	①	②	③	
No. 8	①	②	③	
No. 9	①	②	③	
No. 10	①	②	③	
No. 11	①	②	③	④
No. 12	①	②	③	④
No. 13	①	②	③	④
No. 14	①	②	③	④
No. 15	①	②	③	④
No. 16	①	②	③	④
No. 17	①	②	③	④
No. 18	①	②	③	④
No. 19	①	②	③	④
No. 20	①	②	③	④
No. 21	①	②	③	④
No. 22	①	②	③	④
No. 23	①	②	③	④
No. 24	①	②	③	④
No. 25	①	②	③	④
No. 26	①	②	③	④
No. 27	①	②	③	④
No. 28	①	②	③	④
No. 29	①	②	③	④
No. 30	①	②	③	④

第1部：No.1～No.10
第2部：No.11～No.20
第3部：No.21～No.30

2018年度第3回
Web特典「自動採点サービス」対応
オンラインマークシート
※検定の回によってQRコードが違います。
※筆記1～3，リスニングの採点ができます。
※PCからも利用できます（問題編 p.8 参照）。

※実際の解答用紙に似ていますが，デザイン・サイズは異なります。

切り取り線

●記入上の注意（記述形式）
・指示事項を守り，文字は，はっきりと分かりやすく書いてください。
・太枠に囲まれた部分のみが採点の対象です。

4 ライティング解答欄

Introduction

はじめに

実用英語技能検定（英検®）は，年間受験者数390万人（英検IBA，英検Jr.との総数）の小学生から社会人まで，幅広い層が受験する国内最大級の資格試験で，1963年の第1回検定からの累計では1億人を超える人々が受験しています。英検®は，コミュニケーションに欠かすことのできない4技能をバランスよく測定することを目的としており，英検®の受験によってご自身の英語力を把握できるだけでなく，進学・就職・留学などの場面で多くのチャンスを手に入れることにつながります。

この『全問題集シリーズ』は，英語を学ぶ皆さまを応援する気持ちを込めて刊行しました。本書は，2020年度第2回検定を含む6回分の過去問を，皆さまの理解が深まるよう，日本語訳や詳しい解説を加えて収録しています。

本書が皆さまの英検合格の足がかりとなり，さらには国際社会で活躍できるような生きた英語を身につけるきっかけとなることを願っています。

最後に，本書を刊行するにあたり，多大なご尽力をいただきました敬愛大学教授 向後秀明先生に深く感謝の意を表します。

2021年　春

もくじ

Contents

本書の使い方 ………………………………………………… 3

音声について ………………………………………………… 4

Web特典について ………………………………………… 7

自動採点サービスの利用方法 ………………………… 8

二次試験・面接の流れ ………………………………… 9

英検インフォメーション …………………………… 10
　試験内容／合否判定方法／英検（従来型）受験情報—2021年度試験日程・
　申込方法

2020年度の傾向と攻略ポイント ………………… 14

2020年度	第2回検定（筆記・リスニング・面接）…… 17	
	第1回検定（筆記・リスニング・面接）…… 41	
2019年度	第3回検定（筆記・リスニング・面接）…… 65	
	第2回検定（筆記・リスニング・面接）…… 89	
	第1回検定（筆記・リスニング・面接）… 113	
2018年度	第3回検定（筆記・リスニング・面接）… 137	

執　　筆：向後秀明（敬愛大学）
編集協力：株式会社 エディット，入江 泉
録　　音：ユニバ合同会社
デザイン：林 慎一郎（及川真咲デザイン事務所）
組版・データ作成協力：幸和印刷株式会社

本書の使い方

ここでは，本書の過去問および特典についての活用法の一例を紹介します。

本書の内容

| 過去問
6回分 | 英検
インフォ
メーション
(p.10-13) | 2020年度の
傾向と
攻略ポイント
(p.14-16) | 二次試験・
面接の流れ
(p.9) | Web特典
(p.7-8) |

本書の使い方

一次試験対策

情報収集・傾向把握

・英検インフォメーション
・2020年度の傾向と攻略ポイント

過去問にチャレンジ

・2020年度第2回一次試験
・2020年度第1回一次試験
・2019年度第3回一次試験
・2019年度第2回一次試験
・2019年度第1回一次試験
・2018年度第3回一次試験
　※【Web特典】自動採点サービスの活用

二次試験対策

情報収集・傾向把握

・二次試験・面接の流れ
・【Web特典】
　面接シミュレーション／面接模範例

過去問にチャレンジ

・2020年度第2回二次試験
・2020年度第1回二次試験
・2019年度第3回二次試験
・2019年度第2回二次試験
・2019年度第1回二次試験
・2018年度第3回二次試験

過去問の取り組み方

1セット目

【本番モード】
本番の試験と同じように，制限時間を設けて取り組みましょう。どの問題形式に時間がかかりすぎているか，正答率が低いかなど，今のあなたの実力を把握しましょう。
「自動採点サービス」を活用して，答え合わせをスムーズに行いましょう。

2〜5セット目

【学習モード】
制限時間をなくし，解けるまで取り組みましょう。
リスニングは音声を繰り返し聞いて解答を導き出してもかまいません。すべての問題に正解できるまで見直します。

6セット目

【仕上げモード】
試験直前の仕上げに利用しましょう。時間を計って本番のつもりで取り組みます。
これまでに取り組んだ6セットの過去問で間違えた問題の解説を本番試験の前にもう一度見直しましょう。

3

音声について

一次試験・リスニングと二次試験・面接の音声を聞くことができます。本書とともに使い，効果的なリスニング・面接対策をしましょう。

収録内容と特長

 一次試験・リスニング

本番の試験の音声を収録	➡	スピードをつかめる！
解答時間は本番通り10秒間	➡	解答時間に慣れる！
収録されている英文は，別冊解答に掲載	➡	聞き取れない箇所を確認できる！

 二次試験・面接（スピーキング）

| 実際の流れ通りに収録 | ➡ | 本番の雰囲気を味わえる！ |

・パッセージの黙読（試験通り20秒の黙読時間があります）
・パッセージの音読（Model Readingを収録しています）
・質問（練習用に10秒の解答時間）

| 各質問のModel Answerも収録 | ➡ | 模範解答が確認できる！ |
| Model Answerは，別冊解答に掲載 | ➡ | 聞き取れない箇所を確認できる！ |

3つの方法で音声が聞けます！

① 公式アプリ「英語の友」(iOS/Android)で お手軽再生

リスニング力を強化する機能満載

- 再生速度変換 (0.5〜2.0倍速)
- お気に入り機能 (絞込み学習)
- オフライン再生
- バックグラウンド再生
- 試験日カウントダウン

［ご利用方法］

1 「英語の友」公式サイトより，アプリをインストール
https://eigonotomo.com/ 　英語の友
(右のQRコードから読み込めます)

2 アプリ内のライブラリよりご購入いただいた書籍を選び，「追加」ボタンを押してください

3 パスワードを入力すると，音声がダウンロードできます
[パスワード：srtmrk] ※すべて半角アルファベット小文字

※本アプリの機能の一部は有料ですが，本書の音声は無料でお聞きいただけます。
※詳しいご利用方法は「英語の友」公式サイト，あるいはアプリ内ヘルプをご参照ください。
※2021年2月22日から2022年8月31日までご利用いただけます。
※本サービスは，上記ご利用期間内でも予告なく終了することがあります。

CDをご希望の方は，別売「2021年度版英検3級過去6回全問題集CD」
(本体価格1,200円+税) をご利用ください。

持ち運びに便利な小冊子とCD3枚付き。CDプレーヤーで通して聞くと，本番と同じような環境で練習できます。　※収録箇所は，本書で **CD 1** 1 〜 11 のように表示しています。

② パソコンで音声データダウンロード（MP3）

［ご利用方法］

1 　Web特典にアクセス　　詳細は，p.7をご覧ください。

2 　「一次試験［二次試験］音声データダウンロード」から
　　聞きたい検定の回を選択してダウンロード

※音声ファイルはzip形式にまとめられた形でダウンロードされます。
※音声の再生にはMP3を再生できる機器などが必要です。ご使用機器，音声再生ソフト等に関する技術的なご質問は，ハードメーカーもしくはソフトメーカーにお願いいたします。

③ スマートフォン・タブレットでストリーミング再生

［ご利用方法］

1 　自動採点サービスにアクセス　　詳細は，p.8をご覧ください。
　　（右のQRコードから読み込めます）

2 　聞きたい検定の回を選び，
　　リスニングテストの音声再生ボタンを押す

※自動採点サービスは一次試験に対応していますので，一次試験・リスニングの音声のみお聞きいただけます。（二次試験・面接の音声をお聞きになりたい方は，①リスニングアプリ「英語の友」，②音声データダウンロードをご利用ください）
※音声再生中に音声を止めたい場合は，停止ボタンを押してください。
※個別に問題を再生したい場合は，問題番号を選んでから再生ボタンを押してください。
※音声の再生には多くの通信量が必要となりますので，Wi-Fi環境でのご利用をおすすめいたします。

Web特典について

購入者限定の「Web特典」を，皆さんの英検合格にお役立てください。

ご利用可能期間	2021年2月22日〜2022年8月31日 ※本サービスは予告なく変更，終了することがあります。	
アクセス方法	スマートフォン タブレット	右のQRコードを読み込むと，パスワードなしでアクセスできます！
	PC スマートフォン タブレット 共通	1. Web特典（以下のURL）にアクセスします。 https://eiken.obunsha.co.jp/3q/ 2. 本書を選択し，以下のパスワードを入力します。 srtmrk ※すべて半角アルファベット小文字

〈特典内容〉

(1)自動採点サービス

リーディング（筆記1〜3），リスニング（第1部〜第3部）の自動採点ができます。詳細はp.8を参照してください。

(2) 解答用紙

本番にそっくりの解答用紙が印刷できるので，何度でも過去問にチャレンジすることができます。

(3)音声データのダウンロード

一次試験リスニング・二次試験面接の音声データ（MP3）を無料でダウンロードできます。

(4)3級面接対策

【面接シミュレーション】入室から退室までの面接の流れが体験できます。本番の面接と同じ手順で練習ができるので，実際に声に出して練習してみましょう。
【面接模範例】入室から退室までの模範応答例を見ることができます。各チェックポイントで，受験上の注意点やアドバイスを確認しておきましょう。
【問題カード】面接シミュレーションで使用している問題カードです。印刷して，実際の面接の練習に使ってください。

自動採点サービスの利用方法

正答率や合格ラインとの距離，間違えた問題などの確認ができるサービスです。

ご利用可能期間	2021年2月22日～2022年8月31日 ※本サービスは予告なく変更，終了することがあります。	
アクセス方法	スマートフォン タブレット	右のQRコードを読み込んでアクセスし，採点する検定の回を選択してください。
	PC スマートフォン タブレット 共通	p.7の手順で「Web特典」にアクセスし，「自動採点サービスを使う」を選択してご利用ください。

〈利用方法〉

① オンラインマークシートにアクセスします。
② 「問題をはじめる」ボタンを押して試験を始めます。
③ 「答え合わせ」ボタンを選択します。
④ 【あなたの成績】（右画面）が表示されます。

〈採点結果の見方〉

タブの選択で【あなたの成績】と【問題ごとの正誤】が切り替えられます。

【あなたの成績】

- Ⓐ 技能ごとの正答率が表示されます。3級の合格の目安，正答率60%を目指しましょう。
- Ⓑ 大問ごとの正答率が表示されます。合格ラインを下回る大問は，対策に力を入れましょう。
- Ⓒ 採点サービス利用者の中でのあなたの現在位置が示されます。

【問題ごとの正誤】

各問題のあなたの解答と正解が表示されます。間違っている問題については色で示されますので，別冊解答の解説を見直しましょう。

〈採点結果画面〉 切り替えタブ

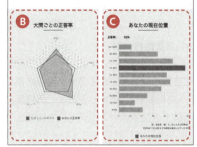

※画像はイメージです。

二次試験・面接の流れ

(1) 入室とあいさつ
係員の指示に従い、面接室に入ります。あいさつをしてから、面接委員に面接カードを手渡し、指示に従って、着席しましょう。

(2) 氏名と受験級の確認
面接委員があなたの氏名と受験する級の確認をします。その後、簡単なあいさつをしてから試験開始です。

(3) 問題カードの黙読
英文とイラストが印刷された問題カードを手渡されます。まず、英文を20秒で黙読するよう指示されます。英文の分量は30語程度です。
※問題カードには複数の種類があり、面接委員によっていずれか1枚が手渡されます。本書では英検協会から提供を受けたもののみ掲載しています。

(4) 問題カードの音読
英文の音読をするように指示されるので、タイトルから読みましょう。時間制限はないので、意味のまとまりごとにポーズをとり、焦らずにゆっくりと読みましょう。

(5) 5つの質問
音読の後、面接委員の5つの質問に答えます。No.1～3は問題カードの英文とイラストについての質問です。No.4・5は受験者自身についての質問です。No.3の質問の後、カードを裏返すように指示されるので、No.4・5は面接委員を見ながら話しましょう。

(6) カード返却と退室
試験が終了したら、問題カードを面接委員に返却し、あいさつをして退室しましょう。

英検®Information インフォメーション

出典：英検ウェブサイト

> **英検3級について**

3級では，「**身近な英語を理解し，また使用できる**」ことが求められます。
入試や単位認定などに
幅広く活用されています。
目安としては「中学卒業程度」です。

試験内容

一次試験 筆記・リスニング

主な場面・状況	家庭・学校・地域（各種店舗・公共施設を含む）・電話・アナウンスなど
主な話題	家族・友達・学校・趣味・旅行・買い物・スポーツ・映画・音楽・食事・天気・道案内・自己紹介・休日の予定・近況報告・海外の文化・人物紹介・歴史など

✏️ 筆記試験 ⊘ 50分

問題	形式・課題詳細	問題数	満点スコア
1	短文の空所に文脈に合う適切な語句を補う。	15問	
2	会話文の空所に適切な文や語句を補う。	5問	550
3	パッセージ（長文）の内容に関する質問に答える。	10問	
4	質問に対して自分の考えとその裏付けとなる理由を書く。（25～35語）	1問	550

🔊 リスニング ⊘ 約25分

問題	形式・課題詳細	問題数	満点スコア
第1部	会話の最後の発話に対する応答として最も適切なものを補う。（放送回数1回，補助イラスト付き）	10問	
第2部	会話の内容に関する質問に答える。（放送回数2回）	10問	550
第3部	短いパッセージの内容に関する質問に答える。（放送回数2回）	10問	

2020年12月現在の情報を掲載しています。試験に関する情報は変更になる可能性がありますので，受験の際は必ず英検ウェブサイトをご確認ください。

二次試験　面接形式のスピーキングテスト

主な場面・題材	身近なことに関する話題
過去の出題例	携帯電話・ラジオを聴く・読書週間・冬のスポーツ・朝市・四季など

🗨 スピーキング　⏱ 約5分

問題	形式・課題詳細	満点スコア
音読	30語程度のパッセージを読む。	550
No.1	音読したパッセージの内容についての質問に答える。	
No.2 / No.3	イラスト中の人物の行動や物の状況を描写する。	
No.4 / No.5	日常生活の身近な事柄についての質問に答える。（カードのトピックに直接関連しない内容も含む）	

英検®の種類

英検には，実施方式が異なる複数の試験があります。実施時期や受験上の配慮など，自分に合った方式を選択しましょう。なお，従来型の英検とその他の英検の問題形式，難易度，級認定，合格証明書発行，英検CSEスコア取得等はすべて同じです。

▶ 英検®（従来型）
紙の問題冊子を見て解答用紙に解答。二次試験を受験するためには，一次試験に合格する必要があります。

▶ 英検 S-CBT／英検 CBT®
コンピュータを使って受験。1日で4技能を受験することができ，会場や日程が選べます。

▶ 英検 S-Interview
点字や吃音等，CBT方式では対応が難しい受験上の配慮が必要な方のみが受験可能。

受験する級によって選択できる方式が異なります。各方式の詳細および最新情報は英検ウェブサイト（https://www.eiken.or.jp/eiken/）をご確認ください。
「英検 S-CBT」「英検 S-Interview」は「英検2020 1 day S-CBT®」「英検2020 2 days S-Interview®」のことを指しています。

合否判定方法

統計的に算出される英検CSEスコアに基づいて合否判定されます。Reading, Writing, Listening, Speakingの4技能が均等に評価され, 合格基準スコアは固定されています。

▶▶ 技能別にスコアが算出される！

技能	試験形式	満点スコア	合格基準スコア
Reading（読む）	一次試験（筆記1〜3）	550	
Writing（書く）	一次試験（筆記4）	550	1103
Listening（聞く）	一次試験（リスニング）	550	
Speaking（話す）	二次試験（面接）	550	353

● 一次試験の合否は, Reading, Writing, Listeningの技能別にスコアが算出され, それを合算して判定されます。
● 二次試験の合否は, Speakingのみで判定されます。

▶▶ 合格するためには, 技能のバランスが重要！

英検CSEスコアでは, 技能ごとに問題数は異なりますが, スコアを均等に配分しているため, 各技能のバランスが重要となります。なお, 正答数の目安を提示することはできませんが, 2016年度第1回一次試験では, 1級, 準1級は各技能での正答率が7割程度, 2級以下は各技能6割程度の正答率の受験者の多くが合格されています。

▶▶ 英検CSEスコアは国際標準規格CEFRにも対応している！

CEFRとは, Common European Framework of Reference for Languagesの略。語学のコミュニケーション能力別のレベルを示す国際標準規格。欧米で幅広く導入され, 6つのレベルが設定されています。4技能の英検CSEスコアの合計「4技能総合スコア」と級ごとのCEFR算出範囲に基づいた「4技能総合CEFR」が成績表に表示されます。

CEFR	英検CSEスコア	実用英語技能検定 各級の合格スコア				
C2	4000〜3300	■ CEFR算出範囲			C1扱い	**1級**満点3400
C1	3299〜2600			**2級**満点2600	**準1級**満点3000	合格スコア **2630** 3299
B2	2599〜2300		**準2級**満点2400	B1扱い	合格スコア **2304** 2599	2304
B1	2299〜1950	**3級**満点2200	A2扱い	合格スコア **1980** 2299	1980	
A2	1949〜1700	A1扱い	合格スコア **1728** 1949	1728	CEFR算出範囲外	CEFR算出範囲外
A1	1699〜1400	合格スコア **1456** 1699 / 1400	1400	1400		
	1399〜0	CEFR算出範囲外	CEFR算出範囲外	CEFR算出範囲外		

※ 4級・5級は4技能を測定していないため「4技能総合CEFR」の対象外。
※ 詳しくは英検ウェブサイトをご覧ください。

英検®（従来型）受験情報

※「従来型・本会場」以外の実施方式については，試験日程・申込方法・検定料が異なりますので，英検ウェブサイトをご覧ください。
※ 受験情報は変更になる場合があります。

◉ 2021年度 試験日程

	第1回	第2回	第3回
申込受付	3月25日 ▶ 4月15日	8月1日 ▶ 8月27日	11月1日 ▶ 12月10日
一次試験	5月30日(日)	10月10日(日)	1月23日(日) 2022年
二次試験	A 6月27日(日) B 7月4日(日)	A 11月7日(日) B 11月14日(日)	A 2月20日(日) 2022年 B 2月27日(日) 2022年

※ 上記以外の日程でも受験できる可能性があります。
※ 二次試験にはA日程，B日程（2～3級），C日程（1級，準1級）があり，受験級などの条件により指定されます。
※ 詳しくは英検ウェブサイトをご覧ください。

◉ 申込方法

団体受験 ▶ 学校や塾などで申し込みをする団体受験もあります。詳しくは先生にお尋ねください。

個人受験 ▶ インターネット申込・コンビニ申込・英検特約書店申込のいずれかの方法で申し込みができます。詳しくは英検ウェブサイトをご覧ください。

◉ 検定料

2021年度の検定料については英検ウェブサイトをご覧ください。

お問い合わせ先

英検サービスセンター
TEL. 03-3266-8311
(月)～(金) 9：30～17：00
（祝日・年末年始を除く）

英検ウェブサイト
www.eiken.or.jp/eiken/
試験についての詳しい情報を見たり，入試等で英検を活用している学校の検索をすることができます。

2020年度の傾向と攻略ポイント

2020年度の第1回検定と第2回検定を分析し、出題傾向と攻略ポイントをまとめました。3級の合格に必要な正答率は6割程度と予測されます。正答率が6割を切った大問は苦手な分野だと考えましょう。

一次試験　筆記（50分）

1　短文の語句空所補充
短文または会話文中の空所に適切な語（句）を補う。

問題数　15問
めやす　10分

傾向
- 単語　7問で、名詞（curtain, age など）、動詞（design, cost, fit など）、形容詞（safe, solar など）、副詞（carefully）、接続詞（since）が出題された。
- 熟語　5問で、be covered with, get in trouble for ～, turn on ～, a pair of ～, be proud of ～, in fact, as usual, either A or B などが出題された。
- 文法　3問で、名詞を修飾する現在分詞（動詞の～ing）、疑問詞 why、関係代名詞 that、動詞の目的語になる動名詞（動詞の～ing）などが出題された。

攻略ポイント
単語は、問題文の意味をできるだけ正確に把握し、空所にどのような語が入れば意味が通じるかを考える。熟語は、特に空所前後にある語句とのつながりに注意する。文法は、文の意味や空所前後の語句との関係などから正しい語や形を判断する。

2　会話文の文空所補充
会話文中の空所に適切な文または文の一部を補う。

問題数　5問
めやす　5分

傾向
A-B または A-B-A の会話文。解答のポイントとして、答えがすぐに思いつかないときの Let me see.、衣服などが似合っていると伝える look(s) nice on you、試着の許可を得る Can I try it on?、理由を尋ねる Do you know why? などの表現が含まれていた。

攻略ポイント
会話文全体の流れをつかむとともに、特に空所の前後でどのような発話がされているかをよく確認する。この問題では、自分が空所を含む方の話者になったつもりで会話文を読み、どのように応答すれば話が自然につながるかを考えてみよう。

3　長文の内容一致選択
[A][B][C] 3種類の英文を読んで内容に関する質問に答える。

問題数　10問
めやす　20分

傾向
[A] は掲示で、ある人気バンドのカナダツアー、フードフェスティバルの案内。[B] は E メールまたは手紙で、ダイアナと友だちのジェーンとの E メールでのやり取り、サム・クラークと東京にあるホテルとの E メールでのやり取り。[C] は長文

で，アメリカのアリゾナ州にあるグランドキャニオンに関する英文，アメリカンフットボールの最高峰の試合であるスーパーボウルに関する英文が出題された。

攻略ポイント [A] の掲示は，質問で求められている情報を，質問中の表現に注目して探し出す。[B] のEメール・手紙と [C] の長文では，最初に質問を読んで読解のポイントを絞る。英文の各段落の概要を把握しながら，質問に関係する部分はていねいに読む。

---

4 英作文（ライティング）

英語で与えられたQUESTIONについて，自分の考えとその理由2つを25語～35語の英文で書く。

問題数 **1問**
めやす **15分**

傾向 日常生活に関する身近な話題についてQUESTIONが出され，自分の考えと，その理由2つを25語～35語程度の英文で書く。話題として，「将来留学をしたいか」，「暇なときに自転車をよく使うか」が出題された。

攻略ポイント QUESTIONを正確に理解し，問われていることに対応した内容を，〔自分の考え〕→〔理由1〕→〔理由2〕という構成で書く。理由が自分の考えをサポートする内容になっているか，使用している単語・表現・文法が適切か，さらに分量が25語～35語になっているかなどに注意する。

🔊 一次試験 リスニング（約25分）

第 **1** 部 **会話の応答文選択**	イラストを参考に，会話の最後の発話に対する応答として適切なものを選ぶ。放送は1回。	問題数 **10問**

第 **2** 部 **会話の内容一致選択**	A–B–A–Bの会話の内容に関する質問に答える。放送は2回。	問題数 **10問**

第 **3** 部 **文の内容一致選択**	35語前後の英文の内容に関する質問に答える。放送は2回。	問題数 **10問**

傾向 第1部と第2部では，先生と生徒，親子，友だち同士，職場の同僚，店員と客の会話などが出題された。第3部では，出張で行く都市，中学校の宿題，家事の手伝い，電車での忘れ物，学校の美術コンテスト，夕食後にすることなどが話題の英文に加え，先生の生徒に対するテストに関する指示，デパートの案内放送も出題された。

攻略ポイント 第1部ではイラストから状況を把握し，どの選択肢が最後の発話に対応しているかを考える。第2部，第3部では選択肢を放送前に見て手がかりを得ておく。1回目の放送で話題・概要と質問を理解し，2回目は質問に関係する部分に注意して聞く。

15

二次試験　面接（約5分）

英文（パッセージ）とイラストの付いたカードが渡される。20秒の黙読の後，英文の音読をするよう指示される。それから，5つの質問がされる。

No. 1 問題カードにある英文の内容に関する質問。質問の主語を代名詞に置き換えて文を始めるとともに，質問に関係のない部分まで答えてしまわないように気をつける。

No. 2, 3 イラストについて，現在の動作（What is 〜 doing?），これからの動作（What is 〜 going to do?），数（How many 〜?），場所（Where is [are] 〜?）などが問われる。

No. 4, 5 受験者自身に関する質問。No.4は試験会場までの交通手段や今年の冬の予定などに関する質問が出題された。No.5の質問は2つで，最初の質問にはYes / Noで答えることが多い。2番目の質問は，Yesの場合はPlease tell me more.やWhy?など，Noの場合はWhy not?のほか，最初の質問とは違う話題を聞かれることも多い。

2020-2

一次試験 2020.10.11実施
二次試験 A日程 2020.11. 8 実施
　　　　 B日程 2020.11.15実施

Grade 3

試験時間

筆記：50分
リスニング：約25分

一次試験・筆記　　　　　　 p.18〜28
一次試験・リスニング　　　 p.29〜34
二次試験・面接　　　　　　 p.36〜39

＊解答・解説は別冊p.5〜40にあります。
＊面接の流れは本書p.9にあります。

2020年度第2回

Web特典「自動採点サービス」対応
オンラインマークシート

※検定の回によってQRコードが違います。
※筆記1〜3，リスニングの採点ができます。
※ PC からも利用できます（本書 p.8 参照）。

一次試験
筆　記

1 次の (1) から (15) までの (　　) に入れるのに最も適切なものを **1, 2, 3, 4** の中から一つ選び，その番号のマーク欄をぬりつぶしなさい。

(1) **A:** This shirt doesn't (　　) me. It's too small. I'd like a bigger one, please.
B: Certainly. I'll get one for you.
1 fight **2** fit **3** keep **4** collect

(2) **A:** How long have you lived in Shizuoka, Chris?
B: I've lived here (　　) I was 10 years old.
1 and **2** since **3** than **4** until

(3) The weather here is usually sunny, so (　　) power is popular.
1 shocking **2** silent **3** south **4** solar

(4) Jennifer's father told us to drive (　　) because the roads were very wet.
1 softly **2** carefully **3** lightly **4** helpfully

(5) **A:** I have to write your name and (　　) on this paper. How old are you, Takeshi?
B: I'm 15.
1 age **2** line **3** air **4** capital

(6) I left the pizza in the oven too long and (　　) it.
1 believed **2** borrowed **3** burned **4** belonged

(7) Kelly and Bob had a baby boy last week. They (　　) him Alfred.
1 spent **2** told **3** picked **4** named

18

(8) My brother played very well in the baseball game. I'm very ( ) of him.
1 proud   **2** kind   **3** ready   **4** fresh

(9) *A:* Have you known Jennifer for a long time?
B: Yes. ( ) fact, we met over 10 years ago.
1 For   **2** In   **3** Under   **4** Among

(10) *A:* It's already 7:15, and Tim's not here yet.
B: Oh, he's late ( ) usual. He's never on time.
1 else   **2** just   **3** first   **4** as

(11) *A:* I can go to a movie on ( ) Friday or Saturday. Which is good for you?
B: Saturday is better for me.
1 enough   **2** either   **3** else   **4** ever

(12) *A:* Where is the bank?
B: ( ) straight down Main Street. You'll see it on your left.
1 Break   **2** Catch   **3** Go   **4** Put

(13) *A:* Do you understand the homework ( ) Mrs. Parker gave us?
B: No, I don't.
1 that   **2** when   **3** who   **4** how

(14) Naoko likes ( ) letters to her friends.
1 write   **2** writing   **3** wrote   **4** writes

(15) *A:* Mitch, I want to borrow your headphones. ( ) you bring them tomorrow?
B: Sure, Sarah. No problem.
1 Would   **2** Be   **3** Have   **4** Should

2 次の (16) から (20) までの会話について, (   ) に入れるのに最も適切なもの
を 1, 2, 3, 4 の中から一つ選び, その番号のマーク欄をぬりつぶしなさい。

(16) *Salesclerk:* Do you need any help, sir?
   Customer: Yes. I love the color of this jacket. (   )
   Salesclerk: Of course. The mirror is over there.
   1 Can I try it on?
   2 Can I work here?
   3 How much is this?
   4 Where is the elevator?

(17) *Daughter:* Dad, I'm going on a trip next weekend. Can I
         borrow your suitcase?
   Father: Sorry, but (   )
   1 it's broken.   **2** I'll be late.
   3 I can't go.   **4** I don't need it.

(18)   *Son:* I can't choose which T-shirt to buy, the white one or
         the blue one.
   Mother: Well, (   ) It's almost time to go home.
   1 don't tell me.   **2** look in your bedroom.
   3 wash it tonight.   **4** please decide quickly.

(19)   *Man:* That was a delicious dinner.
   Woman: Really? (   ) It was too spicy for me.
   1 I can eat yours.   **2** I didn't think so.
   3 I'll do it.   **4** I used chopsticks.

(20) *Woman:* Adam looks really tired today. (   )
   Man: He said he ran in a marathon yesterday.
   1 Which is yours?
   2 Did you finish the race?
   3 Do you know why?
   4 When did you ask him?

20

（筆記試験の問題は次のページに続きます。）

3[A] 次の掲示の内容に関して，(21) と (22) の質問に対する答えとして最も適切なもの，または文を完成させるのに最も適切なものを 1, 2, 3, 4 の中から一つ選び，その番号のマーク欄をぬりつぶしなさい。

Huntly International Food Festival

Come and enjoy food from around the world. There will be interesting dishes from Asia, Europe, Africa, and South America.

Date: Saturday, September 19
Time: 11 a.m. to 8 p.m.
Place: Carlton Park (five minutes from Westland Train Station)
        If the weather is bad, it'll be held at Westland University.

You can enter the festival for free, and each dish will cost between three and five dollars.

One of Huntly's most popular chefs, Vanessa Wong, is going to teach some Chinese cooking classes at the festival. To take part in one of these lessons, please sign up in the blue tent before noon.

www.huntlyiff.com

(21) What will happen if the weather isn't good on September 19?

    1 Everyone will get a three-dollar discount.
    2 Everyone will get one free dish.
    3 The festival will be held at a train station.
    4 The festival will be held at a university.

(22) People who want to take a cooking lesson have to

    1 know how to cook Chinese food.
    2 send an e-mail to Vanessa Wong.
    3 go to the blue tent in the morning.
    4 check the festival's website.

3[B] 次のＥメールの内容に関して，(23) から (25) までの質問に対する答えとして最も適切なものを 1, 2, 3, 4 の中から一つ選び，その番号のマーク欄をぬりつぶしなさい。

From: Sam Clark
To: Tomoko Abe
Date: December 20
Subject: Hello

....

Dear Ms. Abe,
My name is Sam Clark. My sister, Shelly Clark, stayed at the Pondview Hotel in September. Do you remember her? She loved your hotel, so I'd also like to stay there when I visit Tokyo in March. There isn't much information about your hotel in English on your website, so Shelly gave me your e-mail address and told me to contact you. I'd like to stay from March 23 to March 27. I'll be traveling with my wife, so I'd like a double room. How much will it cost? And will we be able to get a room with a view of the garden?
Best regards,
Sam Clark

From: Tomoko Abe
To: Sam Clark
Date: December 21
Subject: Room price

....

Dear Sam Clark,
Thank you very much for your e-mail. Of course I remember Shelly. I talked to her a lot during her stay. A double room from March 23 to March 27 will cost 50,000 yen in total. And all our rooms have a view of the garden. Our garden is very beautiful at the end of March because that is usually cherry blossom season in Tokyo. If the weather is good, you'll be able to have a picnic under one of our cherry blossom trees. I hope the room price is OK for you.

24

Best regards,
Tomoko Abe

From: Sam Clark
To: Tomoko Abe
Date: December 22
Subject: Thank you

Dear Ms. Abe,
Thank you for your e-mail. The price for the room is fine. Thanks for telling us about the cherry blossom trees in the garden, too. My wife loves taking pictures, so she's really excited about taking some in the garden during our stay! See you in March.
Best regards,
Sam Clark

(23) How did Sam Clark get Tomoko Abe's e-mail address?

    1 From the hotel's website.
    2 From his sister.
    3 From a travel company.
    4 From his wife.

(24) What kind of room does Sam Clark want to stay in?

    1 A single room with a view of the garden.
    2 A single room without a view of the garden.
    3 A double room with a view of the garden.
    4 A double room without a view of the garden.

(25) What is Sam Clark's wife looking forward to?

    1 Taking pictures in the hotel's garden.
    2 Planting a cherry blossom tree in her garden.
    3 Meeting Tomoko Abe.
    4 Having a picnic with Shelly.

3[C] 次の英文の内容に関して，(26) から (30) までの質問に対する答えとして最も適切なもの，または文を完成させるのに最も適切なものを 1, 2, 3, 4 の中から一つ選び，その番号のマーク欄をぬりつぶしなさい。

The Super Bowl

Many Americans love watching sports such as baseball, basketball, and soccer. But the most popular sport to watch is American football. Every year, there is a special American football game called the Super Bowl. The two best professional football teams play in this game.

The first Super Bowl game was in 1967. A team called the Green Bay Packers won that game. Two teams have won the Super Bowl many times. They are the Pittsburgh Steelers and the New England Patriots. Both teams have won it six times. Many different teams have played in the Super Bowl. When a team wins, it receives a special award called the Vince Lombardi Trophy. Lombardi was the coach of the Green Bay Packers when they won the first Super Bowl in 1967.

The day of the Super Bowl is very exciting. The game is usually played on the first Sunday of February, and this day is often called Super Bowl Sunday. On this day, millions of Americans stay home and watch the Super Bowl on TV with friends and family. While people cheer for their favorite team, they enjoy eating food like pizza, potato chips, and fried chicken. Because so many people stay home to watch the Super Bowl, some stores and restaurants close early.

American football players and fans love the Super Bowl. Some people think the day of the Super Bowl should be a holiday in the United States. This game will always be a popular event for many Americans.

(26) Which sport is the most popular to watch for Americans?

    1 Baseball.
    2 Basketball.
    3 Soccer.
    4 American football.

(27) The Pittsburgh Steelers and the New England Patriots

    1 played in the first Super Bowl.
    2 lost to the Green Bay Packers in 1967.
    3 have won the Super Bowl six times each.
    4 have had the same coach.

(28) Who was Vince Lombardi?

    1 The New England Patriots' best player.
    2 A popular cook for an American football team.
    3 The coach of the team that won the first Super Bowl.
    4 The man who thought of the name Super Bowl Sunday.

(29) Why do millions of Americans stay home on Super Bowl Sunday?

    1 The food at restaurants is too expensive.
    2 They want to cheer for their favorite team on TV.
    3 It is too cold to go outside in February.
    4 The stadium is too crowded.

(30) What is this story about?

    1 A special American sports event.
    2 The history of the first coach of American football.
    3 The best food to make before watching sports on TV.
    4 A holiday for playing sports in the United States.

ライティング
- あなたは，外国人の友達から以下のQUESTIONをされました。
- QUESTIONについて，あなたの考えとその理由を2つ英文で書きなさい。
- 語数の目安は25語〜35語です。
- 解答は，解答用紙のB面にあるライティング解答欄に書きなさい。なお，解答欄の外に書かれたものは採点されません。
- 解答がQUESTIONに対応していないと判断された場合は，0点と採点されることがあります。QUESTIONをよく読んでから答えてください。

QUESTION
Do you often use a bike in your free time?

一次試験
リスニング

3級リスニングテストについて

1 このテストには，第1部から第3部まであります。
   ☆英文は第1部では一度だけ，第2部と第3部では二度，放送されます。
   第1部：イラストを参考にしながら対話と応答を聞き，最も適切な応答を 1, 2, 3 の中から一つ選びなさい。
   第2部：対話と質問を聞き，その答えとして最も適切なものを 1, 2, 3, 4 の中から一つ選びなさい。
   第3部：英文と質問を聞き，その答えとして最も適切なものを 1, 2, 3, 4 の中から一つ選びなさい。
2 No. 30 のあと，10秒すると試験終了の合図がありますので，筆記用具を置いてください。

第1部

▶ MP3 ▶ アプリ ▶ CD 1 1 ～ 11

〔例題〕

No. 1

No. 2

No. 3

No. 4

No. 5

No. 6

No. 7

No. 8

No. 9

No. 10

第2部

🔊 ▶MP3 ▶アプリ ▶CD1 **12**～**22**

No. 11	1 She will move to Italy. 2 She saw a concert. 3 She went to her aunt's house. 4 She got a piano.
No. 12	1 By May 5. 2 By May 15. 3 By May 20. 4 By May 21.
No. 13	1 The tennis club. 2 The cooking club. 3 The speech club. 4 The drama club.
No. 14	1 At the man's house. 2 At the woman's house. 3 At the man's office. 4 At a station.
No. 15	1 His mother is angry with him. 2 He is hungry. 3 He isn't feeling well. 4 He can't cook dinner.
No. 16	1 Buy some beef. 2 Find a plate. 3 Sell stew to the man. 4 Leave the festival.

No. 17

1 He went to the gym.
2 He cooked dinner.
3 He planned a trip.
4 He went to bed early.

No. 18

1 In the library.
2 In the drama room.
3 In Mr. Clark's classroom.
4 In the cafeteria.

No. 19

1 Eight.
2 Twelve.
3 Eighteen.
4 Twenty.

No. 20

1 Vanilla sauce.
2 Chocolate sauce.
3 Strawberries.
4 Cherries.

第3部 🔊 ▶MP3 ▶アプリ ▶CD1 23～33

No. 21
1 The boy saw his friend.
2 The boy forgot to get off.
3 A woman couldn't sit down.
4 A woman forgot her handbag.

No. 22
1 A mystery book.
2 A science fiction book.
3 A cookbook.
4 A science textbook.

No. 23
1 On the first floor.
2 On the second floor.
3 On the third floor.
4 On the fourth floor.

No. 24
1 Last year.
2 Two years ago.
3 Three years ago.
4 Five years ago.

No. 25
1 His.
2 Betty's.
3 Cindy's.
4 Lucy's.

No. 26
1 Teach some Japanese lessons.
2 Go to England.
3 Send her family a letter.
4 Visit her parents.

No. 27

1 His team never wins big games.
2 His team's best player is sick.
3 He can't find his soccer ball.
4 He has caught a cold.

No. 28

1 Once a week.
2 Twice a week.
3 Three times a week.
4 Four times a week.

No. 29

1 Go to a curry restaurant.
2 Buy some vegetables.
3 Work at a supermarket.
4 Visit a chicken farm.

No. 30

1 Talk with her friends.
2 Watch a movie.
3 Read a music magazine.
4 Do her homework.

20年度第2回　リスニング

35

二次試験
面 接

問題カード（A 日程）　　◀))　▶MP3　▶アプリ　▶CD1 34～38

Volleyball

Volleyball is an exciting team sport. Many students learn to play volleyball during P.E. classes at school, and some people enjoy playing beach volleyball in summer. Watching professional volleyball games can also be fun.

Questions

No. 1   Please look at the passage. When do many students learn to play volleyball?

No. 2   Please look at the picture. Where is the clock?

No. 3   Please look at the woman. What is she doing?

Now, Mr. / Ms. ——, please turn the card over.

No. 4   What are you planning to do this winter?

No. 5   Did you study English yesterday?
          Yes. → Please tell me more.
          No. → What time do you usually go to bed?

問題カード（B 日程）

Painting Pictures

Painting pictures is popular with both children and adults. Many people think it is a good way to relax. Some people enjoy painting pictures of trees and flowers, so they go to parks on weekends.

Questions

No. 1   Please look at the passage. Why do some people go to parks on weekends?

No. 2   Please look at the picture. How many people are there in the boat?

No. 3   Please look at the man. What is he doing?

Now, Mr. / Ms. ——, please turn the card over.

No. 4   What kind of books do you like to read?

No. 5   Did you do anything special last weekend?
　　　　　Yes. → Please tell me more.
　　　　　No. → What do you often do on Sundays?

2020-1

一次試験 2020.6.28実施
二次試験 A日程 2020.8.22実施
　　　　 B日程 2020.8.23実施

Grade 3

試験時間

筆記：50分
リスニング：約25分

一次試験・筆記　　　　p.42〜52
一次試験・リスニング　p.53〜58
二次試験・面接　　　　p.60〜63

＊解答・解説は別冊p.41〜76にあります。
＊面接の流れは本書p.9にあります。

 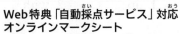

2020年度第1回　Web特典「自動採点サービス」対応
オンラインマークシート
※検定の回によってQRコードが違います。
※筆記1〜3，リスニングの採点ができます。
※ PCからも利用できます（本書 p.8 参照）。

一次試験
筆 記

1 次の (1) から (15) までの ( ) に入れるのに最も適切なものを 1, 2, 3, 4 の中から一つ選び, その番号のマーク欄をぬりつぶしなさい。

(1) I ( ) my house before it started to rain.
   1 developed　　**2** followed　　**3** ordered　　**4** reached

(2) *A:* It's too dark in this room.　Please open the ( ).
   B: OK, Dad.
   1 curtain　　**2** blanket　　**3** towel　　**4** pillow

(3) You should stop smoking, Jack.　It's bad for your ( ).
   1 health　　**2** place　　**3** question　　**4** gate

(4) *A:* What do you want to do when you grow up, Peter?
   B: I want to ( ) women's clothes.
   1 raise　　**2** design　　**3** taste　　**4** increase

(5) *A:* Is this toy OK for my 3-year-old son?
   B: Sure.　It's ( ) for children over 2 years old.
   1 safe　　**2** quiet　　**3** absent　　**4** shocked

(6) *A:* How much does it ( ) to go to Osaka by train?
   B: I'm not sure.　Let's ask Kumi.　She often goes there.
   1 drop　　**2** spend　　**3** shut　　**4** cost

(7) *A:* Let's take a break.　We can ( ) the lesson after lunch.
   B: OK, Mr. Kodama.
   1 continue　　**2** lend　　**3** promise　　**4** order

(8) The top of the mountain is covered ( ) snow all year.
   1 up　　**2** with　　**3** for　　**4** to

42

(9) Dana got in ( ) for shopping on the Internet. Her parents were angry because she spent $200 on clothes.

1 trouble   **2** touch   **3** shape   **4** work

(10) *A:* Is it going to snow tomorrow?

B: I don't know. Let's turn ( ) the TV and watch the news.

1 on   **2** from   **3** in   **4** before

(11) Helen went shopping yesterday and bought a ( ) of shoes.

1 piece   **2** pair   **3** slice   **4** space

(12) *A:* How long does it take you to get to work, Ellie?

B: About an hour. I have to ( ) trains three times.

1 fall   **2** change   **3** invite   **4** share

(13) *A:* Who is that lady ( ) the green sweater?

B: She's my aunt.

1 wear   **2** wore   **3** wearing   **4** wears

(14) *A:* Do you know ( ) Tommy left school so early?

B: He had a stomachache.

1 why   **2** when   **3** where   **4** what

(15) *A:* If you ( ), buy me some chocolates while you are in Paris.

B: Sure.

1 remembering   **2** remember

3 remembered   **4** to remember

2 次の (16) から (20) までの会話について, (　　　) に入れるのに最も適切なもの を 1, 2, 3, 4 の中から一つ選び, その番号のマーク欄をぬりつぶしなさい。

(16) *Man:* Where do you want to eat tonight?
　　Woman: (　　　) How about the Chinese place on Tenth Street?
　　Man: That sounds great.

1 No problem.　　　　　　2 That's all right.
3 Let me see.　　　　　　4 I thought so, too.

(17) *Woman:* Good morning, Jacob.
　　Man: Hi, Emily. I like your hat. (　　　)
　　Woman: Thanks.

1 I know you will.　　　　2 You should get one.
3 That sounds interesting.　4 It looks nice on you.

(18) *Girl:* Let's play catch this afternoon.
　　Boy: (　　　) I've got too much homework to do. Sorry.

1 I don't have time.
2 I think it's exciting.
3 It's at the baseball stadium.
4 You played well today.

(19) *Woman:* Kate is so good at tennis.
　　Man: Is she better than you?
　　Woman: Yeah. When we play together, (　　　)

1 we're usually late.　　　2 she always wins easily.
3 the court is often open.　4 I sometimes see her there.

(20) *Boy:* I went to the aquarium yesterday.
　　Girl: Great. Who did you go with?
　　Boy: My friends had other plans, so (　　　)

1 I went by myself.　　　　2 I can join you.
3 I took the bus.　　　　　4 the weather was bad.

44

（筆記試験の問題は次のページに続きます。）

3[A] 次の掲示の内容に関して, (21) と (22) の質問に対する答えとして最も適切なもの, または文を完成させるのに最も適切なものを 1, 2, 3, 4 の中から一つ選び, その番号のマーク欄をぬりつぶしなさい。

The Rivertown Rockets' Canadian Tour

This summer, the Rivertown Rockets will play some concerts in Canada for the first time. They are one of England's best bands, and they have many beautiful songs. Their shows in the United States last fall were very popular, so get your tickets soon!

Dates:
July 28: Brighton Hall, Vancouver
July 30: Mustang Theater, Toronto
August 2: Hickson Stadium, Ottawa
August 3: Paradise Park, Montreal

At the final show in Montreal, jazz singer Jenny Cortez from Mexico will join the Rivertown Rockets on stage to sing some songs together.

For more information about the concerts, visit the band's website: www.rivertownrockets.com

(21) Where are the Rivertown Rockets from?

    1 England.
    2 Canada.
    3 The United States.
    4 Mexico.

(22) On August 3, the Rivertown Rockets will

    1 play at a stadium in Ottawa.
    2 perform with a Mexican singer.
    3 visit Jenny Cortez's house.
    4 go to a music studio in Montreal.

47

3[B]
次のＥメールの内容に関して，(23) から (25) までの質問に対する答えとして最も適切なものを 1, 2, 3, 4 の中から一つ選び，その番号のマーク欄をぬりつぶしなさい。

From: Diana McConnell
To: Jane Henderson
Date: June 14
Subject: Summer vacation

Hi Jane,
Are you enjoying your summer vacation? I can't believe school ended one week ago! Anyway, I wanted to ask you something. My family is going to Florida later this month. We go there every summer and stay in a hotel by the beach. My cousin usually goes with us, but last week she broke her leg at soccer practice. She needs to stay home and rest, so my parents said I could ask a friend instead. Would you like to come? We can go swimming in the sea every day! Please let me know.
Diana

From: Jane Henderson
To: Diana McConnell
Date: June 14
Subject: Florida

Hi Diana,
I would love to go to Florida with you! I asked my dad, and he said he would think about it. He wants to know more about your plans. When will you leave, and when will you come back? I'm busy until June 20. My grandmother's birthday party is on that day, and I have to be there. My dad will call your mom tomorrow to ask her some other questions about the trip. What time should he call?
Talk to you soon,
Jane

48

From: Diana McConnell
To: Jane Henderson
Date: June 14
Subject: Schedule

Hi Jane,
We'll leave on June 22 and come back on June 29, so maybe you'll be able to go! My mom is working at the supermarket tomorrow during the day, but she'll be at home in the evening. Please tell your dad to call after six. I'm so excited! I really hope you can come.
Your friend,
Diana

(23) Why won't Diana's cousin go to Florida this summer?

    1 She doesn't know how to swim.
    2 She has to practice soccer.
    3 She hurt her leg.
    4 She got a job at a hotel.

(24) What does Jane have to do on June 20?

    1 Leave for Florida.
    2 Go to a birthday party.
    3 Take her cousin shopping.
    4 Plan a trip with her father.

(25) What will Jane's father do tomorrow evening?

    1 Talk to Diana's mother.
    2 Go to the supermarket.
    3 Call Diana's school.
    4 Come back from a trip.

3[C]

次の英文の内容に関して，(26) から (30) までの質問に対する答えとして最も適切なもの，または文を完成させるのに最も適切なものを 1, 2, 3, 4 の中から一つ選び，その番号のマーク欄をぬりつぶしなさい。

The Grand Canyon

In Arizona in the United States, there is a very large and deep valley,* and the Colorado River runs through it. This place is called the Grand Canyon, and it is 446 kilometers long, about 1.6 kilometers deep, and up to 29 kilometers wide. The weather there can be very hot in summer and very cold in winter.

Every year, millions of people come to see the beautiful views of the Grand Canyon. Ninety percent of the people visit an area called the South Rim because it is open all year round and it is easy to get there from some big cities. The North Rim is only open from May to October. Recently, people have started to visit the West Rim, too.

Native Americans* have lived in and around the canyon for thousands of years. In 1540, García López de Cárdenas from Spain became the first European to see the canyon. But Cárdenas was not able to climb down into the canyon. Much later, in 1869, an American named John Wesley Powell traveled down the Colorado River by boat with some men. During the trip, Powell named the place the "Grand Canyon" in his diary.

In 1903, U.S. president Theodore Roosevelt decided to protect the canyon and made it a national monument.* In 1919, it became a national park. Today, some people go hiking or camping in the canyon, and boat tours are also popular. Because the canyon is so big, a boat tour can take about two weeks. Many people enjoy this beautiful place every year.

*valley：谷
*Native American：アメリカ先住民
*national monument：国定記念物

(26) The Grand Canyon

    1 was made by Native Americans.
    2 is visited by many people each year.
    3 is the coldest place in the world.
    4 is 1.6 million years old.

(27) Which area do most people visit in the Grand Canyon?

    1 The North Rim.
    2 The South Rim.
    3 The West Rim.
    4 The East Rim.

(28) What did John Wesley Powell do in 1869?

    1 He climbed down into the Grand Canyon with President Roosevelt.
    2 He traveled around the Grand Canyon with García López de Cárdenas.
    3 He began living in the Grand Canyon with Native Americans.
    4 He thought of the name the "Grand Canyon."

(29) Why do boat tours of the Grand Canyon take so long?

    1 Visitors have to ride in small boats.
    2 The boats stop at many Spanish restaurants.
    3 The canyon is very large.
    4 National parks have many rules for visitors.

(30) What is this story about?

    1 A famous national park in the United States.
    2 A special kind of rock from Arizona.
    3 A city with cold summers and hot winters.
    4 A president who found a new canyon.

ライティング

4
- あなたは，外国人の友達から以下のQUESTIONをされました。
- QUESTIONについて，あなたの考えとその理由を2つ英文で書きなさい。
- 語数の目安は25語～35語です。
- 解答は，解答用紙のB面にあるライティング解答欄に書きなさい。なお，解答欄の外に書かれたものは採点されません。
- 解答がQUESTIONに対応していないと判断された場合は，0点と採点されることがあります。QUESTIONをよく読んでから答えてください。

QUESTION
Do you want to study abroad in the future?

一次試験
リスニング

3級リスニングテストについて

1 このテストには，第1部から第3部まであります。
  ☆英文は第1部では一度だけ，第2部と第3部では二度，放送されます。
  第1部：イラストを参考にしながら対話と応答を聞き，最も適切な応答を 1, 2, 3 の中から一つ選びなさい。
  第2部：対話と質問を聞き，その答えとして最も適切なものを 1, 2, 3, 4 の中から一つ選びなさい。
  第3部：英文と質問を聞き，その答えとして最も適切なものを 1, 2, 3, 4 の中から一つ選びなさい。

2 No. 30 のあと，10秒すると試験終了の合図がありますので，筆記用具を置いてください。

■第1部■　　　▶ MP3　▶ アプリ　▶ CD 1　43～53

〔例題〕

No. 1

No. 2

No. 3

No. 4

No. 5

No. 6

No. 7

No. 8

No. 9

No. 10

第2部 ▶MP3 ▶アプリ ▶CD1 54〜64

No. 11
1 One hour.
2 Two hours.
3 Three hours.
4 Four hours.

No. 12
1 The boy's favorite shop.
2 The girl's visit to a zoo.
3 Their pets.
4 Their plans for next weekend.

No. 13
1 A small red one.
2 A small blue one.
3 A large red one.
4 A large blue one.

No. 14
1 In the cafeteria.
2 In Room 312.
3 In the library.
4 In the drama room.

No. 15
1 Studying at school.
2 Reading in the park.
3 Riding her bike.
4 Talking to Robert.

No. 16
1 At 2:15.
2 At 3:00.
3 At 3:45.
4 At 4:05.

No. 17
1 To clean Ms. Lee's classroom.
2 To look for his science book.
3 To take a science test.
4 To do his homework.

No. 18
1 Leave the park with her dog.
2 Look for the man's dog.
3 Show the man around the park.
4 Get a new pet.

No. 19
1 His best friend.
2 A girl in his class.
3 His mother.
4 A singer.

No. 20
1 In spring.
2 In summer.
3 In fall.
4 In winter.

第3部 🔊 ▶MP3 ▶アプリ ▶CD1 65~75

No. 21
1 Once.
2 Twice.
3 Three times.
4 Many times.

No. 22
1 He had no classes in April.
2 He had a lot of homework.
3 The school was very big.
4 There were many new students.

No. 23
1 The school's.
2 The library's.
3 His mother's.
4 Laura's.

No. 24
1 She makes the beds.
2 She washes the dishes.
3 She cooks dinner.
4 She cleans the bathroom.

No. 25
1 He is a baseball player.
2 He is a baseball coach.
3 He is a Japanese teacher.
4 He is a P.E. teacher.

No. 26
1 Buy some apples.
2 Make a lemon pie.
3 Cut down a tree.
4 Go to a gardening shop.

No. 27

1 In an airport.
2 In a bookstore.
3 In a museum.
4 In a classroom.

No. 28

1 Eat lunch at the park.
2 Have lunch at home.
3 Go out with her mother.
4 Eat with her mother.

No. 29

1 Tonight.
2 Tomorrow morning.
3 Tomorrow night.
4 Next Thursday.

No. 30

1 Sara broke her leg.
2 Sara bought some skis.
3 Sara left the hospital.
4 Sara visited her father.

20年度第1回　リスニング

二次試験
面 接

問題カード（A 日程） ◀)) ▶MP3 ▶アプリ ▶CD1 76～80

Department Stores

Many cities have department stores. In Japan, they are often built near large train stations. Many people enjoy shopping for new clothes and eating delicious food, so they visit department stores in their free time.

Questions

No. 1   Please look at the passage. Why do many people visit department stores in their free time?

No. 2   Please look at the picture. What does the woman with long hair have in her hands?

No. 3   Please look at the man wearing glasses. What is he doing?

Now, Mr. / Ms. ——, please turn the card over.

No. 4   How did you come here today?

No. 5   Do you enjoy going to festivals?
              Yes. → Why?
              No. → Why not?

問題カード（B 日程）　　🔊 ▶MP3　▶アプリ　▶CD1 81〜84

Piano Lessons

Many children in Japan take piano lessons. During these lessons, they sometimes learn to play difficult songs. Some children want to take part in piano contests, so they practice hard for many hours every day.

Questions

No. 1   Please look at the passage. Why do some children practice hard for many hours every day?

No. 2   Please look at the picture. Where are the dogs?

No. 3   Please look at the woman. What is she going to do?

Now, Mr. / Ms. ——, please turn the card over.

No. 4   What are you planning to do next weekend?

No. 5   Do you like to go shopping?
       Yes. → What do you like to buy?
       No. → What do you like to do with your friends?

2019-3

一次試験 2020.1.26実施
二次試験 A日程 2020.2.23実施
　　　　　B日程 2020.3.1 実施

Grade 3

試験時間
筆記：50分
リスニング：約25分

一次試験・筆記　　　　p.66〜76
一次試験・リスニング　p.77〜82
二次試験・面接　　　　p.84〜87

＊解答・解説は別冊p.77〜112にあります。
＊面接の流れは本書p.9にあります。

2019年度第3回　Web特典「自動採点サービス」対応
　　　　　　　オンラインマークシート
※検定の回によってQRコードが違います。
※筆記1〜3，リスニングの採点ができます。
※PCからも利用できます（本書p.8参照）。

一次試験
筆 記

---

1 次の (1) から (15) までの (　　) に入れるのに最も適切なものを 1, 2, 3, 4 の中から一つ選び，その番号のマーク欄をぬりつぶしなさい。

---

(1) *A:* Do you want to play another game of tennis?
　　B: No, let's stop. It's getting too (　　) to see the ball.
　　1 free　　　　**2** dark　　　　**3** high　　　　**4** silent

(2) *A:* Can you (　　) this word to me? I don't understand it.
　　B: Sure. It's not difficult.
　　1 sell　　　　**2** save　　　　**3** excuse　　　　**4** explain

(3) *A:* Don't (　　) the street now, Fred. Look. The light is red.
　　B: OK, Mom.
　　1 start　　　　**2** cross　　　　**3** finish　　　　**4** mean

(4) *A:* Let's (　　) a pizza for dinner tonight, Frank.
　　B: That's a great idea, Mom.
　　1 pull　　　　**2** guess　　　　**3** contact　　　　**4** order

(5) Patty has a large (　　) of old teacups that she never uses.
　　1 space　　　　**2** planet　　　　**3** habit　　　　**4** collection

(6) *A:* I forgot to give these flowers water for a week, so they
　　　(　　).
　　B: That's too bad.
　　1 listened　　　　**2** died　　　　**3** wrote　　　　**4** made

(7) I (　　) up in London and came to Tokyo three years ago.
　　1 lost　　　　**2** grew　　　　**3** knew　　　　**4** became

(8) *A:* Do you come to school by bike, Mr. Grant?
　　B: No, Bob. I live (　　) away. I come by car.
　　1 fast　　　　**2** soon　　　　**3** far　　　　**4** little

66

(9) When Keiko woke up this morning, it was (   ) late that she didn't have time for breakfast.

1 any   **2** too   **3** as   **4** so

(10) *A:* Hello. This is Tom. May I speak to Luke?
B: Sure. (   ) on, please.

1 Make   **2** Pull   **3** Hold   **4** Decide

(11) *A:* Cindy is late. Let's start the meeting.
B: Yes, I'm (   ) of waiting.

1 upset   **2** tired   **3** silent   **4** crowded

(12) *A:* Are you going to Okinawa on (   )?
B: No, I'm going there on vacation.

1 business   **2** company   **3** office   **4** job

(13) My school has students from all over the world. Many languages are (   ) there.

1 speak   **2** spoke   **3** spoken   **4** speaking

(14) If it (   ) tomorrow, I'll stay home and read.

1 rain   **2** rains   **3** to rain   **4** raining

(15) Many people think that Tokyo is (   ) than most big cities in the world.

1 safe   **2** safer   **3** safest   **4** safely

67

2 次の (16) から (20) までの会話について, (   ) に入れるのに最も適切なもの を 1, 2, 3, 4 の中から一つ選び, その番号のマーク欄をぬりつぶしなさい。

(16)　　*Mother:* How was your school trip to Kyoto?
　　　　Daughter: (   ) I hope I can go back one day.
　　　　1 We're leaving next week.　　**2** I had a great time.
　　　　3 I found it in the hotel.　　　**4** I'll ask my teacher.

(17)　　　　*Wife:* Is the chicken ready to eat?
　　　　Husband: I don't know. (   ) the oven.
　　　　　　Wife: Thanks.
　　　　1 I'll sell　　　　　　　　**2** I'll go and check
　　　　3 I'll clean　　　　　　　**4** I'll choose and buy

(18)　*Girl:* It's really hot today. (   )
　　　Boy: Great idea. Let's go to the pool by the bus station.
　　　1 Why did you get me a ticket?
　　　2 Why did you buy another swimsuit?
　　　3 Why don't we go swimming?
　　　4 Why don't we stay home?

(19)　*Boy:* Have you lost something?
　　　Girl: Yes, my bicycle key. (   ) but I can't find it.
　　　1 I've looked everywhere for it,
　　　2 It's right in front of you,
　　　3 Your bike is really nice,
　　　4 You should ride it more carefully,

(20)　*Daughter:* Is there any butter in the fridge?
　　　　Father: A little. (   )
　　　Daughter: About 100 grams.
　　　1 How much do you need?　　**2** What kind do you like?
　　　3 How long will it take?　　　**4** What time did you start?

（筆記試験の問題は次のページに続きます。）

3[A] 次の掲示の内容に関して，(21) と (22) の質問に対する答えとして最も適切なものを 1, 2, 3, 4 の中から一つ選び，その番号のマーク欄をぬりつぶしなさい。

Parade for the Sharks

Springfield's women's soccer team, the Springfield City Sharks, won the final of the national tournament last week. To celebrate, there will be a parade on June 12. Put on your Sharks T-shirts and come and see your favorite players!

When: June 12 from 2 p.m. to 4 p.m.
Where: It will start inside Springfield Stadium and end in the gardens in front of Springfield Museum.

The players will give hundreds of blue and white Sharks towels to fans during the parade. If you're lucky, you'll be able to get one! There will also be speeches from the coach and some of the players.

70

(21) Where will the parade finish?

1 In front of a museum.
2 Inside a stadium.
3 Beside a sports store.
4 At Springfield City Hall.

(22) What will some people be able to receive at the parade?

1 Soccer balls.
2 Tickets to a soccer match.
3 Sharks towels.
4 Blue and white T-shirts.

3[B]
次のEメールの内容に関して，(23) から (25) までの質問に対する答えとして最も適切なもの，または文を完成させるのに最も適切なものを 1, 2, 3, 4 の中から一つ選び，その番号のマーク欄をぬりつぶしなさい。

From: Gina Matthews
To: Kara Johnson
Date: January 12
Subject: Ski trip

....

Hi Kara!
Did you go to the meeting about the school ski trip this afternoon? I forgot about it and went to the library to study for tomorrow's social studies test. Did Ms. Morrison say anything important at the meeting? I'm really looking forward to the ski trip this year. I couldn't go last year because I was sick.
Thanks,
Gina

From: Kara Johnson
To: Gina Matthews
Date: January 12
Subject: The meeting

....

Hi Gina,
Don't worry about missing the meeting. It was really short. The first thing Ms. Morrison talked about was the bus schedule. One small change was made. It'll now leave from our school at four o'clock on Friday afternoon, not 3:30. We'll arrive at the hotel at around 7 p.m. The return time on Sunday hasn't changed. We'll get back to our school at 5:30. Also, you need to give the money for the trip to Ms. Morrison by January 17. This trip is going to be really fun. Let's sit together on the bus!
See you tomorrow,
Kara

72

From: Gina Matthews
To: Kara Johnson
Date: January 12
Subject: Thanks!

Hi Kara,
Thanks for the information about the meeting. I paid for the trip last Monday. Also, I have some good news. My dad is going to buy me a new ski jacket before the trip! I'm going to choose one after school tomorrow. I really like your pink jacket, so I want to get the same color. And yes, let's sit together on the bus. I'm going to take a joke book with me, so let's read that together on the way.
Thanks again,
Gina

(23) What happened to Gina today?

    1 She had to take a test.
    2 She forgot about a meeting.
    3 She became sick at the library.
    4 She lost the money for the trip.

(24) What time will the bus leave the school on Friday?

    1 At 3:30.
    2 At 4:00.
    3 At 5:30.
    4 At 7:00.

(25) Gina wants to

    1 get a pink ski jacket.
    2 buy some new skis.
    3 borrow Kara's joke book.
    4 pay for the trip on Monday.

3[C] 次の英文の内容に関して，(26) から (30) までの質問に対する答えとして最も適切なもの，または文を完成させるのに最も適切なものを 1, 2, 3, 4 の中から一つ選び，その番号のマーク欄をぬりつぶしなさい。

The Bluenose

Around the world, many people love to ride on boats in summer. There are many different kinds of boats. For example, sailboats use the power of the wind to move over the water, and they are very popular. One of the most famous sailboats in history was called the Bluenose.

The first Bluenose was built in 1921 in Nova Scotia, Canada. It was used for both fishing and racing. In October 1921, the Bluenose took part in a famous boat race and won first prize. From then, the Bluenose became well known. It also won the same race in 1922 and 1923. During the 1920s, it was the fastest sailboat in the North Atlantic Ocean, so people called it the "Queen of the North Atlantic."

The Bluenose used the power of the wind, but it was not as fast as newer boats with engines.* People liked boats with engines because they were powerful and easy to use. These boats became very popular in the 1930s, so the captain and owner of the Bluenose sold it in 1942.

Sadly, after the Bluenose was sold, it hit a coral reef* in the ocean and sank. However, many Canadians still remembered it. They loved the story about the Bluenose, so a company decided to build a new Bluenose in 1963. It was given to the people of Nova Scotia in 1971, and people can still see and ride on it today. There is even a picture of the Bluenose on a Canadian coin. The Bluenose will never be forgotten.

*engine：エンジン
*coral reef：サンゴ礁

74

(26) The first Bluenose was made in

1 1920.
2 1921.
3 1922.
4 1923.

(27) Why was the Bluenose called the "Queen of the North Atlantic"?

1 It was given to a queen.
2 It was used to catch many fish.
3 It was very beautiful.
4 It was very fast.

(28) Why was the first Bluenose sold in 1942?

1 The owner of the boat got sick.
2 It hit a coral reef and needed to be fixed.
3 A new Bluenose was built.
4 Newer boats with engines became popular.

(29) What happened in 1971?

1 A picture of the first Bluenose was made by a famous artist.
2 A movie was made about the history of Nova Scotia.
3 A new Bluenose was given to the people of Nova Scotia.
4 A special coin was given to the captain of the first Bluenose.

(30) What is this story about?

1 Sailboats from around the world.
2 Races for sailboats.
3 A famous Canadian sailboat.
4 A company that makes sailboats.

ライティング

● あなたは，外国人の友達から以下のQUESTIONをされました。

● QUESTIONについて，あなたの考えとその理由を2つ英文で書きなさい。

4 ● 語数の目安は25語～35語です。

● 解答は，解答用紙のB面にあるライティング解答欄に書きなさい。なお，解答欄の外に書かれたものは採点されません。

● 解答がQUESTIONに対応していないと判断された場合は，0点と採点されることがあります。QUESTIONをよく読んでから答えてください。

QUESTION

Do you like cooking for your family?

一次試験
リスニング

3級リスニングテストについて

1 このテストには，第1部から第3部まであります。
  ☆英文は第1部では一度だけ，第2部と第3部では二度，放送されます。
  第1部：イラストを参考にしながら対話と応答を聞き，最も適切な応答を 1, 2, 3 の中から一つ選びなさい。
  第2部：対話と質問を聞き，その答えとして最も適切なものを 1, 2, 3, 4 の中から一つ選びなさい。
  第3部：英文と質問を聞き，その答えとして最も適切なものを 1, 2, 3, 4 の中から一つ選びなさい。
2 No. 30 のあと，10秒すると試験終了の合図がありますので，筆記用具を置いてください。

第1部　▶MP3　▶アプリ　▶CD2 **1**〜**11**

〔例題〕

No. 1

No. 2

No. 3

No. 4

No. 5

No. 6

No. 7

No. 8

No. 9

No. 10

第2部　◀ ▶MP3 ▶アプリ ▶CD2 12～22

No. 11
1 She's a nurse.
2 She's a doctor.
3 She's a science teacher.
4 She's a college student.

No. 12
1 The boy.
2 The girl.
3 The boy's father.
4 The girl's father.

No. 13
1 At 1:00.
2 At 2:00.
3 At 3:00.
4 At 4:00.

No. 14
1 Make dinner.
2 Get some meat.
3 Buy some carrots.
4 Wash the vegetables.

No. 15
1 Pam's favorite shop.
2 Pam's favorite animal.
3 Pam's clothes.
4 Pam's weekend plans.

No. 16
1 Buy a computer.
2 Buy some tickets.
3 Go to a fashion show.
4 Go to the town hall.

79

No. 17
1 By bus.
2 By car.
3 By bike.
4 On foot.

No. 18
1 Her school.
2 Her house.
3 Her father's office.
4 Her friend's house.

No. 19
1 Buy a blue shirt.
2 Exchange his shirt.
3 Get his money back.
4 Find another store.

No. 20
1 He has to go to rugby practice.
2 He will watch a rugby game.
3 He has to study at home.
4 He will get ready for a vacation.

第3部 📢 ▶MP3 ▶アプリ ▶CD2 23～33

No. 21
1 She likes cooking.
2 She likes working hard.
3 She can eat a lot of food.
4 She can meet many people.

No. 22
1 Henry's.
2 Mark's.
3 Janet's.
4 Lisa's.

No. 23
1 She bought the wrong CD.
2 She left her CD on the train.
3 Her friend was not at home.
4 Her room is not clean.

No. 24
1 On Tuesday.
2 On Wednesday.
3 On Thursday.
4 On Friday.

No. 25
1 Go for a run.
2 Call her father.
3 Write to her friend.
4 Clean her room.

No. 26
1 At a school.
2 At a stadium.
3 In a sports store.
4 In a restaurant.

19年度第3回　リスニング

No. 27

1 Her new hiking boots.
2 Her favorite day of the week.
3 Her plans for the weekend.
4 Her friend's dance club.

No. 28

1 Buying a new house.
2 Having lunch with her brother.
3 Eating at her favorite restaurant.
4 Living by herself.

No. 29

1 Two months old.
2 Six months old.
3 Two years old.
4 Three years old.

No. 30

1 A restaurant closed.
2 A new store opened.
3 The man took a cooking class.
4 The man went to Spain.

19年度第3回　リスニング

問題カード（A 日程）

Badminton

Playing badminton is a popular activity in Japan. Some students join badminton teams at school, and many people play badminton in local gyms on weekends. Some players hope to take part in the Olympics someday.

Questions

No. 1   Please look at the passage. Where do many people play badminton on weekends?

No. 2   Please look at the picture. How many bottles are there on the table?

No. 3   Please look at the boy wearing glasses. What is he going to do?

Now, Mr. / Ms. ——, please turn the card over.

No. 4   Where do you like to go in your free time?

No. 5   Have you ever been camping?
       Yes. → Please tell me more.
       No. → What are you going to do next weekend?

問題カード（B 日程）

Spaghetti

Spaghetti is eaten by people all over the world. It is often eaten with a sauce made from tomatoes. Spaghetti is delicious and easy to cook, so it is a popular dish with many families.

Questions

No. 1   Please look at the passage.   Why is spaghetti a popular dish with many families?

No. 2   Please look at the picture.   Where is the newspaper?

No. 3   Please look at the woman.   What is she doing?

Now, Mr. / Ms. ——, please turn the card over.

No. 4   What do you do to relax?

No. 5   Are you a student?

　　　　　Yes. → What school subject is the most difficult for you?

　　　　　No. → What do you like to have for breakfast?

2019-2

一次試験 2019.10.6 実施
二次試験　A日程　2019.11.3 実施
　　　　　B日程　2019.11.10実施

Grade 3

試験時間
筆記：50分
リスニング：約25分

一次試験・筆記　　　　p.90〜100
一次試験・リスニング p.101〜106
二次試験・面接　　　　p.108〜111

＊解答・解説は別冊p.113〜148にあります。
＊面接の流れは本書p.9にあります。

2019年度第2回　Web特典「自動採点サービス」対応
オンラインマークシート
※検定の回によってQRコードが違います。
※筆記1〜3，リスニングの採点ができます。
※PCからも利用できます（本書p.8参照）。

一次試験
筆 記

---

1 次の (1) から (15) までの (　　) に入れるのに最も適切なものを 1, 2, 3, 4 の中から一つ選び，その番号のマーク欄をぬりつぶしなさい。

---

(1) **A:** It's too cold to go swimming.
B: I know. Let's stay home and watch TV (　　).
1 either　　　2 almost　　　3 instead　　　4 before

(2) Can you tell me the (　　) of this French word? I don't understand it.
1 dictionary　2 size　　　3 meaning　　4 reason

(3) **A:** Excuse me. I want to try on this coat. Where's the
(　　) room?
B: It's over there, sir.
1 putting　　2 picking　　3 hitting　　4 fitting

(4) It was a quiet and (　　) night, so I slept very well.
1 close　　　2 angry　　　3 peaceful　　4 difficult

(5) **A:** Mom, I want to take a shower. Are there any clean
(　　)?
B: Yes, Bobby. There are some in the bathroom.
1 maps　　　2 floors　　　3 handles　　　4 towels

(6) **A:** Are you looking for something, Jun?
B: Yes, my bicycle (　　). I've looked in all my pockets
and my bag.
1 type　　　2 line　　　3 job　　　4 key

(7) **A:** Jack. Clean your shoes before you go to school. They're
(　　).
B: All right, Mom. I'll do it.
1 dirty　　　2 sick　　　3 thirsty　　　4 round

90

(8) Tom's parents were very proud (　　　) him when he passed his exam.

1 by　　　　　**2** of　　　　　**3** on　　　　　**4** from

(9) My new telephone is just the (　　　) as my brother's.

1 different　　**2** same　　　**3** true　　　**4** more

(10) Michael is (　　　) in computers, but he doesn't have one.

1 excited　　**2** interested　**3** difficult　**4** free

(11) *A:* Where did your parents first meet (　　　) other?
B: They met in junior high school.

1 each　　　**2** so　　　　**3** every　　　**4** many

(12) My father broke his (　　　).　He couldn't take us to the beach on Saturday because he had to work.

1 pollution　**2** promise　　**3** problem　**4** purpose

(13) John went to school early today (　　　) volleyball.

1 to practice　**2** practiced　**3** practice　**4** practices

(14) *A:* Do you know (　　　) made this pumpkin pie?　It's delicious!
B: Patty did.　She's a great cook.

1 when　　　**2** who　　　**3** what　　　**4** how

(15) *A:* Fumiko, your brother goes to university, (　　　) he?
B: Yes, he's graduating this year.

1 wasn't　　**2** doesn't　　**3** won't　　　**4** can't

19
年度第
2
回

筆記

2 次の (16) から (20) までの会話について, ( ) に入れるのに最も適切なもの
を 1, 2, 3, 4 の中から一つ選び, その番号のマーク欄をぬりつぶしなさい。

(16) *Salesclerk:* Good afternoon, sir. Can I help you?
  Customer: No, thanks. I'm just looking.
  Salesclerk: All right. Please tell me ( )
  1 if I have one.   **2** when it will arrive.
  3 if you need me.   **4** when you can come.

(17)   *Man:* Why don't we go out to dinner tonight?
  Woman: OK. ( )
   Man: Sounds good.
  1 What about Italian food?   **2** Let's eat at home.
  3 Can you pass the salt?   **4** I'll clean the table.

(18) *Husband:* Do you like any of the raincoats in this shop?
    Wife: ( ) I think I'll buy it.
  1 It rains a lot during winter.
  2 It was a gift from my sister.
  3 The red one by the entrance is nice.
  4 The sale finished last weekend.

(19) *Girl 1:* I didn't know you had a violin. ( )
  Girl 2: Only once or twice a month.
  1 When did you get it?   **2** How often do you play it?
  3 Was it a present?   **4** Is it an expensive one?

(20) *Boy:* Hurry up, Christine. We need to go to English class.
  Girl: ( ) I have to get my dictionary from my locker.
  1 Three lessons a week.   **2** Just a little.
  3 I know the answer.   **4** Wait a minute.

（筆記試験の問題は次のページに続きます。）

3[A] 次のお知らせの内容に関して，(21) と (22) の質問に対する答えとして最も適切なもの，または文を完成させるのに最も適切なものを 1, 2, 3, 4 の中から一つ選び，その番号のマーク欄をぬりつぶしなさい。

Notice to Parents

The 8th grade students are going to grow some vegetables at school for their science class. Some students will come to school on May 28 to get the garden ready, and we're looking for five parents to come and help them.

Date: Saturday, May 28
Time: 10 a.m. to 3 p.m.
Where: Meet beside the school pool
What to bring: Something to eat and drink

You need to be strong because there will be many heavy things to carry.

If you can help, please call Mr. Clark, the science teacher, at 344-2323 by May 24.

(21) On May 28, the parents should meet

    1 at the supermarket.
    2 outside Mr. Clark's classroom.
    3 next to the school pool.
    4 in the science room.

(22) What will the parents have to do at the school?

    1 Teach a science class.
    2 Make drinks for the students.
    3 Sell vegetables.
    4 Carry heavy things.

3[B] 次のEメールの内容に関して，(23) から (25) までの質問に対する答えとして最も適切なものを 1, 2, 3, 4 の中から一つ選び，その番号のマーク欄をぬりつぶしなさい。

From: Amanda Jarvis
To: George Wilson, Donna Thompson
Date: February 10
Subject: Mr. Ward

Hi George and Donna,
I still can't believe Mr. Ward is leaving our school. He's such a good teacher! I talked to him this afternoon, and he said his wife found a new job at a university in Boston. He said they were going to move there soon. I'm really sad about it, but I hope he enjoys living in Boston. I think his daughter will have a lot of fun there. Donna, at lunchtime today, you said we should buy Mr. Ward a present. I think that's a great idea.
See you soon,
Amanda

From: George Wilson
To: Amanda Jarvis, Donna Thompson
Date: February 11
Subject: Good idea

Hello,
I think getting a present is a good idea, too. Mr. Ward has always been kind to us, so we should give him something nice. I know he likes all sports, but I heard that he loves soccer the best. He enjoys reading, too, so how about a book about soccer? Also, we should ask everyone in our class to help. If everyone gives a little money, we'll be able to get him something really special.
George

96

From: Donna Thompson
To: George Wilson, Amanda Jarvis
Date: February 11
Subject: Gift

Hi George and Amanda,
I agree with George. Let's ask our classmates to help. If everyone gives $5, we'll have $100. Then, we can buy him something better than a book. His favorite soccer team is the Panthers, right? I saw a really cool Panthers clock on the Internet the other day. It was about $100. If we can collect enough money, I think we should buy him that. What do you think?
See you on Monday,
Donna

(23) Why is Mr. Ward going to move?

1 He will stop teaching.
2 He wants to go back to university.
3 His daughter lives in Boston.
4 His wife got a new job.

(24) What did George hear about Mr. Ward?

1 His favorite sport is soccer.
2 He has a lot of nice things.
3 His classes are really boring.
4 He wrote a book about soccer.

(25) What does Donna want to give Mr. Ward?

1 Some money.
2 A clock.
3 A soccer ball.
4 A book.

次の英文の内容に関して，(26) から (30) までの質問に対する答えとして最も
3[C] 適切なもの，または文を完成させるのに最も適切なものを 1, 2, 3, 4 の中から
一つ選び，その番号のマーク欄をぬりつぶしなさい。

Grand Central Terminal

One of New York City's most famous symbols is Grand Central Terminal. This is the city's main train station. About 750,000 people walk through it every day.

When the station was first built in 1871 by a man named Cornelius Vanderbilt, it was called Grand Central Depot. In 1901, a larger building was built and named Grand Central Station. However, that building was closed because of a big train accident in 1902. In 1913, a new and even bigger station was opened, and it was given the name Grand Central Terminal. This is the one that people can still see today.

Grand Central Terminal has 44 platforms.* That is more than any other train station in the world. It also has 67 train tracks.* The main hall is called the Main Concourse, and it is very big. The windows are about 23 meters high. The Main Concourse has many interesting things to look at. In the middle, there is a famous clock made of opal. Opal is a very expensive stone, so it cost millions of dollars. Many people meet their friends by the clock.

On the ceiling* of the Main Concourse, there is a picture of the night sky with 2,500 bright stars. This ceiling was made in 1912, but it was covered in 1944 because it was old and rainwater was coming into the building. From 1996 to 1998, the ceiling was cleaned and fixed. Now, it is one of the most beautiful parts of the building.

*platform：(駅の) ホーム
*track：線路
*ceiling：天井

(26) In 1871, the name of New York City's main train station was

    1 Grand Central Terminal.
    2 Grand Central Station.
    3 Grand Central Depot.
    4 the Main Concourse.

(27) What happened in 1902?

    1 Grand Central Depot was built.
    2 There was a bad accident at Grand Central Station.
    3 A new Grand Central Terminal was opened.
    4 A man named Cornelius Vanderbilt was born.

(28) Why did the clock cost millions of dollars?

    1 It has many stars with bright lights in it.
    2 It has a picture of famous people on it.
    3 It is made of an expensive stone.
    4 It is 23 meters high.

(29) What was cleaned and fixed in the Main Concourse?

    1 The ceiling.
    2 The platforms.
    3 The clock.
    4 The windows.

(30) What is this story about?

    1 Traveling around the United States by train.
    2 The life of Cornelius Vanderbilt.
    3 A new art museum in New York City.
    4 A famous place in New York City.

ライティング

4

- あなたは，外国人の友達から以下のQUESTIONをされました。
- QUESTIONについて，あなたの考えとその理由を2つ英文で書きなさい。
- 語数の目安は25語～35語です。
- 解答は，解答用紙のB面にあるライティング解答欄に書きなさい。なお，解答欄の外に書かれたものは採点されません。
- 解答がQUESTIONに対応していないと判断された場合は，0点と採点されることがあります。QUESTIONをよく読んでから答えてください。

QUESTION
Which do you eat more often, rice or bread?

一次試験
リスニング

3級リスニングテストについて

1 このテストには，第1部から第3部まであります。
☆英文は第1部では一度だけ，第2部と第3部では二度，放送されます。
第1部：イラストを参考にしながら対話と応答を聞き，最も適切な応答を 1, 2, 3 の中から一つ選びなさい。
第2部：対話と質問を聞き，その答えとして最も適切なものを 1, 2, 3, 4 の中から一つ選びなさい。
第3部：英文と質問を聞き，その答えとして最も適切なものを 1, 2, 3, 4 の中から一つ選びなさい。

2 No. 30 のあと，10秒すると試験終了の合図がありますので，筆記用具を置いてください。

第1部

▶MP3　▶アプリ　▶CD 2 43～53

〔例題〕

No. 1

No. 2

No. 3

No. 4

No. 5

No. 6

No. 7

No. 8

No. 9

No. 10

第2部　　▶MP3　▶アプリ　▶CD2 54〜64

No. 11
1 At 12:15 p.m.
2 At 12:50 p.m.
3 At 1:00 p.m.
4 At 1:45 p.m.

No. 12
1 Play tennis with Meg.
2 Watch tennis on TV.
3 Go shopping with Meg.
4 Buy a new tennis racket.

No. 13
1 It was too expensive.
2 He was far from the mountains.
3 He had a bad headache.
4 There wasn't enough snow.

No. 14
1 Play with a friend.
2 Visit a zoo.
3 Go to his grandfather's house.
4 Go on a trip with his friends.

No. 15
1 Eat breakfast.
2 Get her books.
3 Brush her teeth.
4 Wash her face.

No. 16
1 One dollar.
2 Four dollars.
3 Ten dollars.
4 Fifteen dollars.

19年度第2回　リスニング

103

No. 17

1 The girl.
2 The girl's brother.
3 The girl's mother.
4 The girl's grandmother.

No. 18

1 In a library.
2 In a convenience store.
3 In a post office.
4 In a bank.

No. 19

1 Pick up Sam.
2 Clean the house.
3 Buy dinner.
4 Call her friend.

No. 20

1 Her passport.
2 Her ticket.
3 Her watch.
4 Her car keys.

第3部　　◀))　▶MP3　▶アプリ　▶CD2 [65]～[75]

No. 21
1 Going fishing.
2 Buying lunch.
3 His father's job.
4 His favorite fish.

No. 22
1 For one week.
2 For three weeks.
3 For one year.
4 For three years.

No. 23
1 His friend.
2 His friend's parents.
3 His father.
4 His grandfather.

No. 24
1 In Australia.
2 In Canada.
3 In Europe.
4 In Asia.

No. 25
1 He is a carpenter.
2 He is an actor.
3 He is a cook.
4 He is a teacher.

No. 26
1 15.
2 50.
3 85.
4 100.

No. 27

1 To buy a book.
2 To ask about a job.
3 To look for a magazine.
4 To meet a writer.

No. 28

1 Tom saw a snake.
2 Tom watched a scary movie.
3 Tom cleaned his house.
4 Tom got lost in the forest.

No. 29

1 At 1:00.
2 At 5:30.
3 At 6:00.
4 At 6:30.

No. 30

1 She took some art classes.
2 She visited France.
3 She met her husband's family.
4 She studied Italian.

19年度第2回　リスニング

107

問題カード（A 日程）　　◀)) ▶MP3　▶アプリ　▶CD2 76〜80

International Supermarkets

There are many international supermarkets in Japan. International supermarkets sell interesting food from different countries, so they are popular with many people. The food at these stores is sometimes expensive.

Questions

No. 1   Please look at the passage. Why are international supermarkets popular with many people?

No. 2   Please look at the picture. Where are the cups?

No. 3   Please look at the man wearing a hat. What is he doing?

Now, Mr. / Ms. ——, please turn the card over.

No. 4   What are you planning to do this evening?

No. 5   Do you have any pets?
        Yes. → Please tell me more.
        No. → What kind of pet would you like to have?

問題カード（B 日程）

Concerts

Watching famous singers or bands on stage is exciting. Many people enjoy going to concerts with their friends, but some people like watching concerts alone. Music festivals are often held outside in summer.

Questions

No. 1   Please look at the passage. What do some people like doing?

No. 2   Please look at the picture. What does the man have in his hands?

No. 3   Please look at the woman with long hair. What is she doing?

Now, Mr. / Ms. ——, please turn the card over.

No. 4   How many hours do you sleep every night?

No. 5   Do you enjoy watching TV?
        Yes. → Please tell me more.
        No. → What do you like to do after dinner?

2019-1

一次試験　2019.6.2実施
二次試験　A日程　2019.6.30実施
　　　　　B日程　2019.7.7実施

Grade 3

試験時間
筆記：50分
リスニング：約25分

一次試験・筆記　　　　p.114〜124
一次試験・リスニング　p.125〜130
二次試験・面接　　　　p.132〜135

＊解答・解説は別冊p.149〜184にあります。
＊面接の流れは本書p.9にあります。

2019年度第1回　Web特典「自動採点サービス」対応
オンラインマークシート
※検定の回によってQRコードが違います。
※筆記1〜3，リスニングの採点ができます。
※PCからも利用できます（本書p.8参照）。

一次試験
筆 記

1 次の (1) から (15) までの ( ) に入れるのに最も適切なものを 1, 2, 3, 4 の中から一つ選び，その番号のマーク欄をぬりつぶしなさい。

(1) **A:** Do you like to go fishing?
   B: No, I think fishing is ( ).
   1 boring **2** exciting **3** enjoyable **4** glad

(2) Andy lives on the sixth floor of a big building. His friend David lives in the apartment ( ) on the fifth floor.
   1 back **2** below **3** before **4** later

(3) **A:** How many pens are in this box?
   B: I don't know. Let's ( ) them and find out.
   1 invite **2** break **3** turn **4** count

(4) **A:** You have a beautiful home, Clara.
   B: Thank you. My father ( ) it.
   1 designed **2** brought **3** shared **4** wrote

(5) The football game begins at 7:00, so let's ( ) outside the station at 6:15.
   1 meet **2** make **3** come **4** show

(6) When you speak in front of many people, you must speak in a ( ) voice.
   1 tall **2** long **3** loud **4** wide

(7) If you win the art contest, you will ( ) a prize.
   1 invite **2** guess **3** receive **4** serve

114

(8) *A:* I got two tickets for the baseball game. (   ) don't you
come with me?

B: Sounds great. I really want to go.

1 How   **2** Why   **3** What   **4** When

(9) I usually get up at seven o'clock and go to bed (   ) nine
and ten.

1 before   **2** on   **3** still   **4** between

(10) Nancy wants to save money, so she will not go (   ) to eat
this week.

1 near   **2** out   **3** by   **4** down

(11) We (   ) a lot of fun when my parents took us camping
last weekend.

1 had   **2** did   **3** played   **4** got

(12) At my school, people must (   ) off their shoes when they
go into the school building.

1 have   **2** make   **3** take   **4** bring

(13) My brother is a musician. He is going to teach me (   )
to play the guitar.

1 how   **2** who   **3** that   **4** what

(14) If Frank (   ) his knee in today's practice, he won't be
able to play in the soccer tournament on the weekend.

1 injure   **2** injures   **3** injuring   **4** to injure

(15) *A:* Look at the monkey (   ) a banana over there.

B: Oh, it's really cute.

1 to eat   **2** ate   **3** eating   **4** eats

115

2 次の (16) から (20) までの会話について, ( ) に入れるのに最も適切なものを 1, 2, 3, 4 の中から一つ選び, その番号のマーク欄をぬりつぶしなさい。

(16) *Daughter:* I hope I do well on my final exam today.
　　　 Mother: (　　) You studied hard, so you'll do well.
　　 1 Don't worry. 　　　　　　 **2** I don't have a dictionary.
　　 3 That's your teacher. 　　　 **4** All weekend.

(17) *Woman:* I went to a restaurant called Mama Dell's last night.
　　　　　　　 (　　)
　　　 Man: Yes. My friend said it's delicious.
　　 1 Have you heard of it? 　　 **2** Are you finished?
　　 3 May I come in? 　　　　　 **4** What did you buy?

(18) *Father:* How are you feeling today, Paul?
　　　 Son: (　　) I still have a fever.
　　 1 After I have breakfast. 　　 **2** Not at the moment.
　　 3 Not so good. 　　　　　　　 **4** If I have time.

(19) *Daughter:* Can you take me to the park, Mom?
　　　 Mother: (　　) Let's watch a movie instead.
　　 1 I don't know that actor. 　　 **2** Come back before dinner.
　　 3 I've seen it before. 　　　　 **4** It's too cold to play outside.

(20) 　 *Man:* Aren't you going to Australia soon?
　 Woman: Yeah. (　　) so I have to get ready this weekend.
　　 1 It was a wonderful trip,
　　 2 I'm leaving on Monday morning,
　　 3 I was born in Sydney,
　　 4 I'll bring you back a present,

116

（筆記試験の問題は次のページに続きます。）

3[A] 次の掲示の内容に関して，(21) と (22) の質問に対する答えとして最も適切なものを 1, 2, 3, 4 の中から一つ選び，その番号のマーク欄をぬりつぶしなさい。

Japanese Movie Festival

Come to Suntown Theater and enjoy some amazing Japanese movies! There will be comedies, dramas, horror movies, and a lot more.

When: July 10 to July 20

Where: Suntown Theater, 21 Wilson Street

Ticket Prices: Adults - $15   Students & Children - $10

You'll be given a free bottle of Japanese green tea with each ticket.

On July 10, the festival will begin with a comedy called *Karaoke King*. The famous actor, Akira Sato, will come to the theater and talk about the movie before it starts. If you want to attend this event, buy a ticket soon!

Check our website for more information: www.suntowntheater.com

(21) What will people get when they buy a ticket?

    1 A Japanese snack.
    2 A *Karaoke King* DVD.
    3 A bottle of tea.
    4 A movie poster.

(22) What will happen on July 10?

    1 Akira Sato will give a talk about *Karaoke King*.
    2 The movie festival will finish.
    3 There will be a karaoke contest at Suntown Theater.
    4 Suntown Theater will be closed.

3[B] 次のEメールの内容に関して，(23) から (25) までの質問に対する答えとして最も適切なもの，または文を完成させるのに最も適切なものを 1, 2, 3, 4 の中から一つ選び，その番号のマーク欄をぬりつぶしなさい。

From: Mike Costello
To: Rose Costello
Date: June 25
Subject: New idea

Hi Grandma,
How are you? School finished last week, so I'm on summer vacation now. I play video games or go swimming at the pool every day. I asked Dad for some money to buy some new games, but he said no. He said I should find a part-time job. I'm 17 years old now, so I guess he's right. Anyway, I have an idea. I've decided to start my own business. I'm going to wash people's cars. I'll visit their houses and wash each car for $10. I've already asked some of Mom and Dad's friends, and they said they're interested. How about you, Grandma? Would you like me to wash your car sometime?
Love,
Mike

From: Rose Costello
To: Mike Costello
Date: June 25
Subject: This Saturday

Hello Mike,
Thank you for your e-mail. I'm glad to hear you're enjoying your summer vacation. Your mother called yesterday. She said she's worried because you didn't do well on your last math test. I'm sure you'll do better next time. That's a great idea for a business. Could you come and wash my car for me? Your grandfather usually does it, but he's getting old. It's very hard for him to do it these days. You can come and wash it once a month. Could you

120

come this Saturday at noon? I'll pay you, of course, but I'd also like to make you something to eat for lunch. How about tuna and cheese sandwiches? Please call me by Friday night and let me know.

Love,
Grandma

(23) What was Mike's problem at first?

1 His father didn't give him money.
2 He was too busy to find a new job.
3 He didn't like his job at the pool.
4 He couldn't swim well.

(24) What did Mike's mother say about Mike?

1 He doesn't want to work for a famous car company.
2 His favorite subject at school is math.
3 He wants to go to a driving school this summer.
4 He didn't get a good score on his math test.

(25) This Saturday, Mike's grandmother wants Mike to

1 wash her car.
2 make sandwiches.
3 call his grandfather.
4 drive her to the store.

3[C]

次の英文の内容に関して，(26) から (30) までの質問に対する答えとして最も適切なもの，または文を完成させるのに最も適切なものを 1, 2, 3, 4 の中から一つ選び，その番号のマーク欄をぬりつぶしなさい。

Maurice Richard

In Canada, more children play soccer than any other sport, but ice hockey is also popular. Many children dream of becoming professional ice hockey players. For them, ice hockey players are special. One famous Canadian ice hockey player is Maurice Richard.

Maurice was born in 1921 in Montreal, Canada. When he was growing up, he enjoyed ice-skating, baseball, and boxing, but he loved ice hockey the most. When he was 14, he started playing ice hockey at school with his friends. He left school and got a job with his father when he was 16. Then, when he was 18, he joined an amateur* ice hockey team.

When Maurice was 21, he started playing for a professional ice hockey team called the Montreal Canadiens. Maurice soon became an important player on his team, and he was the first player to get 50 goals in one season. He was strong and skated very fast, so people started calling him "The Rocket." When he played, his team won many games. He helped the Montreal Canadiens to win the Stanley Cup* eight times. Maurice stopped playing ice hockey in 1960. He was a professional ice hockey player for 18 years.

When Maurice died in 2000, many Canadians were sad. People loved him because he was one of the greatest ice hockey players in history. He is still remembered because there is an award called the Maurice "Rocket" Richard Trophy. Every year, it is given to the player who gets the most goals in one season.

*amateur：アマチュア
*Stanley Cup：北米プロアイスホッケー優勝決定戦

(26) Which sport is played by the most children in Canada?

1 Boxing.
2 Soccer.
3 Baseball.
4 Ice hockey.

(27) What did Maurice Richard do when he was 16 years old?

1 He started playing ice hockey.
2 He joined a boxing club with his friends.
3 He started working with his father.
4 He joined an amateur ice hockey team.

(28) Why was Maurice called "The Rocket"?

1 He was very good at boxing.
2 His teammates loved him.
3 He was a strong and fast skater.
4 He played for the Montreal Canadiens.

(29) Maurice is still remembered because there is

1 a special award with his name.
2 a professional ice hockey team with his name.
3 a Canadian city with his name.
4 a skating school with his name.

(30) What is this story about?

1 A way to become a professional ice hockey player.
2 A famous Canadian ice hockey player.
3 An amateur ice hockey team in Canada.
4 A new award for young ice hockey players.

4

ライティング
- あなたは，外国人の友達から以下のQUESTIONをされました。
- QUESTIONについて，あなたの考えとその理由を2つ英文で書きなさい。
- 語数の目安は25語～35語です。
- 解答は，解答用紙のB面にあるライティング解答欄に書きなさい。なお，解答欄の外に書かれたものは採点されません。
- 解答がQUESTIONに対応していないと判断された場合は，0点と採点されることがあります。QUESTIONをよく読んでから答えてください。

QUESTION

What day of the week do you like the best?

124

一次試験
リスニング

3級リスニングテストについて

1　このテストには，第1部から第3部まであります。
　☆英文は第1部では一度だけ，第2部と第3部では二度，放送されます。
　第1部：イラストを参考にしながら対話と応答を聞き，最も適切な応答を1, 2, 3の中から一つ選びなさい。
　第2部：対話と質問を聞き，その答えとして最も適切なものを1, 2, 3, 4の中から一つ選びなさい。
　第3部：英文と質問を聞き，その答えとして最も適切なものを1, 2, 3, 4の中から一つ選びなさい。
2　No. 30のあと，10秒すると試験終了の合図がありますので，筆記用具を置いてください。

第1部

▶MP3　▶アプリ　▶CD3　1～11

〔例題〕

No. 1

No. 2

No. 3

No. 4

No. 5

No. 6

No. 7

No. 8

No. 9

No. 10

第2部

🔊 ▶MP3 ▶アプリ ▶CD3 **12**〜**22**

No. 11
1 At Jim's family's house.
2 At Jim's friend's house.
3 At a supermarket.
4 At a restaurant.

No. 12
1 Buy a cheesecake.
2 Make a cake herself.
3 Go to the store again.
4 Shop at a different store.

No. 13
1 Becky's father.
2 Becky's brother.
3 Jim's father.
4 Jim's brother.

No. 14
1 Take a train.
2 Go to a new bakery.
3 Make their lunch.
4 Visit their friend's house.

No. 15
1 Ken's new friend.
2 Ken's favorite band.
3 Ken's room.
4 Ken's weekend.

No. 16
1 The girl's team won its game.
2 The girl got a goal.
3 The boy went to a soccer game.
4 The coach was late.

No. 17

1 Yesterday morning.
2 Last night.
3 This morning.
4 At lunchtime.

No. 18

1 He can't see the stars tonight.
2 It will be cloudy tomorrow.
3 He can't find the newspaper.
4 His science homework is hard.

No. 19

1 Return the woman's money.
2 Get a new washing machine.
3 Buy a new house.
4 Visit the woman next month.

No. 20

1 Five kilometers.
2 Six kilometers.
3 Ten kilometers.
4 Thirty kilometers.

第3部　　　🔊 ▶MP3　▶アプリ　▶CD3 23～33

No. 21
1 On the train.
2 At the station.
3 By the tennis court.
4 At her house.

No. 22
1 Go on a trip.
2 Buy her a pet.
3 Take care of her dog.
4 Visit her grandparents.

No. 23
1 He went shopping.
2 He studied at home.
3 He helped his mother.
4 He worked at a restaurant.

No. 24
1 She couldn't find her brother.
2 She forgot her brother's birthday.
3 The bookstore wasn't open.
4 The book was too expensive.

No. 25
1 Visit his grandparents.
2 Go on a trip with his mother.
3 Teach English at a school.
4 Start learning Chinese.

No. 26
1 Some shoes.
2 A dress.
3 A wedding ring.
4 A hat.

19年度第1回　リスニング

129

No. 27
1 This morning.
2 On Friday evening.
3 On Saturday evening.
4 On Sunday morning.

No. 28
1 English.
2 Math.
3 Science.
4 Music.

No. 29
1 His sister's story was very good.
2 He met a famous writer.
3 His sister won a prize.
4 He found his library book.

No. 30
1 For fifteen minutes.
2 For thirty minutes.
3 For one hour.
4 For two hours.

19年度第1回　リスニング

問題カード（A 日程）　　🔊 ▶MP3 ▶アプリ ▶CD3 34〜38

A Popular Japanese Food

Tofu is used in many delicious Japanese dishes. Some people like to put it in salad, soup, and even ice cream and cake. Tofu is healthy and cheap, so it is eaten by many people.

Questions

No. 1   Please look at the passage. Why is tofu eaten by many people?

No. 2   Please look at the picture. How many bottles of water is the woman holding?

No. 3   Please look at the man with glasses. What is he going to do?

Now, Mr. / Ms. ——, please turn the card over.

No. 4   What do you do to relax in your free time?

No. 5   Have you ever been to a zoo?
  Yes. → Please tell me more.
  No. → Where do you like to go on weekends?

問題カード（B 日程）　　　　◀》 ▶ MP3　▶ アプリ　▶ CD3 39〜42

Health Clubs

In Japan, there are lots of health clubs. Many people want to stay strong and healthy, so they become members of health clubs. Sometimes, people can make new friends there, too.

Questions

No. 1   Please look at the passage. Why do many people become members of health clubs?

No. 2   Please look at the picture. Where is the television?

No. 3   Please look at the woman. What is she going to do?

Now, Mr. / Ms. ——, please turn the card over.

No. 4   What kind of movies do you like to watch?

No. 5   Do you like to eat at restaurants?
   Yes. → Please tell me more.
   No. → Why not?

2018-3

一次試験　2019.1.27 実施
二次試験　A日程　2019.2.24 実施
　　　　　B日程　2019.3.3 実施

Grade 3

試験時間

筆記：50分
リスニング：約25分

一次試験・筆記　　　p.138〜148
一次試験・リスニング p.149〜154
二次試験・面接　　　p.156〜159

＊解答・解説は別冊p.185〜220にあります。
＊面接の流れは本書p.9にあります。

2018年度第3回　Web特典「自動採点サービス」対応
オンラインマークシート
※検定の回によってQRコードが違います。
※筆記1〜3，リスニングの採点ができます。
※PCからも利用できます（本書 p.8参照）。

一次試験
筆 記

1 次の (1) から (15) までの ( ) に入れるのに最も適切なものを 1, 2, 3, 4 の中から一つ選び, その番号のマーク欄をぬりつぶしなさい。

(1) John has a good ( ). He can remember all his friends' phone numbers.
1 care   2 wish   3 memory   4 hope

(2) *A:* Mom, that box is really big. I'll ( ) it for you.
B: Oh, thank you, Edward.
1 enter   2 guess   3 believe   4 carry

(3) Sally is a TV reporter. She was really excited today because she had an ( ) with a famous singer.
1 answer   2 example   3 interview   4 order

(4) *A:* Linda, are you ( ) for the party yet?
B: No, I don't know what I should wear.
1 needed   2 signed   3 moved   4 dressed

(5) Christina is an actress. She is often on TV and sometimes ( ) on stage.
1 invents   2 performs   3 protects   4 imagines

(6) This clock was made early in the 20th ( ), so it's about 100 years old.
1 area   2 century   3 moment   4 tournament

(7) Matt usually leaves for work ( ) eating breakfast. He has toast and coffee at a coffee shop near the station.
1 since   2 between   3 through   4 without

(8) Karen's house is bigger than (   ) other house on her street.

1 own   **2** whole   **3** any   **4** much

(9) My grandfather loves jogging. It rained today, but he got up early and went jogging (   ) usual.

1 as   **2** ever   **3** by   **4** on

(10) *A:* Susan will graduate from nursing school next month.
B: I know. She really wants to be a nurse, and now her dream will (   ) true at last.

1 come   **2** get   **3** go   **4** have

(11) *A:* What's the (   ), Shelly?
B: I lost my purse.

1 horizon   **2** matter   **3** difference   **4** figure

(12) *A:* It's dark in here. Could you turn (   ) the light, Sam?
B: Sure.

1 off   **2** with   **3** in   **4** on

(13) Jack finished (   ) his room and then went to his friend's house.

1 clean   **2** cleaned   **3** cleaning   **4** cleans

(14) *A:* It's Tom's birthday next Saturday. Let's (   ) him a present.
B: Good idea.

1 buy   **2** buys   **3** to buy   **4** buying

(15) *A:* Sean is always late, (   ) he?
B: Yes. One time I waited two hours for him.

1 didn't   **2** isn't   **3** couldn't   **4** hasn't

18
年度第
3
回

筆記

139

2 次の (16) から (20) までの会話について, ( ) に入れるのに最も適切なもの
を 1, 2, 3, 4 の中から一つ選び, その番号のマーク欄をぬりつぶしなさい。

(16)　　　*Wife:* Can you show me how to check my e-mail on the
　　　　　　　new computer?
　　　Husband: (　　) Mary. I'm on the phone with my boss.
　　　1 Just a minute,　　　　　　**2** By the chair,
　　　3 I checked my office,　　　　**4** I got a new one,

(17) *Girl:* Your dog is so cute. How long have you had him?
　　　Boy: (　　)
　　　1 Since I was five.
　　　2 My grandma gave him to me.
　　　3 About 10 kilograms.
　　　4 For an hour every morning.

(18) *Woman:* Did you know that Paul Edwards got married last
　　　　　　month?
　　　　Man: No. (　　)
　　　Woman: His younger brother.
　　　1 What did you give him?　　　**2** Was it a big wedding?
　　　3 Who told you that?　　　　　**4** Have you met his wife?

(19) *Woman 1:* I have to go and buy some Christmas presents this
　　　　　　　weekend.
　　　Woman 2: Me, too. (　　)
　　　Woman 1: OK. Sounds good.
　　　1 Do you know what they want?
　　　2 Why don't you return it?
　　　3 Do you remember last year's party?
　　　4 Why don't we go together?

(20) *Girl:* When's your big tennis match?
　　　Boy: Tomorrow. I haven't practiced much this week, so
　　　　　　(　　)
　　　1 it starts at two o'clock.　　　**2** I'm a little worried.
　　　3 it's going to rain.　　　　　　**4** I really like your racket.

140

（筆記試験の問題は次のページに続きます。）

3[A] 次の掲示の内容に関して，(21) と (22) の質問に対する答えとして最も適切なもの，または文を完成させるのに最も適切なものを 1, 2, 3, 4 の中から一つ選び，その番号のマーク欄をぬりつぶしなさい。

Blue Sea Amusement
Whale Watching Boat Rides

Come and join a whale watching tour with us! If you don't see a whale, you can still enjoy the beautiful ocean and learn about the history of South Bay.

Boats leave every two hours from 10 a.m. to 4 p.m. The whale watching season is from May to September. We are closed every Tuesday and when the weather is bad.

Ticket Prices
◇ Adults: $35
◇ Children 3 to 12: $18
◇ Children under 3: free

If you want to have a special party on one of our boats, please check our website for more information:

www.blueseawhalewatching.com

(21) What is this notice about?

    1 A show at an amusement park.
    2 A class about the history of boats.
    3 A boat tour to see whales.
    4 A special party on the beach.

(22) People cannot go on a boat ride

    1 if they are under 12 years old.
    2 between 10 a.m. and 4 p.m.
    3 if the weather is bad.
    4 on Thursdays.

3[B] 次のEメールの内容に関して，(23) から (25) までの質問に対する答えとして最も適切なものを 1, 2, 3, 4 の中から一つ選び，その番号のマーク欄をぬりつぶしなさい。

From: Nancy Hill
To: Junko Kobayashi
Date: May 12
Subject: Driving lessons

Hi Junko,
How are you? My summer vacation will start in three weeks. Last week, I took a driving class after school at my high school, and I'm going to take the driving test in the second week of June. If I pass the test, I can drive us around when you come in August. I want to take a trip to my grandmother's house when you're here. We can drive there.
I can't wait to see you!
Nancy

From: Junko Kobayashi
To: Nancy Hill
Date: May 13
Subject: Really?

Hi Nancy,
Thanks for your e-mail. My summer vacation doesn't start until the end of July. You're only 16, so I'm surprised that you can get a driver's license. In Japan, we have to be 18 years old. I'm planning to go to a driving school when I start university. Getting a driver's license is very expensive in Japan. How much does it cost in the United States? I think you'll be a good driver. Anyway, I would love to meet your grandmother.
Your friend,
Junko

144

From: Nancy Hill
To: Junko Kobayashi
Date: May 13
Subject: This summer

Hi Junko,
Wow, you can't get a driver's license until you're 18! Most people in the United States can get their driver's license when they're 16. I think it's also cheaper here. The class at my school was free. When I take the driving test, I only have to pay $40. On weekends, I drive near my house with my mom or dad. It's good practice. I can't drive by myself yet, so one of my parents has to be in the car with me.
Write again soon!
Nancy

(23) When will Junko visit Nancy?

    1 In three weeks.
    2 In the second week of June.
    3 At the end of July.
    4 In August.

(24) What is Junko planning to do when she starts university?

    1 Learn how to drive.
    2 Take a driving test in the United States.
    3 Take a special class at Nancy's school.
    4 Drive to her grandmother's house.

(25) How does Nancy practice driving on weekends?

    1 She drives by herself.
    2 She pays her teacher $40 for a lesson.
    3 She drives with one of her parents.
    4 She drives to her friend's house.

3[C]

次の英文の内容に関して，(26) から (30) までの質問に対する答えとして最も適切なもの，または文を完成させるのに最も適切なものを 1, 2, 3, 4 の中から一つ選び，その番号のマーク欄をぬりつぶしなさい。

Valentinus

Many people around the world celebrate Valentine's Day. In some countries, people give chocolate or other gifts to friends and family. They do this to show their love for those people. However, the history of Valentine's Day is actually very sad. The name Valentine's Day comes from the name of a Roman priest* called Valentinus. He was born in the year 226.

In those days, Rome had a very large and strong army.* Many of the soldiers* in the army wanted to get married and have families. However, the leader of Rome, Claudius II, thought soldiers should not be married, so he made it a rule. After that, they could not get married anymore. Some soldiers broke the rule and got married, but they could not tell anyone.

Many priests were afraid of Claudius II, so they did not help soldiers to get married. However, Valentinus thought that men and women should get married and have families. So he helped soldiers when they wanted to get married. One day, when people found out Valentinus was doing this, he got in trouble and was put in jail.*

When Valentinus was in jail, he met a young girl who worked there. Every day, she brought food to Valentinus and talked with him, and they became good friends. But Claudius II decided to kill Valentinus. On the night before he died, Valentinus wrote a letter to the girl. He signed the letter, "Your Valentine." The next day, February 14, Valentinus was killed. However, today, many people celebrate love on this day.

*priest：神父
*army：軍隊
*soldier：兵士
*be put in jail：投獄される

(26) Valentine's Day was named after

    1 a famous soldier.
    2 a kind of chocolate.
    3 a priest from Rome.
    4 a place in Italy.

(27) Why did Claudius II make a new rule?

    1 He didn't want soldiers to get married.
    2 He didn't want children to become soldiers.
    3 He wanted more families to live in Rome.
    4 He wanted more people to become priests.

(28) What did Valentinus think?

    1 The leader of Rome should be kinder to women.
    2 Men and women should have families.
    3 Priests shouldn't write letters.
    4 Soldiers shouldn't go to war.

(29) What did Claudius II decide to do?

    1 Write a letter to Valentinus.
    2 Give food to poor people.
    3 Help a young girl.
    4 Kill Valentinus.

(30) What is this story about?

    1 Some soldiers who went to war.
    2 The history of Valentine's Day.
    3 A leader of Rome who had a large family.
    4 A priest who joined the army.

18年度第3回　筆記

ライティング

4

- あなたは，外国人の友達から以下のQUESTIONをされました。
- QUESTIONについて，あなたの考えとその理由を2つ英文で書きなさい。
- 語数の目安は25語～35語です。
- 解答は，解答用紙のB面にあるライティング解答欄に書きなさい。なお，解答欄の外に書かれたものは採点されません。
- 解答がQUESTIONに対応していないと判断された場合は，0点と採点されることがあります。QUESTIONをよく読んでから答えてください。

QUESTION

Which do you like better, reading books or playing video games?

一次試験
リスニング

3級リスニングテストについて

1 このテストには，第1部から第3部まであります。
   ☆英文は第1部では一度だけ，第2部と第3部では二度，放送されます。
   第1部：イラストを参考にしながら対話と応答を聞き，最も適切な応答を 1, 2, 3 の中から一つ選びなさい。
   第2部：対話と質問を聞き，その答えとして最も適切なものを 1, 2, 3, 4 の中から一つ選びなさい。
   第3部：英文と質問を聞き，その答えとして最も適切なものを 1, 2, 3, 4 の中から一つ選びなさい。
2 No. 30 のあと，10秒すると試験終了の合図がありますので，筆記用具を置いてください。

第1部　　▶MP3　▶アプリ　▶CD3 43〜53

〔例題〕

No. 1

No. 2

No. 3

No. 4

No. 5

No. 6

No. 7

No. 8

No. 9

No. 10

第2部　　　◀》 ▶MP3 ▶アプリ ▶CD3 54～64

No. 11
1 One cup.
2 Two cups.
3 Five cups.
4 Six cups.

No. 12
1 At the cafeteria.
2 At her house.
3 At the French restaurant.
4 At the man's house.

No. 13
1 Sally.
2 Karen.
3 Scott.
4 Bob.

No. 14
1 Learn how to use the computer.
2 Take the boy to a restaurant.
3 Finish her homework.
4 Make dinner.

No. 15
1 This morning.
2 This afternoon.
3 Tomorrow morning.
4 Tomorrow afternoon.

No. 16
1 The tickets are very cheap.
2 The movie theater is closed.
3 They won a movie poster.
4 They saw a famous person.

No. 17 1 The boy's dog ran away.
2 The boy bought a new pet.
3 The boy caught a cold.
4 The boy's dog came home.

No. 18 1 She bought a CD.
2 She met her favorite band.
3 She gave her friend a CD.
4 She went to band practice.

No. 19 1 Finish his homework.
2 Turn off the TV.
3 Watch the soccer game.
4 Give back her math textbook.

No. 20 1 A restaurant.
2 A clothes shop.
3 A hotel.
4 A fashion magazine.

第3部 　　　　　　　🔊 ▶MP3 ▶アプリ ▶CD3 65〜75

No. 21
1 Concert tickets.
2 Some CDs.
3 A book.
4 A card.

No. 22
1 In New York.
2 In Tokyo.
3 In Seattle.
4 In Toronto.

No. 23
1 Three months ago.
2 Four months ago.
3 Five months ago.
4 Six months ago.

No. 24
1 To get money for his trip.
2 To buy books.
3 To pay for his Spanish lessons.
4 To buy a new car.

No. 25
1 His new bike.
2 His new house.
3 A station near a park.
4 A park by his office.

No. 26
1 For thirty minutes.
2 For one hour.
3 For one and a half hours.
4 For two hours.

18 年度第3回　リスニング

153

No. 27

1 A Christmas card.
2 A wallet.
3 Some sunglasses.
4 Some socks.

No. 28

1 Travel to Brazil.
2 Write a story about her father.
3 Show her father some photos.
4 Buy a camera.

No. 29

1 Under his car.
2 Under the sofa.
3 On his bed.
4 On the table.

No. 30

1 Sunny.
2 Rainy.
3 Cloudy.
4 Snowy.

18
年度第3回　リスニング

155

問題カード（A 日程）　　◀) ▶MP3　▶アプリ　▶CD3 76〜80

A Popular Food

Tempura is a popular Japanese food. Fresh vegetables and seafood are cooked in hot oil. Many people enjoy eating tempura at restaurants, but some people like to make tempura at home.

Questions

No. 1   Please look at the passage.   Where do many people enjoy eating tempura?

No. 2   Please look at the picture.   What is the woman looking at?

No. 3   Please look at the man with a cap.   What is he doing?

Now, Mr. / Ms. ——, please turn the card over.

No. 4   What kind of pet do you want?

No. 5   Do you like to go shopping?
　　　　　Yes. → What do you like to buy?
　　　　　No. → Where do you like to go with your friends?

問題カード（B 日程）　　◀))　▶MP3　▶アプリ　▶CD3 81〜84

The Winter Games

The Winter Olympic Games are an international sports event. People from many countries try hard to win a gold medal. Snowboarding and skating are exciting to watch, so they are enjoyed by many people.

Questions

No. 1   Please look at the passage. Why are snowboarding and skating enjoyed by many people?

No. 2   Please look at the picture. How many people are carrying bags?

No. 3   Please look at the man. What is he going to do?

Now, Mr. / Ms. ——, please turn the card over.

No. 4   Where do you often go on weekends?

No. 5   Do you like to go swimming?
           Yes. → Please tell me more.
           No. → What do you usually do with your friends?

英検S-CBT／英検CBT®
併願で受験機会が増やせる!

> より上の級やスコアアップを目指して
> どんどん英検を受験したい!

> 受験日・会場を自分で選んで受験したい!

そんなときは、CBT方式の英検がおすすめ!

- 英検®（従来型）など他の方式との併願も可能
  受験機会を増やしたい時におすすめ。

- 試験日が多く設けられている
  次の英検（従来型）まで待てない!という人におすすめ。

- 問題形式やレベルは英検®（従来型）と同じ!
  この本で学習したことがそのまま活かせます。

▶ CBT方式の英検の詳細については英検ウェブサイトをチェック!
https://www.eiken.or.jp/s-cbt/

CBT方式に慣れたい人におすすめ	英検CBT®／英検S-CBT専用 **英検3級予想問題ドリル**

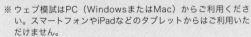

※ 本書の書籍・ウェブ模試に収録されている問題は、『7日間完成 英検3級 予想問題ドリル』の一部を再編集したものです。

※ ウェブ模試はPC（WindowsまたはMac）からご利用ください。スマートフォンやiPadなどのタブレットからはご利用いただけません。

※2020年12月現在の情報を掲載しています。
※「英検S-CBT」は「英検2020 1 day S-CBT®」のことを指しています。
※英検®、英検2020 1 day S-CBT®、英検CBT®は、公益財団法人 日本英語検定協会の登録商標です。

2021年度版

文部科学省後援

英検® 3級

過去6回全問題集

別冊解答

英検®は、公益財団法人 日本英語検定協会の登録商標です。

旺文社

2021年度版

文部科学省後援
英検® 3級
過去6回全問題集

別冊解答

英検®は、公益財団法人 日本英語検定協会の登録商標です。 旺文社

もくじ

Contents

2020 年度　第 2 回検定　解答・解説 ………………………… 5

第 1 回検定　解答・解説 ………………………… 41

2019 年度　第 3 回検定　解答・解説 ………………………… 77

第 2 回検定　解答・解説 ………………………… 113

第 1 回検定　解答・解説 ………………………… 149

2018 年度　第 3 回検定　解答・解説 ………………………… 185

2020-2

一次試験
筆記解答・解説　　　p.6〜19

一次試験
リスニング解答・解説　　　p.19〜35

二次試験
面接解答・解説　　　p.36〜40

解答一覧

一次試験・筆記

1

(1) 2	(6) 3	(11) 2
(2) 2	(7) 4	(12) 3
(3) 4	(8) 1	(13) 1
(4) 2	(9) 2	(14) 2
(5) 1	(10) 4	(15) 1

2

(16) 1	(18) 4	(20) 3
(17) 1	(19) 2	

3 A

(21) 4
(22) 3

3 B

(23) 2
(24) 3
(25) 1

3 C

(26) 4	(28) 3	(30) 1
(27) 3	(29) 2	

4　解答例は本文参照

一次試験・リスニング

第1部

No. 1　3	No. 5　3	No. 9　1
No. 2　2	No. 6　1	No.10　1
No. 3　3	No. 7　2	
No. 4　3	No. 8　1	

第2部

No.11　4	No.15　3	No.19　2
No.12　2	No.16　3	No.20　2
No.13　2	No.17　1	
No.14　1	No.18　4	

第3部

No.21　4	No.25　4	No.29　2
No.22　1	No.26　4	No.30　1
No.23　4	No.27　2	
No.24　3	No.28　1	

| 一次試験・筆記 | **1** | 問題編 p.18〜19 |

(1) 解答 **2**

訳

A 「このシャツは私に合いません。小さすぎます。もっと大きいのをお願いします」

B 「かしこまりました。お客さまにお持ちいたします」

解説

客のAと店員のBとの会話。AのIt's too small. から，shirt「シャツ」のサイズが合わないことがわかる。正解**2**の fit は「〜に（形・サイズが）合う」という意味。fight「〜と戦う」，keep「〜を保つ」，collect「〜を集める」。

(2) 解答 **2**

訳

A 「静岡にはどれくらい住んでいるの，クリス？」

B 「ぼくが10歳のときからここに住んでいるよ」

解説

I've lived here「（ずっと）ここ（＝静岡）に住んでいる」と I was 10 years old「10歳だった」を結びつけることができるのは，「〜のときから（ずっと），〜以来」を意味する since。and「そして」，than「〜よりも」，until「〜まで」。

(3) 解答 **4**

訳

「ここの天気はだいたい晴れなので，太陽光発電が人気だ」

解説

〜, so ... は「〜（理由・原因）なので，…（結果）」という意味で，The weather here is usually sunny が（ ）power is popular の理由。この関係から，solar「太陽の」を入れて solar power「太陽の電力」，つまり「太陽光発電」とする。shocking「衝撃的な」，silent「音がしない，無言の」，south「南の」。

(4) 解答 **2**

訳

「ジェニファーの父は私たちに，道路がとても濡れているので注意して運転するように言った」

解説

Jennifer's father told us to drive（ ）の理由が because 以下で説明されている。道路が wet「濡れて」いる状態なので，drive

6

carefully「注意して運転する」ように言ったということ。softly「柔らかに」，lightly「軽く」，helpfully「役に立つように」。

(5)　解答　**1**

訳　A「私はあなたの名前と年齢をこの用紙に書かなければなりません。あなたは何歳ですか，タケシ？」
B「ぼくは15歳です」

解説　A はタケシに How old are you?「あなたは何歳ですか」と尋ねているので，用紙に書かなければならないのは B（＝タケシ）の名前と age「年齢」。have to ～は「～しなければならない」。line「線」，air「空気」，capital「首都」。

(6)　解答　**3**

訳　「私はピザをオーブンの中に長い間置きすぎて，それを焦がした」

解説　left は leave「～を置いたままにしておく，置き忘れる」の過去形。I left the pizza in the oven too long の結果として起こることを考えて，burn「～を焦がす」の過去形 burned を選ぶ。1，2，4 はそれぞれ believe「～を信じる」，borrow「～を借りる」，belong「（～に）属する」の過去形。

(7)　解答　**4**

訳　「先週，ケリーとボブに男の子の赤ちゃんが生まれた。彼らは赤ちゃんをアルフレッドと名付けた」

解説　最後に人名の Alfred があるので，name「～を…と名付ける」の過去形 named が正解。1，2，3 はそれぞれ spend「（お金）を使う，（時間）を費やす」，tell「～を話す」，pick「～を選ぶ」の過去形。

(8)　解答　**1**

訳　「ぼくの兄[弟]は野球の試合でとてもじょうずにプレーした。ぼくは彼を誇りに思っている」

解説　My brother played very well in the baseball game. という内容と，空所の後にある of とのつながりから，be proud of ～「～を誇りに思う」という表現にする。kind「親切な」，ready「準備

7

ができて」，fresh「新鮮な」。

(9) 解答 2

訳 A「ジェニファーとは長い間の知り合いなの？」

B「そうよ。実際，私たちは 10 年以上前に出会ったわ」

解説 ここでの Have you known ～？は「～と知り合いですか」，for a long time は「長い間」という意味。fact とのつながりを考えて，In fact「実際は，実のところ」という表現にする。for「～の間」，under「～の下に」，among「～の間に」。

(10) 解答 4

訳 A「もう 7 時 15 分だけど，ティムはまだここにいないね」

B「あら，彼はいつも通り遅刻よ。時間通りに来たことがないわ」

解説 空所の後の usual とのつながりと，He's never on time.「彼は時間通りに来たことがない」という内容から，as usual「いつも通り，いつものように」という表現にする。else「他に」，just「ちょうど」，first「最初に」。

(11) 解答 2

訳 A「ぼくは金曜日か土曜日のどちらかに映画を見に行けるよ。きみはどちらがいい？」

B「私は土曜日のほうがいいわ」

解説 空所の後の Friday or Saturday に注目して，either A or B「A か B のどちらか」という表現にする。Which is good for you? は，Friday と Saturday のどちらが都合がいいかを B に尋ねる表現。enough「十分に」，else「他に」，ever「これまでに」。

(12) 解答 3

訳 A「銀行はどこにありますか」

B「メイン通りをまっすぐ行ってください。左手に見えます」

解説 A は B に bank「銀行」の場所を尋ねている。straight とのつながりを考えて，Go straight「まっすぐ行ってください」という表現にする。on your left は「左手に」という意味。break「～を壊す」，catch「～を捕まえる」，put「～を置く」。

8

(13) 解答 ①

訳 A「パーカー先生が私たちに出した宿題はわかった？」
B「ううん，わからないよ」

解説 空所の前にある homework「宿題」を，空所の後の Mrs. Parker gave us「パーカー先生が私たちに出した」が説明している。この2つをつなぐことができるのは関係代名詞の that で，ここでは目的格の用法。

(14) 解答 ②

訳 「ナオコは友だちに手紙を書くことが好きだ」

解説 like はその後に動詞の〜ing 形または to 不定詞を続けて「〜することが好きだ」という意味になる。ここでは選択肢に動名詞 writing「〜を書くこと」があるので，2 が正解。3 の wrote は write の過去形，4 の writes は 3 人称単数現在形。

(15) 解答 ①

訳 A「ミッチ，あなたのヘッドフォンを借りたいの。明日持ってきてくれる？」
B「わかった，サラ。いいよ」

解説 I want to borrow your headphones「あなたのヘッドフォンを借りたい」という内容から，Would you 〜?「〜してくれませんか」を使って相手にお願いする文にする。bring は「〜を持ってくる」の意味で，them は your headphones を指す。

一次試験・筆記 **2** 問題編 p.20

---

(16) 解答 ①

訳 店員「何かお手伝いしましょうか，お客さま？」
客 「はい。このジャケットの色がとても気に入っています。試着してもいいですか」
店員「もちろんです。鏡はあちらにございます」

解説 Customer「客」は I love the color of this jacket. とジャケッ

20年度第2回 筆記

9

トの色がとても気に入ったことを伝えている。try 〜 on「〜を試着する」を使って，そのジャケットを試着していいかどうか尋ねている **1** が適切で，店員が鏡の場所を案内している流れにも合う。

(17) 解答 **1**

訳　娘　「お父さん，私は来週末に旅行に行くの。お父さんのスーツケースを借りてもいい？」

父親「悪いんだけど，**それは壊れているんだ**」

解 説　borrow は「〜を借りる」という意味。娘は父親に suitcase「スーツケース」を借りていいかどうか尋ねている。父親の答えは Sorry, but …「悪いんだけど…」で始まるので，これに続くのはスーツケースが broken「壊れている」と言っている **1**。

(18) 解答 **4**

訳　息子「白い T シャツと青い T シャツのどちらの T シャツを買ったらいいか選べないよ」

母親「あら，**早く決めてちょうだい。**そろそろ家に帰る時間よ」

解 説　choose は「〜を選ぶ」という意味。2つの one はいずれも T-shirt の代わりに使われていて，息子がどちらの色の T シャツを買うか迷っている場面。母親の It's almost time to go home. から，息子に decide quickly「早く決める」ように促す **4** が正解。

(19) 解答 **2**

訳　男性「おいしい夕食だったね」

女性「本当？　**私はそう思わなかったわ。私には辛すぎたわ**」

解 説　a delicious dinner「おいしい夕食」だったと言っている男性に，女性は Really? と驚いている。また，It was too spicy for me.「私には辛すぎた」とも言っているので，**2** の I didn't think so.「私はそう（＝おいしい夕食だとは）思わなかった」が正解。

(20) 解答 **3**

訳　女性「アダムは今日とても疲れているみたいね。**なぜだか知ってる？**」

男性「彼は昨日マラソン大会で走ったって言ってたよ」

10

解説 look(s) 〜 は「〜のように見える」，tired は「疲れて」という意味。男性の he ran in a marathon yesterday は，アダムが疲れているように見える理由になっているので，why「なぜ」を使って理由を知っているかどうか尋ねている 3 が正解。

一次試験・筆記 **3A** 問題編 p.22〜23

ポイント 世界各国からの料理が集まるインターナショナル・フードフェスティバルの案内。開催日時，場所，料金に加えて，フェスティバルで行われるイベントに関する情報を読み取ろう。

全訳
ハントリーのインターナショナル・フードフェスティバル

世界各地からの食べ物を楽しみに来てください。アジア，ヨーロッパ，アフリカ，南アメリカの興味深い料理があります。

日にち：9 月 19 日 土曜日

時間：午前 11 時から午後 8 時まで

場所：カールトン公園（ウェストランド鉄道駅から 5 分）

天候が悪ければ，ウェストランド大学で開催されます。

フェスティバルには無料でご入場いただくことができ，料理はそれぞれ 3 ドルから 5 ドルです。

ハントリーで一番人気のシェフの 1 人であるヴァネッサ・ウォンが，フェスティバルで中華料理のレッスンを教えます。このレッスンの 1 つに参加するには，正午までに青色のテントで申し込んでください。

www.huntlyiff.com

語句 international「国際的な」，come and enjoy 〜「〜を楽しみに来る」，dish(es)「料理」，minute(s)「分」，weather「天候」，held＜hold「〜を開催する」の過去分詞，enter「〜に入場する」，for free「無料で」，cost「（値段）が〜である，（費用）がかかる」，between A and B「A から B（の間）」，chef(s)「シェフ」，take part in 〜「〜に参加する」，sign up「申し込む，登録する」

11

(21) 解答 ④

質問の訳 「9月19日に天候がよくなければ何が起こるか」

選択肢の訳
1 全員が3ドルの割引をしてもらう。
2 全員が無料の料理を1つもらう。
3 フェスティバルが鉄道駅で開催される。
4 **フェスティバルが大学で開催される。**

解説 質問の if the weather isn't good と意味的に近い表現が，掲示の Place「場所」の部分に If the weather is bad と書かれていることに注意する。この後に it'll be held at Westland University とあるので，4 が正解。

(22) 解答 ③

質問の訳 「料理のレッスンを受けたい人たちがしなければならないのは」

選択肢の訳
1 中華料理の作り方を知っている。
2 ヴァネッサ・ウォンにEメールを送る。
3 **午前中に青色のテントへ行く。**
4 フェスティバルのウェブサイトを確認する。

解説 掲示の最後に，To take part in one of these lessons, please sign up in the blue tent before noon. とある。these lessons はヴァネッサ・ウォンの Chinese cooking classes のこと。正解の3 では，sign up in the blue tent「青色のテントで申し込む」が go to the blue tent, before noon「正午までに」が in the morning と表現されている。

一次試験・筆記	**3B**	問題編 p.24〜25

ポイント サム・クラークと，東京にあるホテルに勤めるトモコ・アベとのEメールによるやり取り。サム・クラークがEメールを送った目的（何を尋ねているか）や，トモコ・アベが伝えているホテルに関する情報などを中心に読み取ろう。

全訳 送信者：サム・クラーク
受信者：トモコ・アベ

12

日付：12月20日
件名：こんにちは
アベさま，
私の名前はサム・クラークです。私の姉[妹]のシェリー・クラークが9月にポンドビューホテルに滞在しました。彼女を覚えていますか。彼女があなたのホテルをとても気に入ったので，私も3月に東京を訪れるときにそちらに泊まりたいと思っています。そちらのウェブサイトには英語によるホテルに関する情報があまり載っていないので，シェリーが私にあなたのEメールアドレスをくれて，あなたへ連絡を取るように言いました。私は3月23日から3月27日まで泊まりたいと思っています。妻と一緒に旅行するので，ダブルルームを希望します。おいくらになりますでしょうか。それと，庭園が見える部屋を取ることはできますか。
それでは，
サム・クラーク

送信者：トモコ・アベ
受信者：サム・クラーク
日付：12月21日
件名：部屋の料金
サム・クラークさま，
Eメールをお送りいただき，誠にありがとうございます。もちろん，シェリーさまを覚えています。彼女の滞在中に，私は彼女とたくさん話しました。3月23日から3月27日までのダブルルームは，合計で50,000円になります。また，当ホテルの全室から庭園が見えます。3月末は東京では通常，桜の季節なので，当ホテルの庭園はその時期にとてもきれいです。天候がよければ，桜の木の下でピクニックをすることができます。部屋の料金がお客さまにとって大丈夫だといいのですが。
それでは，
トモコ・アベ

送信者：サム・クラーク

13

受信者：トモコ・アベ

日付：12月22日

件名：ありがとうございます

アベさま，

Eメールをありがとうございます。部屋の料金は問題ありません。庭園の桜の木についても教えていただき，ありがとうございます。私の妻は写真を撮ることが大好きなので，滞在中に庭園で写真を撮ることについて妻は本当にわくわくしています！ 3月にお会いしましょう。

それでは，

サム・クラーク

語句 remember「～を覚えている」, information「情報」, website「ウェブサイト」, e-mail address「Eメールアドレス」, contact「～に連絡を取る」, double room「ダブルルーム，2人用の部屋」, be able to ～「～することができる」, with a view of ～「～が見える」, in total「合計で」, at the end of ～「～の終わりに」, cherry blossom「桜（の花）」, price「料金」

(23) 解答 2

質問の訳 「サム・クラークはどのようにしてトモコ・アベのEメールアドレスを入手したか」

選択肢の訳 **1** ホテルのウェブサイトから。
2 彼の姉[妹]から。
3 旅行会社から。
4 彼の妻から。

解説 How は「どのようにして」という意味。サム・クラークが書いた最初のEメールの5文目後半に，so Shelly gave me your e-mail address とある。Shelly が誰であるかについては，2文目で My sister, Shelly Clark と説明している。

(24) 解答 3

質問の訳 「サム・クラークはどのような部屋に泊まりたいか」

14

選択肢の訳	1 庭園が見えるシングルルーム。
	2 庭園が見えないシングルルーム。
	3 庭園が見えるダブルルーム。
	4 庭園が見えないダブルルーム。

解説 最初のEメールの7文目後半で，サム・クラークは so I'd like a double room と書いている。また，最後の9文目に And will we be able to get a room with a view of the garden? とあり，a room with a view of the garden「庭園が見える部屋」を希望していることがわかる。

(25) 解答 ①

質問の訳 「サム・クラークの妻は何を楽しみにしているか」

選択肢の訳
1 ホテルの庭園で写真を撮ること。
2 彼女の庭に桜の木を植えること。
3 トモコ・アベに会うこと。
4 シェリーと一緒にピクニックをすること。

解説 質問の be looking forward to ～ は「～を楽しみにしている」という意味。3番目のEメールの4文目後半で，サム・クラークは so she's really excited about taking some in the garden during our stay と書いている。be excited about ～ing「～することについてわくわくしている」が質問では be looking forward to ～ に言い換えられている。taking some の後には，同じ文の前半で使われている pictures が省略されている。

一次試験・筆記 3C 問題編 p.26～27

ポイント アメリカンフットボールの最高峰の試合であるスーパーボウル（プロリーグの優勝決定戦）に関する4段落構成の英文。過去の優勝チーム，優勝チームに贈られる賞とその由来，スーパーボウル当日のアメリカ人の過ごし方などを中心に読み取ろう。

全訳 スーパーボウル

　多くのアメリカ人は野球，バスケットボール，サッカーといったスポーツを観戦することが大好きだ。しかし，観戦するのに最も人

20
年
度
第
2
回
　
筆
記

15

気のあるスポーツはアメリカンフットボールだ。毎年，スーパーボウルと呼ばれる特別なアメリカンフットボールの試合が行われる。最強のプロフットボール2チームがこの試合でプレーする。

　第1回スーパーボウルの試合は1967年に行われた。グリーンベイ・パッカーズと呼ばれるチームがその試合で優勝した。2つのチームがスーパーボウルで何度も優勝している。ピッツバーグ・スティーラーズとニューイングランド・ペイトリオッツだ。両チームとも6回優勝している。多くのいろいろなチームがスーパーボウルでプレーしてきた。優勝すると，そのチームはヴィンス・ロンバルディ・トロフィーと呼ばれる特別な賞品（トロフィー）を受け取る。ロンバルディは，グリーンベイ・パッカーズが1967年の第1回スーパーボウルで優勝したときのコーチだった。

　スーパーボウルの当日はとてもわくわくする。試合は通常2月の第1日曜日に行われ，この日はよくスーパーボウルサンデーと呼ばれる。この日に，何百万人ものアメリカ人が家にいて，友だちや家族と一緒にテレビでスーパーボウルを観戦する。人々は自分の好きなチームを応援しながら，ピザ，ポテトチップス，フライドチキンといった食べ物を食べて楽しむ。スーパーボウルを観戦するためにとても多くの人が家にいるので，早く閉店する店やレストランもある。

　アメリカンフットボールの選手とファンはスーパーボウルが大好きだ。スーパーボウル当日はアメリカ合衆国の祝日になるべきだと考える人たちもいる。この試合は，多くのアメリカ人にとってずっと人気のあるイベントであり続けるだろう。

（語句）　such as ～「～のような」，American football「アメリカンフットボール」，called「～と呼ばれる」，professional「プロの」，won＜win「～で優勝する，勝つ」の過去形・過去分詞，both「両方の」，receive(s)「～を受け取る，もらう」，award「賞（品）」，coach「コーチ，監督」，millions of ～「何百万もの～」，cheer for ～「～を応援する」，fried chicken「フライドチキン」，close「閉店する」，fan(s)「ファン」，holiday「祝日」，the United States「アメリカ合衆国」

16

(26) 解答 4

質問の訳 「アメリカ人にとってどのスポーツが観戦するのに最も人気があるか」

選択肢の訳
1 野球。
2 バスケットボール。
3 サッカー。
4 アメリカンフットボール。

解説 Many Americans で始まる第1段落では，多くのアメリカ人がどのスポーツを観戦するのが好きかを説明している。その2文目に But the most popular sport to watch is American football. と書かれているので，4が正解。

(27) 解答 3

質問の訳 「ピッツバーグ・スティーラーズとニューイングランド・ペイトリオッツは」

選択肢の訳
1 第1回スーパーボウルでプレーした。
2 1967年にグリーンベイ・パッカーズに負けた。
3 それぞれスーパーボウルで6回優勝している。
4 同じコーチだったことがある。

解説 質問に含まれている2つのチームについては，第2段落の3～5文目で説明されている。5文目の Both teams have won it six times. から3が正解。Both teams「両チーム」とは4文目の the Pittsburgh Steelers and the New England Patriots のことで，it は3文目の the Super Bowl を指している。have won は現在完了形で，「（これまでに）優勝している」ということ。

(28) 解答 3

質問の訳 「ヴィンス・ロンバルディとは誰だったか」

選択肢の訳
1 ニューイングランド・ペイトリオッツの最高の選手。
2 あるアメリカンフットボールチームに人気のある料理人。
3 第1回スーパーボウルで優勝したチームのコーチ。
4 スーパーボウルサンデーという名前を考えた男性。

解説 第2段落の最後の文に，Lombardi was the coach of the Green Bay Packers when they won the first Super Bowl in 1967. と説明されている。正解の3では，the Green Bay Packers とい

うチーム名の代わりに，the team that won the first Super
Bowl と表現している。

(29) 解答 ②

質問の訳 「なぜ何百万人ものアメリカ人がスーパーボウルサンデーに家にい
るか」

選択肢の訳
1 レストランの食べ物の値段が高すぎる。
2 彼らはテレビで自分の好きなチームを応援したい。
3 2月は寒すぎて外出できない。
4 スタジアムが混雑しすぎている。

解説 第3段落の3文目の On this day「この日に」は，On Super
Bowl Sunday のこと。この後の millions of Americans stay
home and watch the Super Bowl on TV … と，4文目の While
people cheer for their favorite team … の内容をまとめている
2が正解。watch 〜 on TV は「〜をテレビで見る」，while は
「〜しながら，〜する間に」。

(30) 解答 ①

質問の訳 「この話は何についてか」
選択肢の訳
1 特別なアメリカのスポーツイベント。
2 アメリカンフットボールの最初のコーチの歴史。
3 テレビでスポーツを見る前に作るべき最適な料理。
4 アメリカ合衆国のスポーツをするための祝日。

解説 タイトルにもある通り，The Super Bowl に関する英文。このスー
パーボウルについて，第1段落の3文目で a special American
football game called the Super Bowl「スーパーボウルと呼ば
れる特別なアメリカンフットボールの試合」と説明している。

一次試験・筆記 **4** 問題編 p.28

質問の訳 「あなたは暇なときに自転車をよく使いますか」
解答例 Yes, I often use a bike in my free time. On weekends, I
ride my bike to the park with my friends. Also, riding a

18

bike can be faster than taking a bus or train.

解答例の訳 「はい，私は暇なときに自転車をよく使います。週末に，私は友だちと一緒に自転車に乗って公園へ行きます。また，自転車に乗るのはバスや電車に乗るより速いことがあります」

解　説 QUESTION の bike は「自転車」，in your free time は「暇なときに」という意味。1文目で，暇なときに自転車をよく使うかどうかを書く。この後に，自転車をよく使う（またはあまり使わない）理由を2つあげる。解答例は，（1文目）自分の考え：暇なときに自転車をよく使う→（2文目）1つ目の理由：週末に友だちと一緒に自転車に乗って公園へ行く→（3文目）2つ目の理由：自転車はバスや電車に乗るよりも速いことがある，という構成になっている。解答例のように，2つ目の理由を Also「また，さらに」で始めると，より分かりやすい構成になる。

語　句 on weekends「週末に」，ride「～に乗る」，can「（～することが）あり得る」，faster＜fast「速い」の比較級

| 一次試験・リスニング | **第1部** | 問題編 p.29～30 | 🔊 | ▶MP3 ▶アプリ
▶CD 1 **1**～**11** |

例題　解答 ③

放送文 ★：I'm hungry, Annie.

☆：Me, too. Let's make something.

★：How about pancakes?

1 On the weekend.　　　　**2** For my friends.

3 That's a good idea.

放送文の訳 ★：「おなかがすいたよ，アニー」

☆：「私もよ。何か作りましょう」

★：「パンケーキはどう？」

1 週末に。　　　　　　　**2** 私の友だちに。

3 それはいい考えね。

19

No.1　解答　③

放送文
★ : It's 9:15.　Where are you?
☆ : I'm at the train station.
★ : Will you be on time for the meeting?
　　1　That's kind of you.　　　**2**　Here's my ticket.
　　3　I don't think so.

放送文の訳
★ :「9時15分だよ。どこにいるの？」
☆ :「駅にいるわ」
★ :「時間通り会議に出席できる？」
　　1　親切にありがとう。　　　**2**　これが私のチケットよ。
　　3　そう思わないわ。

解説
be on time for ～は「時間通り～にいる」という意味。男性は女性に時間通り meeting「会議」に出席できるかどうか尋ねている。これに応じた発話は **3** の I don't think so. で，ここでは「時間通りに出席できないと思う」という意味で，「そう思わない」と答えている。

No.2　解答　②

放送文
☆ : Why are you reading about France?
★ : We're going to open a new office there.
☆ : When?
　　1　On a business trip.　　　**2**　At the start of next year.
　　3　Not far from Paris.

放送文の訳
☆ :「どうしてフランスについて読んでいるの？」
★ :「ぼくたちはそこに新しいオフィスを開くんだ」
☆ :「いつ？」
　　1　出張で。　　　**2**　来年の初めに。
　　3　パリからは遠くない。

解説
男性の We're going to open a new office there. の there は，France を指している。女性の When? は，フランスに a new office「新しいオフィス」を開くのはいつかを尋ねた質問。At the start of ～「～の初めに」を使って具体的な時を答えている **2** が正解。

No.3 解答 3

放送文

☆：Bill, are you ready for your swimming lesson?

★：Yes, Mom.

☆：Do you have your towel?

  1 I'll be finished by six.

  2 I'm enjoying them.

  3 It's in my bag.

放送文の訳

☆：「ビル，水泳のレッスンの用意はできてる？」

★：「うん，お母さん」

☆：「タオルは持ってる？」

  1 ぼくは6時までに終わるよ。

  2 ぼくはそれらを楽しんでいるよ。

  3 それはぼくのバッグの中にあるよ。

解説

be ready for ～は「～の用意ができている」という意味で，母親はビルに swimming lesson「水泳のレッスン」の用意ができているかどうか尋ねている。Do you have your towel? に対して Yes / No で始まる選択肢はないが，in my bag「ぼくのバッグの中に」あると言っている **3** が正解。

No.4 解答 3

放送文

★：Hi, Mom.

☆：Is baseball practice over?

★：Yes. Can you come and pick me up?

  1 Say hello to the coach.　　**2** It's in the car.

  3 I'll be there in 10 minutes.

放送文の訳

★：「もしもし，お母さん」

☆：「野球の練習は終わったの？」

★：「うん。車でぼくを迎えに来てくれる？」

  1 監督によろしく伝えてね。　　**2** それは車の中にあるわ。

  3 10分後にそこへ着くわ。

解説

Can you ～?「～してくれますか」は相手に依頼をする表現で，男の子は母親に come and pick me up「車で自分を迎えに来る」ように頼んでいる。これに対応した発話は **3** で，I'll be there は

「そこへ着く」，in ten minutes は「10分後に」という意味。

No. 5　解答　3

放送文　☆：Where are you from?

★：Canada.

☆：How long will you be in France?

1 I'm on vacation.　　**2** French food is delicious.

3 For another week.

放送文の訳　☆：「どちらのご出身ですか」

★：「カナダです」

☆：「フランスにどれくらいの期間いる予定ですか」

1 私は休暇中です。　　**2** フランス料理はおいしいです。

3 もう1週間です。

解説　ここでの How long は「どれくらいの期間」という意味で，女性は男性にフランスにどれくらい滞在するのかを尋ねている。For another week. と具体的な期間を答えている **3** が正解。another は「もう1つの」という意味。

No. 6　解答　1

放送文　★：Do you have any brothers or sisters?

☆：Yes, I have one sister.

★：Is she older than you?

1 No, she's two years younger.

2 Yes, I went with my brother.

3 Right, I've met your family.

放送文の訳　★：「兄弟か姉妹はいるの？」

☆：「ええ，姉妹が1人いるわ」

★：「きみより年上なの？」

1 ううん，彼女は2歳若いわ。

2 ええ，私は兄[弟]と一緒に行ったわ。

3 そう，私はあなたの家族に会ったことがあるわ。

解説　Is she older than you? の she は，女の子が言った one sister を指している。older than ～は「～より年上の」という意味で，男の子は女の子の姉妹が彼女より年上かどうかを尋ねている。No に

22

続けて two years younger「2歳若い」と説明している **1** が正解。

No. 7　解答 **2**

放送文 ☆：Excuse me. Do you sell juice?

★：Yes. What kind are you looking for?

☆：Grapefruit juice.

1 Sorry, I'll clean it for you.

2 Sorry, we don't have that.

3 Sorry, I'm not thirsty.

放送文の訳 ☆：「すみません。ジュースは売っていますか」

★：「はい。どんな種類をお探しですか」

☆：「グレープフルーツジュースです」

1 すみません，私があなたのためにそれをきれいにします。

2 すみません，それは当店にありません。

3 すみません，私はのどが渇いていません。

解　説 男性の What kind「どんな種類」は What kind of juice ということで，女の子に探しているジュースの種類を尋ねている。女の子の Grapefruit juice. に対して，いずれの選択肢も Sorry で始まっているが，we don't have that とグレープフルーツジュースは売っていないことを伝えている **2** が正解。

No. 8　解答 **1**

放送文 ☆：When is your driving test?

★：Tomorrow. I'm getting nervous.

☆：Don't worry. You'll pass.

1 I hope you're right. 　　**2** It's my first car.

3 It's already finished.

放送文の訳 ☆：「あなたの運転免許の試験はいつなの？」

★：「明日だよ。緊張してきたよ」

☆：「心配いらないわ。合格するわよ」

1 そうだといいんだけど。　　**2** それはぼくの最初の車だよ。

3 それはもう終わっているよ。

解　説 女性の You'll pass. は，男性が明日受ける driving test「運転免許の試験」についての発話。男性の応答として適切なのは **1** で，I

23

hope you're right. は「きみの言うとおりだといいんだけど」，つまり，「合格するといいんだけど」ということ。

No. 9　解答　**1**

放送文　☆：Excuse me.　I think I left my hat here yesterday.

★：Is it yellow?

☆：That's right.

1 I'll go and get it for you.

2 Sorry, it's sold out.

3 We have a new uniform.

放送文の訳　☆：「すみません。昨日ここに帽子を置き忘れたと思うんですが」

★：「それは黄色ですか」

☆：「そうです」

1 それを取りに行ってまいります。

2 すみません，それは売り切れです。

3 当店には新しい制服があります。

解説　left は leave「～を置き忘れる」の過去形で，女性が店に置き忘れた hat「帽子」を取りに来ている場面。店員の Is it yellow? に女性は That's right. と答えているので，go and get it「それ（＝帽子）を取りに行く［取ってくる］」と言っている **1** が正解。

No. 10　解答　**1**

放送文　★：Are there any bookstores around here?

☆：Yeah, there are a few.

★：Where's the nearest one?

1 Just around that corner.

2 In my room.

3 From a store at the airport.

放送文の訳　★：「このあたりに書店はあるかな？」

☆：「ええ，2，3 店あるわ」

★：「一番近い書店はどこ？」

1 あの角を曲がったところよ。

2 私の部屋に。

3 空港の店から。

24

| 解 説 | the nearest one の nearest は near「近い」の最上級，one は bookstore「書店」のことで，男性は女性に一番近い書店がどこにあるかを尋ねている。書店の場所を答えているのは **1** で，corner は「角」という意味。 |

| 一次試験・リスニング | 第**2**部 | 問題編 p.31〜32 | 🔊 | ▶MP3 ▶アプリ ▶CD 1 **12**〜**22** |

No. 11 解答 ④

放送文	★：Hi, Victoria. You look happy. What happened?
	☆：My aunt gave me her piano.
	★：That's great. Why?
	☆：She's moving to Italy, and she can't take it with her.
	Question: Why is Victoria happy?

放送文の訳	★：「やあ，ビクトリア。うれしそうだね。何があったの？」
	☆：「おばが自分のピアノを私にくれたの」
	★：「それはよかったね。どうして？」
	☆：「おばはイタリアへ引っ越しするんだけど，それを一緒に持って行けないのよ」

| 質問の訳 | 「ビクトリアはなぜうれしいか」 |

| 選択肢の訳 | **1** 彼女はイタリアへ引っ越す。　**2** 彼女はコンサートを見た。 |
| | **3** 彼女はおばの家へ行った。　**4** 彼女はピアノをもらった。 |

| 解 説 | You look happy. What happened? と聞かれて，ビクトリアは My aunt gave me her piano. と答えている。gave は give「（人）に〜をあげる」の過去形。正解の **4** では主語が She（＝Victoria）なので，動詞 get「〜をもらう」の過去形 got が使われている。 |

No. 12 解答 ②

放送文	☆：When is our school trip?
	★：On May 21st. It'll cost $20.
	☆：When do we have to pay?
	★：By May 15th.
	Question: When do they need to pay for the school trip?

放送文の訳	☆：「私たちの学校の遠足はいつ？」
	★：「5 月 21 日だよ。20 ドルかかるよ」
	☆：「いつ払わなくちゃいけないの？」
	★：「5 月 15 日までだよ」
質問の訳	「彼らはいつ学校の遠足の費用を払う必要があるか」
選択肢の訳	1 5 月 5 日までに。　　　　　2 5 月 15 日までに。
	3 5 月 20 日までに。　　　　4 5 月 21 日までに。

解説	When is our school trip? → On May 21st. と，When do we have to pay? → By May 15th. の 2 つの情報を混同しないように注意する。質問では後者について尋ねている。by は「〜までに」という意味。21st は twenty-first，15th は fifteenth と読む。

No. 13 解答 ②

放送文	★：Are you joining the tennis club, Janet?
	☆：Not this year. I'm going to try the cooking club.
	★：Sounds fun. I'll join the speech club.
	☆：That's nice.
	Question: Which club will Janet join?
放送文の訳	★：「テニスクラブに入るの，ジャネット？」
	☆：「今年は入らないわ。料理クラブに入ってみるつもりよ」
	★：「楽しそうだね。ぼくは弁論クラブに入るよ」
	☆：「それはいいわね」
質問の訳	「ジャネットはどのクラブに入るか」
選択肢の訳	1 テニスクラブ。　　　　　　2 料理クラブ。
	3 弁論クラブ。　　　　　　　4 演劇クラブ。

解説	Are you joining the tennis club, Janet? にジャネットは Not this year. と答えているので，1 は不正解。その後の I'm going to try the cooking club. に正解が含まれている。3 の speech club は男の子が入ると言っているクラブ。

No. 14 解答 ①

放送文	★：Welcome, Grandma. Come in.
	☆：Wow, your house is beautiful! And it's so close to the station.

26

★：Yeah. It's close to my office, too.

☆：You're lucky.

Question: Where are they talking?

放送文の訳 ★：「いらっしゃい，おばあちゃん。中に入って」

☆：「うわー，あなたの家はすてきね！　それに駅にとても近いわ」

★：「そうだね。ぼくの会社にも近いよ」

☆：「あなたは恵(めぐ)まれているわね」

質問の訳 「彼(かれ)らはどこで話しているか」

選択肢の訳　**1 男性(せい)の家で。**　　　　　　2 女性(せい)の家で。

3 男性(せい)の会社で。　　　　　4 駅(せい)で。

解　説　男性(せい)の Welcome, Grandma. Come in. から，男性(せい)が祖母を迎(むか)え入れていることがわかる。また，祖母(そ)の Wow, your house is beautiful! から，祖母(せい)が男性(せい)の家を訪(たず)ねて来た場面だとわかる。be close to ～ は「～に近い」という意味。

No. 15 解答 ③

放送文　★：Mom, I don't want any dinner today.

☆：Are you OK? Hmm, your face is red.

★：My stomach hurts, too.

☆：I'll get some medicine for you.

Question: What is the boy's problem?

放送文の訳 ★：「お母さん，今日は何も夕食を食べたくないんだ」

☆：「大丈(じょう)夫？　うーん，顔が赤いわ」

★：「おなかも痛(いた)いんだ」

☆：「あなたに薬を取ってくるわね」

質問の訳 「男の子の問題は何か」

選択肢の訳　1 母親(かれ)が彼(かれ)に怒(おこ)っている。　2 彼(かれ)はおなかがすいている。

3 彼(かれ)は体調がよくない。　　4 彼(かれ)は夕食を作れない。

解　説　男の子の Mom, I don't want any dinner today. と My stomach hurts, too., 母親の your face is red などから，男の子の体調が悪いことがわかる。正解 3 の isn't feeling well は「体調[気分]がよくない」という意味。

27

No.16 解答 ③

放送文
☆：Welcome to the Brighton Food Festival. Would you like some beef stew?

★：How much is it?

☆：Five dollars a plate. It's the most popular dish here.

★：I'll think about it.

Question: What is the woman trying to do?

放送文の訳
☆：「ブライトン・フードフェスティバルへようこそ。ビーフシチューはいかがですか」

★：「おいくらですか」

☆：「1皿5ドルです。ここで一番人気の料理です」

★：「考えておきます」

質問の訳 「女性は何をしようとしているか」

選択肢の訳
1 牛肉を買う。 2 皿を見つける。
3 男性にシチューを売る。 4 フェスティバルから出る。

解説 Would you like ～? は「～はいかがですか」という意味で，女性は男性に beef stew「ビーフシチュー」をすすめている。また，Five dollars a plate. と値段を伝えていることなどから，女性は男性にビーフシチューを売ろうとしていることがわかる。男性の I'll think about it. は，「（今は買わないが）考えておきます」ということ。

No.17 解答 ①

放送文
★：Have you been to the gym this week?

☆：I planned to go after dinner on Monday, but I was too tired.

★：I went after work on Wednesday.

☆：That's good.

Question: What did the man do after work on Wednesday?

放送文の訳
★：「今週はジムへ行ったの？」

☆：「月曜日の夕食後に行く予定だったんだけど，疲れすぎていたの」

★：「ぼくは水曜日，仕事の後に行ったよ」

☆：「それはよかったわね」

28

| 質問の訳 | 「男性は水曜日，仕事の後に何をしたか」 |

| 選択肢の訳 | 1 彼はジムへ行った。 2 彼は夕食を作った。 |
| | 3 彼は旅行を計画した。 4 彼は早く寝た。 |

| 解 説 | 最初の Have you been to the gym this week? から，今週ジム に行ったかどうかについて話していることがわかる。男性は I went after work on Wednesday. と言っているので，男性が水 曜日，仕事の後にしたことは 1 が正解。went の後には to the gym が省略されている。planned は plan の過去形で，plan to ～で「～する予定である」という意味。 |

No. 18 解答 4

放送文	☆：Do we have a drama club meeting today, Mr. Clark?
	★：Yes, at four o'clock.
	☆：Will it be in the library?
	★：No. The library is closed today, so it'll be in the cafeteria.
	Question: Where will the meeting be held?

放送文の訳	☆：「今日は演劇クラブのミーティングがありますか，クラーク先生？」
	★：「あります，4時にね」
	☆：「図書館で行いますか」
	★：「いいえ。図書館は今日閉まっているので，カフェテリアでやります」

| 質問の訳 | 「ミーティングはどこで行われるか」 |

| 選択肢の訳 | 1 図書館で。 2 演劇クラブの部屋で。 |
| | 3 クラーク先生の教室で。 4 カフェテリアで。 |

| 解 説 | Will it be in the library? の it は，最初の発話に出てくる a drama club meeting「演劇クラブのミーティング」のこと。この 質問にクラーク先生は No. The library is closed today と答え ているので，1 は不正解。この後の so it'll be in the cafeteria で，今日のミーティングを行う場所を伝えている。 |

No. 19 解答 2

放送文	★：Excuse me. Can I have 20 roses, please?
	☆：Sure. What color would you like?
	★：Twelve red ones, and eight white ones.
	☆：OK. Just a moment.

20年度第2回 リスニング

29

Question: How many red roses does the man want?

放送文の訳 ★:「すみません。バラを 20 本いただけますか」

☆:「かしこまりました。何色がよろしいでしょうか」

★:「赤いバラを 12 本と，白いバラを 8 本です」

☆:「わかりました。少々お待ちください」

質問の訳 「男性は何本の赤いバラをほしいか」

選択肢の訳 **1** 8本。　　**2** 12本。　　**3** 18本。　　**4** 20本。

解　説 Can I have 20 roses, please? から，男性がバラを 20 本買いに来た場面だとわかる。バラの色と本数について，男性は Twelve red ones, and eight white ones. と答えている。ones は roses の代わりに用いられている。twenty「20」と twelve「12」を混同しないように注意しよう。

No. 20 解答 2

放送文 ★: What kind of sauce would you like on your vanilla ice cream, Sally?

☆: Chocolate, please.

★: Would you like strawberries and cherries, too?

☆: No, thanks.

Question: What does the girl want on her ice cream?

放送文の訳 ★:「バニラアイスクリームにどんなソースをかけたい，サリー？」

☆:「チョコレートをお願い」

★:「イチゴとサクランボもいる？」

☆:「ううん，結構よ」

質問の訳 「女の子はアイスクリームに何を乗せたいか」

選択肢の訳 **1** バニラソース。　　　　**2** チョコレートソース。

3 イチゴ。　　　　　　　**4** サクランボ。

解　説 What kind of 〜は「どんな種類の」，sauce は「ソース」という意味で，男性はサリーに vanilla ice cream「バニラアイスクリーム」にどんなソースをかけたいか尋ねている。サリーは Chocolate, please. と答えているので，**2** が正解。strawberries and cherries には，No, thanks. と言っている。

30

一次試験・リスニング　第**3**部　問題編 p.33〜34

No. 21　解答 ④

放送文
Yesterday, I took the train home from school. A woman sat down next to me. After she got off the train, I saw her handbag on the seat, so I gave it to somebody at the next station.

Question: What happened on the train?

放送文の訳
「昨日，ぼくは学校から電車で家に帰った。1人の女性がぼくの隣に座った。彼女が電車を降りた後，座席に彼女のハンドバッグがあるのを見たので，ぼくは次の駅でそれを人に渡した」

質問の訳　「電車で何が起きたか」

選択肢の訳
1　男の子が友だちを見かけた。　2　男の子が降りるのを忘れた。
3　女性が座れなかった。　4　**女性がハンドバッグを忘れた。**

解説
A woman sat down next to me. から男の子の隣に女性が座ったこと，その次の After she got off the train, I saw her handbag on the seat から女性が電車にハンドバッグを置き忘れたことを理解する。next to 〜は「〜の隣に」，正解 4 の forgot は forget「〜を忘れる」の過去形。

No. 22　解答 ①

放送文
Mark is reading a science fiction book about a girl who can fly. He likes mystery books better, so he'll go to the bookstore this weekend to buy one.

Question: What will Mark buy at the bookstore?

放送文の訳
「マークは飛ぶことができる女の子についての SF の本を読んでいる。彼はミステリーの本のほうが好きなので，今週末1冊買いに書店へ行くつもりだ」

質問の訳　「マークは書店で何を買うか」

選択肢の訳
1　**ミステリーの本。**　2　SF の本。
3　料理本。　4　理科の教科書。

解説
2文目は，He likes mystery books better の後に so he'll go to

the bookstore this weekend to buy one が続いているので，one は a mystery book のこと。Mark is reading a science fiction book を聞いて，今読んでいる 2 を選ばないように注意する。

No. 23 解答 ④

放送文
Welcome to Northwest Department Store's winter sale. Men's clothes are on the second floor, and women's clothes are on the third. Kids' clothes are on the fourth floor. Everything is 30 percent off!
Question: Where can people find children's clothes?

放送文の訳
「ノースウェスト・デパートの冬のセールへようこそ。紳士服は 2 階に，婦人服は 3 階にございます。子供服は 4 階にございます。全商品が 30 パーセント割引です！」

質問の訳
「人々は子供服をどこで見つけられるか」

選択肢の訳
1 1 階で。　　**2** 2 階で。　　**3** 3 階で。　　**4** 4 階で。

解説
デパートの店内放送で，何が何階で売られているかを説明している。Men's clothes「紳士服」→ on the second floor, women's clothes「婦人服」→ on the third, Kids' clothes「子供服」→ on the fourth floor の各情報を聞き分けるようにする。

No. 24 解答 ③

放送文
I've been to Hawaii twice. Three years ago, I went there to visit my uncle, and last year I went for five days on a school trip. It's my favorite place.
Question: When did the girl first go to Hawaii?

放送文の訳
「私はハワイへ 2 回行ったことがある。3 年前，私はおじを訪ねるためにそこへ行き，昨年は修学旅行で 5 日間行った。そこは私のお気に入りの場所だ」

質問の訳
「女の子はいつ初めてハワイへ行ったか」

選択肢の訳
1 昨年。　　**2** 2 年前。　　**3** 3 年前。　　**4** 5 年前。

解説
I've been to Hawaii twice. の具体的な内容が 2 文目で説明されている。ハワイへ行ったのは Three years ago「3 年前」と last year「昨年」の 2 回で，質問では first「初めて，最初に」を聞いているので 3 が正解。

No.25 解答 4

放送文
Last week, we had an art contest at school. My friend Betty won first prize, and Cindy got second. Their pictures were amazing, but my favorite was Lucy's.
Question: Whose picture did the boy like the best?

放送文の訳
「先週，学校で美術コンテストがあった。ぼくの友だちのベティーが1位をとって，シンディーが2位をとった。2人の絵は驚くほどすばらしかったが，ぼくの一番のお気に入りはルーシーの絵だ」

質問の訳
「男の子は誰の絵が一番気に入ったか」

選択肢の訳
1 彼の（絵）。　　　　　2 ベティーの（絵）。
3 シンディーの（絵）。　　4 ルーシーの（絵）。

解説
art contest「美術コンテスト」で won first prize「1位をとった」のは Betty，got second「2位をとった」のは Cindy だが，質問では男の子が一番気に入ったのは誰の絵かを尋ねていることに注意する。最後の my favorite was Lucy's から4が正解。Lucy's の後には picture が省略されている。

No.26 解答 4

放送文
Noriko lives in a small town in England, but her family lives in Japan. Next week, she'll fly to Osaka to see her parents. She hasn't seen them for two years, so she's very excited.
Question: What is Noriko going to do next week?

放送文の訳
「ノリコはイングランドの小さな町に住んでいるが，彼女の家族は日本に住んでいる。来週，彼女は両親に会うために飛行機で大阪へ行く。彼女は2年間両親に会っていないので，とてもわくわくしている」

質問の訳
「ノリコは来週に何をする予定か」

選択肢の訳
1 日本語の授業を教える。　　2 イングランドへ行く。
3 彼女の家族に手紙を送る。　　4 彼女の両親を訪ねる。

解説
2文目の Next week, she'll fly to Osaka の目的が，その後の to see her parents「彼女の両親に会うために」で説明されている。fly to ～は「飛行機で～へ行く」という意味。seen は see「～に会う」の過去分詞。

No. 27 解答 2

放送文
I'm the coach of a professional soccer team. We have a big game tomorrow, but our best player is sick. I'm worried because he probably won't be able to play.
Question: Why is the man worried?

放送文の訳
「私はプロのサッカーチームの監督だ。私たちは明日大事な試合があるが，チームで最高の選手が病気だ。おそらく彼はプレーすることができないので，私は心配している」

質問の訳
「男性はなぜ心配しているか」

選択肢の訳
1 彼のチームが大事な試合にまったく勝てない。
2 彼のチームで最高の選手が病気である。
3 彼は自分のサッカーボールを見つけられない。
4 彼は風邪を引いている。

解説
I'm worried「私は心配している」の理由は because he probably won't be able to play だが，プレーできない理由がその前の文で our best player is sick と説明されている。チームで最高の選手が sick「病気」ということなので，**2** が正解。probably は「おそらく」，won't は will not の短縮形。

No. 28 解答 1

放送文
I play tennis three times a week. I play with my husband on Mondays, and I play with my friends from work on Saturdays and Sundays.
Question: How often does the woman play tennis with her husband?

放送文の訳
「私は週に3回テニスをする。月曜日は夫とプレーして，土曜日と日曜日は職場の友だちとプレーする」

質問の訳
「女性は夫とどれくらいの頻度でテニスをするか」

選択肢の訳
1 週に1回。　2 週に2回。　3 週に3回。　4 週に4回。

解説
女性がテニスをするのは three times a week「週に3回」だが，I play with my husband on Mondays から夫とテニスをするのは on Mondays で週1回。my friends from work「職場の友だち」とテニスをするのは on Saturdays and Sundays で週2回。

34

No. 29 解答 2

放送文
John is going to make chicken curry for his friends tonight. He already has some chicken, but he needs to get some vegetables at the supermarket. He'll do that this afternoon.

Question: What does John have to do this afternoon?

放送文の訳
「ジョンは今夜，友だちにチキンカレーを作る。鶏肉はすでにあるが，彼はスーパーマーケットで野菜を買う必要がある。今日の午後にそうするつもりだ」

質問の訳
「ジョンは今日の午後，何をしなければならないか」

選択肢の訳
1 カレーのレストランへ行く。　2 野菜を買う。
3 スーパーマーケットで働く。　4 養鶏場を訪ねる。

解　説
He'll do that this afternoon. の do that「そうする」とは，その前の get some vegetables at the supermarket「スーパーマーケットで野菜を買う」のこと。正解の2では，get の代わりに同じ意味の buy が使われている。

No. 30 解答 1

放送文
I always do my homework before dinner. After dinner, I like to call my friends from school. I enjoy talking with them about music and movies.

Question: What does the girl like to do after dinner?

放送文の訳
「私はいつも夕食前に宿題をする。夕食後は，学校の友だちに電話をするのが好きだ。私は友だちと音楽や映画について話すことを楽しむ」

質問の訳
「女の子は夕食後に何をすることが好きか」

選択肢の訳
1 友だちと話す。　　　　　　　2 映画を見る。
3 音楽雑誌を読む。　　　　　　4 宿題をする。

解　説
After dinner, I like to call my friends from school. から夕食後に学校の友だちに電話をするのが好きなこと，その次の I enjoy talking with them about music and movies. から友だちと音楽や映画について話すことを楽しんでいることがわかる。これらの内容を短くまとめている 1 が正解。

20年度第2回　リスニング

35

二次試験・面接 　問題カード **A** 日程　問題編 p.36〜37　

全　訳
バレーボール
バレーボールはわくわくするチームスポーツだ。多くの生徒は学校で体育の授業中にバレーボールのやり方を習い，夏にビーチバレーをして楽しむ人たちもいる。プロのバレーボールの試合を見ることもまた楽しいだろう。

質問の訳
No.1　パッセージを見てください。多くの生徒はいつバレーボールのやり方を習いますか。
No.2　イラストを見てください。時計はどこにありますか。
No.3　女性を見てください。彼女は何をしていますか。
さて，〜さん，カードを裏返しにしてください。
No.4　あなたはこの冬に何をする予定ですか。
No.5　あなたは昨日，英語を勉強しましたか。
　　　はい。　→　もっと説明してください。
　　　いいえ。→　あなたは普段何時に寝ますか。

No. 1
解答例　They learn during P.E. classes.
解答例の訳　「彼らは体育の授業中に習います」
解　説　learn to 〜は「〜のやり方を習う」という意味。2文目に正解が含まれているが，解答する際，①質問の主語と重なる many students を3人称複数の代名詞 They に置き換える，②文の後半 and some people enjoy playing beach volleyball in summer「そして，夏にビーチバレーをして楽しむ人たちもいる」は質問とは直接関係のない内容なので省く，という2点に注意する。なお，解答例では2文目前半の to play volleyball と at school も省略しているが，They learn to play volleyball during P.E. classes at school. と答えても構わない。

No. 2
解答例　It's on the wall.
解答例の訳　「壁に掛かっています」
解　説　質問は Where「どこに」で始まり，clock「掛け時計」がどこに

あるかを尋ねている。解答する際は，質問の主語 the clock を 3 人称単数の代名詞 It で置き換え，動詞は質問と同じ is を使う。時計は体育館の壁にかかっているので，It's [It is] の後に，on the wall をつなげる。on は，水平や垂直などの方向に関係なく，接触している場合に使うことができる。

No. 3

解答例　She's carrying a box.

解答例の訳　「彼女は箱を運んでいます」

解説　イラスト中の女性に関する質問。質問の What is 〜 doing? は，「〜は何をしていますか」という現在進行形の疑問文。「箱を運ぶ」は carry a box で，質問に合わせて She's [She is] carrying a box. という現在進行形で答える。女性が運んでいる箱は 1 つなので，box の前に a を付け忘れないように注意する。

No. 4

解答例　I'm planning to go skiing.

解答例の訳　「私はスキーに行く予定です」

解説　plan to 〜は「〜する予定である」という意味で，質問は What are you planning to do …? と現在進行形になっている。this winter「この冬」に何をする予定であるかについて，質問に合わせて I'm planning to 〜（動詞の原形）の形で答える。

No. 5

解答例　Yes. → Please tell me more.

　　　— I studied hard for this test.

　　　No. → What time do you usually go to bed?

　　　— I go to bed at ten.

解答例の訳　「はい」→ もっと説明してください。

　　　—「私はこの試験のために一生懸命勉強しました」

　　　「いいえ」→ あなたは普段何時に寝ますか。

　　　—「私は 10 時に寝ます」

解説　Did you 〜? は「〜しましたか」という過去形の疑問文で，最初の質問には昨日英語を勉強したかどうかを Yes(, I did). / No(, I didn't). で答える。Yes の場合の 2 番目の質問 Please tell me more. には，何のために，どれくらいの時間英語を勉強したかな

どを答えればよい。No の場合の 2 番目の質問 What time do you usually go to bed? には，普段の go to bed「寝る」時間を I go to bed at 〜（時刻）の形で答える。解答例の他に，（Yes の場合）I did my English homework.「私は英語の宿題をしました」，（No の場合）I usually go to bed around eleven.「私は普段 11 時頃に寝ます」のような解答も考えられる。

| 二次試験・面接 | 問題カード **B** 日程 | 問題編 p.38〜39 |  |

全訳
絵を描くこと

絵を描くことは，子どもと大人の両方に人気がある。多くの人たちは，それがリラックスするためにいい方法だと考えている。木や花の絵を描いて楽しむ人たちもいて，彼らは週末に公園へ行く。

質問の訳
No.1 パッセージを見てください。なぜ週末に公園へ行く人たちがいますか。
No.2 イラストを見てください。ボートには何人の人が乗っていますか。
No.3 男性を見てください。彼は何をしていますか。
さて，〜さん，カードを裏返しにしてください。
No.4 あなたはどのような種類の本を読むことが好きですか。
No.5 あなたは先週末に何か特別なことをしましたか。
　　　はい。→もっと説明してください。
　　　いいえ。→あなたは日曜日によく何をしますか。

No. 1

解答例 Because they enjoy painting pictures of trees and flowers.
解答例の訳「彼らは木や花の絵を描いて楽しむからです」
解説 on weekends は「週末に」という意味で，週末に公園へ行く人たちがいる理由を尋ねている。3 文目に正解が含まれているが，解答する際，①質問の主語と重なる some people を 3 人称複数の代名詞 they に置き換える，②文の後半 so they go to parks on weekends「だから，彼らは週末に公園へ行く」は質問と重なる内容なので省く，という 2 点に注意する。

No. 2

解答例 There are two.

解答例の訳 「2人います」

解 説 〈How many＋複数名詞〉「いくつ[何人]の〜」は数を尋ねる表現で，boat「ボート」に乗っている人数を尋ねている。イラストではボートに2人乗っているが，単に Two (people). と答えるのではなく，質問に合わせて There are 〜「〜がいます」の形で答える。

No. 3

解答例 He's playing the guitar.

解答例の訳 「彼はギターを弾いています」

解 説 イラスト中の男性に関する質問。質問の What is 〜 doing? は，「〜は何をしていますか」という現在進行形の疑問文。「ギターを弾く」は play the guitar で，質問に合わせて He's [He is] playing the guitar. という現在進行形で答える。楽器名の前には the がつくこと，guitar は第2音節の -tar の部分にアクセントが置かれることに注意する。

No. 4

解答例 I like books about famous singers.

解答例の訳 「私は有名な歌手に関する本が好きです」

解 説 What kind of 〜は「どのような種類の〜，どんな〜」という意味。自分が読むことが好きな本の種類を，I like (to read) 〜 の形で答える。解答例の他に，mysteries「ミステリー」，love stories「ラブストーリー」，science fiction novels「SF小説」などのジャンルを答えてもよい。好きな本の種類を尋ねられているので，特定の本のタイトルを答えないように注意する。

No. 5

解答例 Yes. → Please tell me more.
　　— I went to Tama Zoo.
No. → What do you often do on Sundays?
　　— I stay home.

解答例の訳 「はい」 → もっと説明してください。
　　— 「私は多摩動物公園へ行きました」

39

「いいえ」→ あなたは日曜日によく何をしますか。
　―「私は家にいます」

解　説　Did you ～? は「～しましたか」という過去形の疑問文で，最初の質問には last weekend「先週末」に anything special「何か特別なこと」をしたかどうかを Yes(, I did). / No(, I didn't). で答える。Yes の場合の 2 番目の質問 Please tell me more. には，具体的に何をしたかを I ～（過去形）の形で答えればよい。No の場合の 2 番目の質問 What do you often do on Sundays? には，日曜日によくすることを I (often) ～の形で答える。解答例の他に，（Yes の場合）I went to see a movie.「私は映画を見に行きました」，（No の場合）I often go shopping.「私はよく買い物に行きます」のような解答も考えられる。

2020-1

一次試験
筆記解答・解説　　　p.42〜55

一次試験
リスニング解答・解説　　p.55〜71

二次試験
面接解答・解説　　　p.72〜76

解答一覧

一次試験・筆記

1

(1)	4	(6)	4	(11)	2
(2)	1	(7)	1	(12)	2
(3)	1	(8)	2	(13)	3
(4)	2	(9)	1	(14)	1
(5)	1	(10)	1	(15)	2

2

(16)	3	(18)	1	(20)	1
(17)	4	(19)	2		

3 A

(21)	1
(22)	2

3 B

(23)	3
(24)	2
(25)	1

3 C

(26)	2	(28)	4	(30)	1
(27)	2	(29)	3		

4　解答例は本文参照

一次試験・リスニング

第1部

No. 1	3	No. 5	3	No. 9	1
No. 2	1	No. 6	2	No.10	1
No. 3	3	No. 7	2		
No. 4	1	No. 8	3		

第2部

No.11	2	No.15	3	No.19	4
No.12	2	No.16	2	No.20	3
No.13	3	No.17	4		
No.14	2	No.18	1		

第3部

No.21	1	No.25	2	No.29	2
No.22	2	No.26	3	No.30	1
No.23	4	No.27	4		
No.24	3	No.28	1		

| 一次試験・筆記 | **1** | 問題編 p.42〜43 |

(1) 解答 **4**

訳　「私は雨が降り始める前に家**に着いた**」

解説　my house とのつながりと，before it started to rain「雨が降り始める前に」という内容から，reach「〜に着く」の過去形 reached が正解。**1**，**2**，**3** はそれぞれ develop「〜を発達させる」，follow「〜について行く」，order「〜を注文する」の過去形。

(2) 解答 **1**

訳　A「この部屋は暗すぎる。**カーテン**を開けて」
　　　B「わかったわ，お父さん」

解説　open は「〜を開ける」という意味。部屋が too dark「暗すぎる」と言っているので，開けるように頼んでいるのは curtain「カーテン」。blanket「毛布」，towel「タオル」，pillow「まくら」。

(3) 解答 **1**

訳　「たばこを吸うのをやめるべきだよ，ジャック。**健康**に悪いよ」

解説　stop 〜ing は「〜することをやめる」，smoke は「たばこを吸う」という意味で，たばこをやめるように忠告している。2文目はその理由で，It's bad for 〜「〜に悪い」に続くのは your health「きみの健康」。place「場所」，question「質問」，gate「門」。

(4) 解答 **2**

訳　A「大人になったら何をしたいの，ピーター？」
　　　B「女性用の服**をデザイン**したいんだ」

解説　grow up は「大人になる」という意味。women's clothes「女性用の服」につながる動詞は design「〜をデザインする」。raise「〜を上げる」，taste「〜の味がする」，increase「〜を増やす」。

(5) 解答 **1**

訳　A「このおもちゃは私の3歳の息子に大丈夫ですか」
　　　B「はい。それは2歳以上のお子さまには**安全な**ものです」

解説 this toy「このおもちゃ」が3歳の息子に大丈夫かという質問に，B は Sure. と答えているので，children over 2 years old「2歳以上の子ども」には safe「安全な」おもちゃだとわかる。quiet「静かな」，absent「欠席して」，shocked「ショックを受けて」。

(6) 解答 **4**

訳 A「電車で大阪まで行くのにいくらかかる？」
B「わからないわ。クミに聞いてみましょう。彼女はそこへよく行くわ」

解説 A の質問は How much「いくら」で始まっているので，動詞は cost「（費用が）かかる」を使う。How much does it cost to ～?「～するのにいくらかかりますか」の形で覚えておこう。drop「落ちる」，spend「（お金・時間）を使う」，shut「閉まる」。

(7) 解答 **1**

訳 A「休憩しよう。昼食後にレッスンを続けられるよ」
B「わかりました，コダマ先生」

解説 take a break は「休憩する」という意味。A が休憩しようと言っていることと，the lesson「レッスン，授業」とのつながりから，continue「～を続ける」が正解。lend「～を貸す」，promise「～を約束する」，order「～を注文する」。

(8) 解答 **2**

訳 「その山の頂上は1年中雪で覆われている」

解説 空所の前の is covered に注目する。cover は「～を覆う」という意味の動詞で，受動態の be covered with ～で「（主語が）～で覆われている」という表現になる。up「～の上へ」，for ～「～のために」，to ～「～へ」。

(9) 解答 **1**

訳 「ダナはインターネットでの買い物でトラブルになった。彼女は服に200ドル使ったので，彼女の両親は怒っていた」

解説 ダナの両親が angry「怒って」いたのは，ダナが spent $200 on clothes「服に200ドル使った」から。この内容から，got in

43

trouble for ～「～をしてトラブル[面倒なこと]になった」という表現にする。on the Internet は「インターネットで」という意味。touch「接触」, shape「形」, work「仕事」。

(10) 解答 1

訳 A「明日は雪が降るの?」

B「わからないわ。テレビをつけてニュースを見ましょう」

解説 空所の前後にある turn と the TV とのつながりを考える。turn on ～で「(テレビ, ラジオ, 電気など)をつける」という意味の表現。from「～から」, in「～の中に」, before「～の前に」。

(11) 解答 2

訳 「ヘレンは昨日買い物に行って, くつを1足買った」

解説 bought は buy「～を買う」の過去形。shoes「くつ」は左右で1組なので, a pair of shoes「1足のくつ」, two pairs of shoes「2足のくつ」のように数える。piece「1個, 1片」, slice「1切れ, 1枚」, space「空間, 宇宙」。

(12) 解答 2

訳 A「職場へ行くのにどれくらい時間がかかるの, エリー?」

B「約1時間よ。3回電車を乗り換えないといけないの」

解説 How long does it take you to ～?「あなたが～するのにどれくらい時間がかかりますか」は所要時間を尋ねる表現。空所の後に trains「電車」があることと, three times「3回」とのつながりから, change trains「電車を乗り換える」という表現にする。fall「落ちる」, invite「～を招待する」, share「～を共有する」。

(13) 解答 3

訳 A「緑色のセーターを着ているあの女性は誰?」

B「私のおばよ」

解説 動詞 wear「～を着ている」の形がポイント。空所以降の語句が that lady「あの女性」を説明する構造にするために, wear の現在分詞 wearing を入れる。2 の wore は過去形, 4 の wears は主語が3人称単数現在の場合の形。

44

(14) 解答 1

訳　A「トミーが**どうして**こんなに早く学校を早退したのか知ってる？」
B「彼はおなかが痛かったんだ」

解説　left は leave の過去形で，leave school early で「学校を早退する」という意味。B の He had a stomachache.「彼はおなかが痛かった」が Tommy left school so early の理由になっているので，理由を尋ねる疑問詞 why「どうして，なぜ」が正解。

(15) 解答 2

訳　A「**覚えて**いたら，パリにいる間に私にチョコレートを買ってね」
B「わかったわ」

解説　If 節内の動詞 remember「覚えている」の形がポイント。If 節の主語は you なので，主語に合う remember が正解。while は「～の間に」という意味。If 節が「もし～なら」の意味で使われる場合，未来のことであっても動詞は現在形で表す。

一次試験・筆記	**2**	問題編 p.44

(16) 解答 3

訳　男性「今夜はどこで食事をしたい？」
女性「**そうね。**10 番街にある中華料理のお店はどう？」
男性「よさそうだね」

解説　食事をしたい場所を尋ねられた女性の How about ～?「～はどう？」の前の発話として適切なのは，すぐに答えがでないときのつなぎ言葉である Let me see.「そうね，ええと」。the Chinese place は「中華料理の店」という意味。

(17) 解答 4

訳　女性「おはよう，ジェイコブ」
男性「やあ，エミリー。きみの帽子はいいね。**きみに似合っているよ**」
女性「ありがとう」

45

解説 男性の I like your 〜. は相手の服や持ち物などをほめる表現。正解 4 の It は直前の your hat を指していて，look(s) nice on 〜は「（洋服などが）〜に似合っている」という意味。

(18) 解答 **1**

訳 女の子「今日の午後，キャッチボールをしましょう」
男の子「ぼくは時間がないんだ。やらなくちゃいけない宿題が多すぎて。ごめんね」

解説 play catch は「キャッチボールをする」という意味。女の子のキャッチボールをしようという誘いに，男の子は「宿題が多すぎる」の後に Sorry. と謝っている。このことから，don't have time「時間がない」と誘いを断る理由になっている **1** が正解。

(19) 解答 **2**

訳 女性「ケイトはテニスがとてもじょうずなのよ」
男性「彼女はきみよりじょうずなの？」
女性「ええ。私たちが一緒にプレーすると，彼女はいつも簡単に勝つわ」

解説 better は good の比較級で，男性の Is she better than you? はケイトが女性よりもテニスがじょうずかどうかを尋ねた質問。女性は Yeah. と答えているので，she always wins easily「彼女（＝ケイト）はいつも簡単に（私に）勝つ」と言っている **2** が正解。

(20) 解答 **1**

訳 男の子「昨日，水族館へ行ったよ」
女の子「よかったね。誰と一緒に行ったの？」
男の子「ぼくの友だちは他の予定があったから，1 人で行ったんだ」

解説 Who did you 〜 with? は「誰と一緒に〜したのか」という意味で，女の子は男の子に誰と aquarium「水族館」へ行ったかを尋ねている。この質問に対応しているのは，by myself「自分 1 人で」と答えている **1**。other plans は「他の予定」という意味。

一次試験・筆記 3A 問題編 p.46〜47

ポイント ある人気バンドのカナダツアーに関する案内。どのようなバンドであるかや、ツアーではいつ、どこで、どんなコンサートを行うかなどの情報を読み取ろう。

全訳

リバータウンロケッツのカナダツアー

この夏、リバータウンロケッツが初めてカナダでコンサートを行います。彼らはイングランドで最高のバンドの1つで、美しい持ち歌がたくさんあります。昨年秋のアメリカでの公演はとても人気があったので、お早めにチケットをお買い求めください！

日程：
7月28日：バンクーバー　ブライトンホール
7月30日：トロント　ムスタングシアター
8月2日：オタワ　ヒクソンスタジアム
8月3日：モントリオール　パラダイスパーク

モントリオールの最終公演では、メキシコ出身のジャズ歌手ジェニー・コルテスがリバータウンロケッツのステージに参加して、一緒に何曲か歌います。

コンサートに関する詳しい情報は、バンドのウェブサイトをご覧ください：www.rivertownrockets.com

語句　Canadian「カナダの」、tour「（コンサートなどの）ツアー」、for the first time「初めて」、band(s)「バンド」、show(s)「公演、ショー」、fall「秋」、final「最終の、最後の」、jazz「ジャズ」、join「〜に参加する」、on stage「ステージ上の」、information「情報」、website「ウェブサイト」

(21) 解答 **1**

質問の訳　「リバータウンロケッツはどこの出身か」
選択肢の訳　**1 イングランド。**　　2 カナダ。
3 アメリカ合衆国。　　4 メキシコ。
解説　Where are [is] 〜 from? は出身がどこであるかを尋ねる質問。

掲示の2文目 They are one of England's best bands から判断する。They は1文目の主語である the Rivertown Rockets を指している。one of ～は「～のうちの1つ」という意味。

(22) 解答 ②

質問の訳 「8月3日に，リバータウンロケッツがするのは」

選択肢の訳
1 オタワのスタジアムで演奏する。
2 **メキシコの歌手と一緒に演奏する。**
3 ジェニー・コルテスの家を訪れる。
4 モントリオールの音楽スタジオへ行く。

解説 掲示の最後から2文目は At the final show in Montreal で始まっていて，August 3 のモントリオールでの公演に関する文。この日にすることは，jazz singer Jenny Cortez from Mexico「メキシコ出身のジャズ歌手ジェニー・コルテス」が will join the Rivertown Rockets on stage to sing some songs together「リバータウンロケッツのステージに参加して，一緒に何曲か歌う」とあるので，2が正解。

一次試験・筆記 **3B** | 問題編 p.48～49

ポイント ダイアナと友だちのジェーンとの E メールによるやり取り。夏休みに家族とフロリダへ行く予定のダイアナが，友だちのジェーンを誘っている。ダイアナがジェーンを誘った理由，話を聞いたジェーンの父親の反応，ジェーンの予定などを中心に読み取ろう。

全訳
送信者：ダイアナ・マコーネル
受信者：ジェーン・ヘンダーソン
日付：6月14日
件名：夏休み

ジェーンへ，

夏休みを楽しんでる？　学校が1週間前に終わったなんて信じられないわ！　それはともかく，あなたに聞きたいことがあったの。今月後半に家族でフロリダへ行くの。私たちは毎年夏にそこへ行って，海辺近くのホテルに泊まるのよ。普段は私のいとこが私たち

48

と一緒に行くんだけど，彼女は先週サッカーの練習で脚を骨折しちゃったの。彼女は家にいて休む必要があるので，両親は私が代わりに誰か友だちに聞いていいって言ったの。あなたが来ない？毎日海へ泳ぎに行けるわよ！　連絡してね。
ダイアナ

送信者：ジェーン・ヘンダーソン
受信者：ダイアナ・マコーネル
日付：6月14日
件名：フロリダ
ダイアナへ，
あなたたちと一緒にぜひフロリダへ行きたいわ！　お父さんに聞いたら，そのことを考えてみるって言ってた。お父さんはあなたたちの計画についてもっと知りたがってるわ。いつ出発して，いつ戻って来るの？　私は6月20日まで忙しいわ。祖母の誕生日パーティーがその日にあって，そこにいないといけないの。お父さんが明日あなたのお母さんに電話して，旅行についていくつか他の質問をするわ。お父さんは何時に電話したらいい？
それじゃ，また，
ジェーン

送信者：ダイアナ・マコーネル
受信者：ジェーン・ヘンダーソン
日付：6月14日
件名：スケジュール
ジェーンへ，
私たちは6月22日に出発して6月29日に戻って来るから，あなたはたぶん行けるわね！　お母さんは明日の日中はスーパーマーケットで仕事をしているけど，夜は家にいるわ。あなたのお父さんに6時以降に電話するように言ってね。私はとてもわくわくしているわ！　あなたが来られることを心から願ってるわ。
あなたの友より，
ダイアナ

語句 summer vacation「夏休み」，believe「～を信じる」，end「終わる」，anyway「ともかく」，later this month「今月後半に，今月中に」，cousin「いとこ」，broke＜break「～の骨を折る」の過去形，leg「脚」，rest「休む，休養する」，parents「両親」，instead「代わりに」，let me know「私に知らせる[連絡する]」，would love to ～「ぜひ～したい」，until「～まで」，Talk to you soon「では，また」，schedule「スケジュール，予定」，maybe「たぶん」，be able to ～「～することができる」

(23) 解答 3

質問の訳 「ダイアナのいとこはなぜ今年の夏にフロリダへ行かないのか」

選択肢の訳
1 彼女は泳ぎ方を知らない。
2 彼女はサッカーの練習をしなければならない。
3 彼女は脚をけがした。
4 彼女はホテルで職を得た。

解説 質問の won't は will not の短縮形。ダイアナが書いた最初の E メールの6文目 My cousin …, but last week she broke her leg at soccer practice. からいとこが broke her leg「脚を骨折した」こと，7文目 She needs to stay home … から一緒にフロリダへ行けないことがわかる。正解の3では，broke の代わりに hurt「～をけがした」が使われている。

(24) 解答 2

質問の訳 「ジェーンは6月20日に何をしなければならないか」

選択肢の訳
1 フロリダへ向けて出発する。
2 誕生日パーティーへ行く。
3 いとこを買い物に連れて行く。
4 父親と一緒に旅行を計画する。

解説 ジェーンが書いた2番目の E メールの5文目 I'm busy until June 20. と，6文目の My grandmother's birthday party is on that day, and I have to be there. から判断する。that day「その日」は June 20 を指している。be there「そこにいる」とは，my grandmother's birthday party に行くということ。

50

(25) 解答 ①

質問の訳 「ジェーンの父親は明日の夜に何をするか」

選択肢の訳 **1** ダイアナの母親と話す。　**2** スーパーマーケットへ行く。
3 ダイアナの学校へ電話する。　**4** 旅行から戻って来る。

解説 2番目のEメールの7文目My dad will call your mom
tomorrow … から，ジェーンの父親が明日ダイアナの母親に電話
すること，3番目のEメールの3文目Please tell your dad to
call after six. から，ジェーンの父親は call after six「6時以降
に電話する」ことになることがわかる。正解の**1**では，call の代
わりに talk to ～「～と話す」が使われている。

一次試験・筆記 | **3C** | 問題編 p.50～51

ポイント アメリカ合衆国のアリゾナ州にあるグランドキャニオンに関する4
段落構成の英文。グランドキャニオンの特徴や人々がよく訪れる
エリア，グランドキャニオンが発見された経緯などを中心に読み
取ろう。

全訳

グランドキャニオン

　アメリカ合衆国のアリゾナ州に，とても大きくて深い谷があり，
そこをコロラド川が流れている。この場所はグランドキャニオン
と呼ばれ，長さ446キロメートル，深さ約1.6キロメートル，幅
は29キロメートルにも及ぶ。そこの気候は，夏はとても暑く，冬
はとても寒くなることがある。

　毎年，何百万人もの人がグランドキャニオンの美しい景色を見
にやって来る。その90パーセントの人たちがサウスリムと呼ばれ
るエリアを訪れるが，それはサウスリムが1年中開いていて，い
くつかの大都市から簡単にそこへ行けるからだ。ノースリムは5
月から10月までの間だけ開いている。最近では，人々はウェスト
リムも訪れ始めている。

　アメリカ先住民は何千年もの間，その峡谷の中や周辺に暮らし
てきた。1540年に，スペイン出身のガルシア・ロペス・デ・カル
デナスがその峡谷を見た最初のヨーロッパ人になった。しかし，

51

カルデナスは峡谷の中に降りていくことができなかった。ずっと後の 1869 年に，ジョン・ウェズリー・パウエルという名前のアメリカ人が何人かの隊員とともにボートでコロラド川を下った。その旅の間に，パウエルは自分の日記の中でその場所を「グランドキャニオン」と名付けた。

1903 年に，アメリカ合衆国大統領のセオドア・ルーズベルトは峡谷を保護することを決め，そこを国定記念物にした。1919 年に，それは国立公園になった。今日では，峡谷へハイキングやキャンプをしに行く人たちがいて，ボートでのツアーも人気がある。峡谷がとても大きいので，ボートでのツアーは 2 週間ほどかかることもある。毎年多くの人がこの美しい場所を楽しんでいる。

語句　deep「深い」, run through ～「～を通って流れる」, kilometer(s)「キロメートル」, up to ～「～に及んで，（最大）～まで」, millions of ～「何百万もの～」, view(s)「景色」, percent「パーセント」, all year round「1 年中」, recently「最近」, canyon「峡谷」, thousands of ～「何千もの～」, European「ヨーロッパ人」, climb down「（手足を使って）降りる」, president「大統領」, decide to ～「～することを決める」, protect「～を保護する」, make A B「A を B にする」, national park「国立公園」

(26) 解答 ②

質問の訳　「グランドキャニオンは」

選択肢の訳
1 アメリカ先住民によって作られた。
2 **毎年多くの人たちが訪れている。**
3 世界で最も寒い場所である。
4 できてから 160 万年経っている。

解説　第 2 段落の 1 文目 Every year, millions of people come to see the beautiful views of the Grand Canyon. から判断する。質問では The Grand Canyon が主語なので，正解の 2 では is visited by ～「～によって訪れられている」という受動態が使われている。また，millions of people「何百万人もの人」が many people と

52

いう表現になっている。

(27) 解答 **2**

質問の訳　「ほとんどの人はグランドキャニオンでどのエリアを訪れるか」

選択肢の訳　**1** ノースリム。　　　　　　　**2** サウスリム。
3 ウェストリム。　　　　　　**4** イーストリム。

解説　第2段落の2文目に，Ninety percent of the people visit an area called the South Rim とある。Ninety percent of the people「その（グランドキャニオンを訪れる）人たちの90パーセント」ということは，質問にある most people「ほとんどの人」ということ。

(28) 解答 **4**

質問の訳　「ジョン・ウェズリー・パウエルは1869年に何をしたか」

選択肢の訳　**1** 彼はルーズベルト大統領と一緒にグランドキャニオンに降りていった。
2 彼はガルシア・ロペス・デ・カルデナスと一緒にグランドキャニオンを旅して回った。
3 彼はアメリカ先住民と一緒にグランドキャニオンに住み始めた。
4 彼は「グランドキャニオン」という名前を思いついた。

解説　Much later, in 1869 で始まる第3段落の4文目から，パウエルがコロラド川を探検したこと，5文目 During the trip, Powell named the place the "Grand Canyon" in his diary. から，その場所を「グランドキャニオン」と名付けたことがわかる。正解の4では，thought of ～「～を思いついた」という表現が使われている。

(29) 解答 **3**

質問の訳　「グランドキャニオンのボートでのツアーはなぜそれほど長くかかるのか」

選択肢の訳　**1** 観光客が小さなボートに乗らなければならない。
2 ボートが多くのスペイン料理のレストランに立ち寄る。
3 峡谷がとても大きい。
4 国立公園に観光客に対するルールがたくさんある。

53

| 解 説 | 第4段落の4文目 Because the canyon is so big, a boat tour can take about two weeks. から判断する。ここでの take は「（時間・期間が）かかる」という意味。正解の3では，so big が very large に置き換えられている。 |

(30) 解答 ①

| 質問の訳 | 「この話は何についてか」 |

選択肢の訳	**1** アメリカ合衆国にある有名な国立公園。
	2 アリゾナ州産の特別な種類の岩。
	3 夏が寒くて冬が暑い都市。
	4 新しい峡谷を発見した大統領。

| 解 説 | タイトルにもある通り，アメリカの The Grand Canyon「グランドキャニオン」に関する英文。第2段落の1文目 Every year, millions of people come to see the beautiful views of the Grand Canyon. から人気の観光地であること，第4段落の2文目 In 1919, it became a national park. から国立公園になったことがわかる。 |

| 一次試験・筆記 **4** | 問題編 p.52 |

| 質問の訳 | 「あなたは将来，留学したいですか」 |

| 解答例 | Yes, I want to study in Australia in the future. First, I want to go to school there and make new friends. Also, I'm very interested in the animals and beautiful nature there. |

| 解答例の訳 | 「はい，私は将来オーストラリアで勉強がしたいです。まず，現地の学校へ行って，新しい友だちをつくりたいです。また，私はオーストラリアの動物と美しい自然にとても興味があります」 |

| 解 説 | QUESTION の study abroad は「外国で勉強する」，つまり「留学する」ということ。1文目で，将来留学したいかどうかを書く。この後に，留学したい（または留学したくない）理由を2つあげる。解答例は，（1文目）自分の考え：オーストラリアで勉強がしたい→（2文目）1つ目の理由：現地の学校へ行って新しい友だちをつくりたい→（3文目）2つ目の理由：オーストラリアの動物と |

美しい自然に興味がある，という構成になっている。解答例のように，留学したい場合は具体的な国名を入れると説得力がある。また，1つ目の理由を First「まず，第1に」，2つ目の理由を Also「また，さらに」で始めて書くと明確な構成になる。

（語 句）　Australia「オーストラリア」, in the future「将来」, make friends「友だちをつくる」, be interested in ～「～に興味がある」, nature「自然」

一次試験・リスニング　第**1**部　問題編 p.53〜54　🔊　▶MP3 ▶アプリ　▶CD 1 **43**〜**53**

例題　解答 ③

（放送文）★：I'm hungry, Annie.
　　　　　☆：Me, too. Let's make something.
　　　　　★：How about pancakes?
　　　　　　　1 On the weekend.　　　　**2** For my friends.
　　　　　　　3 That's a good idea.

（放送文の訳）★：「おなかがすいたよ，アニー」
　　　　　　　☆：「私もよ。何か作りましょう」
　　　　　　　★：「パンケーキはどう？」
　　　　　　　　　1 週末に。　　　　　　　**2** 私の友だちに。
　　　　　　　　　3 それはいい考えね。

No. 1　解答 ③

（放送文）★：The cafeteria is crowded today.
　　　　　☆：Yeah.
　　　　　★：Is it OK if I join you?
　　　　　　　1 Pasta and salad.　　　　**2** It's by the window.
　　　　　　　3 Of course it is.

（放送文の訳）★：「今日はカフェテリアが混んでいるね」
　　　　　　　☆：「そうね」
　　　　　　　★：「きみと一緒に座ってもいい？」
　　　　　　　　　1 パスタとサラダ。　　　**2** それは窓のそばよ。

20年度第1回　リスニング

55

3 もちろんいいわよ。

解説 join you は「あなたに加わる」という意味で，男の子の Is it OK if I join you? は女の子と同席していいかどうかを尋ねた質問。これに対応しているのは Of course「もちろん」と言っている **3** で，it is の後には OK が省略されている。

No. 2 解答 ①

放送文 ★：How's your report going, Donna?

☆：Good.

★：What are you writing about?
   1 My favorite movie.　　**2** With my computer.
   3 Over 500 words.

放送文の訳 ★：「きみのレポートの進み具合はどう，ドナ？」

☆：「うまくいってます」

★：「何について書いているの？」
   1 私の大好きな映画です。　　**2** 私のコンピューターを使って。
   3 500 語以上です。

解説 How's ～ going? は「～の進み具合[調子]はどうですか」という意味で，男性はドナに report「レポート」の進み具合を尋ねている。What are you writing about? は何について書いているかを尋ねた質問なので，**1** が正解。

No. 3 解答 ③

放送文 ☆：I'll see you next month, Mike.

★：OK.　Enjoy your holiday.

☆：Please remember to water my plants while I'm away.
   1 No.　They're still there.
   2 Great.　I love that park.
   3 Don't worry.　I will.

放送文の訳 ☆：「それじゃ，また来月会いましょう，マイク」

★：「わかった。休暇を楽しんでね」

☆：「私がいない間，忘れずに私の植物に水をあげてね」
   1 ううん，それらはまだそこにあるよ。
   2 すばらしいね。ぼくはその公園が大好きなんだ。

56

3 心配しないで。そうするよ。

解説 Please remember to ～は「忘れずに～してください」，away は「不在で，留守で」の意味で，休暇などで長期にわたっていないときに使う。女性はマイクに自分がいない間，植物に水をあげるように頼んでいる。これに応じた発話は Don't worry.「心配しないで」と言っている**3**で，I will. は「そうする」，つまり植物に水をあげるということ。

No.4　解答　**1**

放送文 ★：Mom, look at this!

☆：What is it, Tony?

★：My picture is on the school website.

　1 How exciting!　　　　　**2** Here's your change.

　3 That's expensive!

放送文の訳 ★：「お母さん，これを見て！」

☆：「何なの，トニー？」

★：「ぼくの絵が学校のウェブサイトに載っているんだ」

　1 なんてすごいの！　　　　　**2** お釣りよ。

　3 それは値段が高いわ！

解説 トニーが My picture is on the school website. と自分の絵が学校のウェブサイトに掲載されたことを伝えているので，それを聞いた母親の反応として適切なのは，驚きや喜びを表す**1**の How exciting!「なんてすごいの！，なんてわくわくするの！」。〈How＋形容詞！〉は「なんて～なの！」という意味。

No.5　解答　**3**

放送文 ☆：How do you like the shirt?

★：I like the color.

☆：How about the size?

　1 For a wedding.　　　　　**2** Blue and white.

　3 It's perfect.

放送文の訳 ☆：「そのシャツはどうですか」

★：「色が気に入りました」

☆：「サイズはどうですか」

57

1 結婚式用です。　　　　　**2** 青と白です。

3 完璧です。

> **解説** 女性は How do you like ～?「～はどうですか，好きですか」と，男性に試着している shirt「シャツ」が気に入ったかどうかを尋ねている。その後，How about ～?「～はどうですか」を使って，シャツの size「サイズ」について聞いているので，It's perfect.「完璧です」と答えている **3** が正解。

No. 6　解答 **2**

> **放送文** ☆：Here are your pizzas, sir.
>
> ★：But I didn't order any pizzas.
>
> ☆：Oh.　Is this 45 Henry Street?
>
> 　　**1** No, I wanted a seafood pizza.
>
> 　　**2** No, that's the house over there.
>
> 　　**3** No, I was waiting for an hour.

> **放送文の訳** ☆：「ピザをお持ちいたしました，お客さま」
>
> ★：「でも私はピザを注文してませんが」
>
> ☆：「あら。ここはヘンリー通り 45 番地ですか」
>
> 　　**1** いいえ，私はシーフードピザが欲しかったのです。
>
> 　　**2** いいえ，それはあそこの家です。
>
> 　　**3** いいえ，私は 1 時間待っていました。

> **解説** pizzas「ピザ」を配達してきた女性に，男性は But I didn't order any pizzas. と注文していないことを伝えている。女性の Is this 45 Henry Street? は住所を確認する質問なので，それは the house over there「あそこの家」だと教えている **2** が正解。

No. 7　解答 **2**

> **放送文** ☆：Do you still read newspapers, too?
>
> ★：No.
>
> ☆：How do you learn about the news these days?
>
> 　　**1** You can have mine if you want it.
>
> 　　**2** I read about it on the Internet.
>
> 　　**3** It was in yesterday's newspaper.

> **放送文の訳** ☆：「あなたもまだ新聞を読んでる？」

58

★：「ううん」
☆：「最近のニュースについてどうやって知るの？」
　　1 きみが欲しければぼくのを食べていいよ。
　　2 ぼくはインターネットでそれを読むよ。
　　3 それは昨日の新聞に載っていたよ。

解　説　How は「どのようにして」という意味の疑問詞で，learn about the news these days「最近のニュースについて知る」方法を尋ねている。on the Internet「インターネットで」と具体的な方法を答えている **2** が対応した発話になっている。

No.8　解答　③

放送文　☆：Grandpa, when did you start wearing glasses?
　　★：About 20 years ago.
　　☆：Can you read without them?
　　　　1 My favorite book.　　　**2** Please do it yourself.
　　　　3 Not very well.

放送文の訳　☆：「おじいちゃん，いつめがねをかけ始めたの？」
　　★：「20年くらい前だよ」
　　☆：「めがねがなくても読める？」
　　　　1 私の大好きな本だよ。　　　**2** 自分でそれをしてね。
　　　　3 あまりよく読めないよ。

解　説　start ～ing は「～し始める」，wear glasses は「めがねをかける」という意味。Can you read without them? の them は glasses を指している。正解の **3** の Not very well. は，I can't read very well (without glasses).「（めがねがないと）あまりよく読めない」ということ。

No.9　解答　①

放送文　☆：This year's movie festival was great.
　　★：Yeah. What was your favorite film?
　　☆：*The Lost Ghost.*
　　　　1 I enjoyed that one, too.
　　　　2 Not for a couple of days.
　　　　3 I'll give you a ticket.

59

放送文の訳 ☆：「今年の映画祭はすばらしかったわ」

★：「そうだね。きみが一番気に入った映画は何？」

☆：「『ロストゴースト』よ」

1 ぼくもその映画を楽しんだよ。

2 2，3日はないよ。

3 きみにチケットをあげるよ。

解説 男性は女性に your favorite film「きみの一番気に入った［大好きな］映画」が何かを尋ねている。その映画名を聞いた男性の応答として適切なのは，自分もそれを楽しんだと言っている**1**で，that one は that film「その映画」のこと。

No.10 解答 ①

放送文 ☆：Can we go fishing on Sunday?

★：Sure.

☆：Let's invite Uncle Toby, too.

1 OK, I'll e-mail him tonight.

2 OK, I'll get you a new one.

3 OK, there's some in the fridge.

放送文の訳 ☆：「日曜日に釣りに行ける？」

★：「いいよ」

☆：「トビーおじさんも誘いましょう」

1 わかった，今夜彼にメールするよ。

2 わかった，新しいものを買ってあげるよ。

3 わかった，冷蔵庫に少しあるよ。

解説 go fishing on Sunday「日曜日に釣りに行く」ことが話題になっている。女の子の Let's invite Uncle Toby, too. とトビーおじさんも誘う提案に対し，OK と受け入れた後，e-mail him tonight「今夜彼（＝トビーおじさん）にメールする」と応じている**1**が正解。

60

一次試験・リスニング 第**2**部 問題編 p.55〜56

No. 11 解答 ②

放送文
★: That was a long meeting.
☆: Yes. It was four hours.
★: I hope the afternoon meeting will be shorter.
☆: It'll be two hours.
Question: How long will the afternoon meeting be?

放送文の訳
★:「あれは長い会議だったね」
☆:「ええ。4時間だったわ」
★:「午後の会議はもっと短いことを期待してるよ」
☆:「2時間の予定よ」

質問の訳 「午後の会議はどれくらいの時間がかかるか」

選択肢の訳　**1** 1時間。　**2** 2時間。　**3** 3時間。　**4** 4時間。

解説　質問は How long「どれくらいの時間」で始まっていて，the afternoon meeting「午後の会議」の所要時間を尋ねている。男性の I hope the afternoon meeting will be shorter. に，女性は It'll be two hours. と答えている。shorter は short「短い」の比較級。4の Four hours. は終わった会議にかかった時間なので不正解。

No. 12 解答 ②

放送文
☆: I bought these postcards for you at City Zoo.
★: Thanks. It opened last week, didn't it?
☆: Yeah, I went on the first day. The baby penguins were cute.
★: That sounds great.
Question: What are they talking about?

放送文の訳
☆:「市立動物園であなたにこれらのはがきを買ったの」
★:「ありがとう。先週開園したんだよね？」
☆:「そうよ，私は初日に行ったの。ペンギンの赤ちゃんがかわいかったわ」
★:「それはよかったね」

質問の訳 「彼らは何について話しているか」

選択肢の訳	**1** 男の子のお気に入りの店。	**2** 女の子が動物園へ行ったこと。
	3 彼らのペット。	**4** 彼らの来週末の予定。

解説 女の子の I bought … at City Zoo. や I went on the first day. The baby penguins were cute. などから，女の子が zoo「動物園」へ行ったことが話題だとわかる。postcard(s) は「はがき」，penguin(s) は「ペンギン」，cute は「かわいい」という意味。

No. 13 解答 ③

放送文 ★：Can I help you, ma'am?

☆：Yes. I'd like a large umbrella.

★：OK. We have them in blue or red.

☆：I'll take a red one, please.

Question: What kind of umbrella does the woman want?

放送文の訳 ★：「ご用件をお伺いしましょうか，お客さま？」

☆：「はい。大きい傘が欲しいのですが」

★：「かしこまりました。当店には青または赤の傘がございます」

☆：「赤い傘をください」

質問の訳 「女性はどのような種類の傘が欲しいか」

選択肢の訳	**1** 小さい赤い傘。	**2** 小さい青い傘。
	3 大きい赤い傘。	**4** 大きい青い傘。

解説 客の女性は I'd like a large umbrella. と，店員の男性に何を買いたいか伝えている。また，女性は最後に I'll take a red one, please. と言っているので，large と red を含む **3** が正解。one は umbrella の代わりに使われている。

No. 14 解答 ②

放送文 ☆：Is today's drama club meeting in the library?

★：No. Mr. Phillips said we can use Room 312.

☆：Where's that?

★：Next to the cafeteria.

Question: Where will the drama club meeting be held?

放送文の訳 ☆：「今日の演劇部のミーティングは図書館でやるの？」

★：「ううん。フィリップス先生が 312 室を使えるって言ってたよ」

☆：「それはどこにあるの？」

62

★：「カフェテリアの隣だよ」

質問の訳 「演劇部のミーティングはどこで行われるか」

選択肢の訳
1 カフェテリアで。 　　　　2 312室で。
3 図書館で。 　　　　　　　4 演劇用の部屋で。

解　説 　女の子の Is today's drama club meeting in the library? に男の子は No. と答えているので，3は不正解。その後の Mr. Phillips said we can use Room 312. に正解が含まれている。最後の Next to the cafeteria. は，Room 312 の場所を説明したもの。

No. 15 解答 3

放送文
☆：Hello?
★：Hello. This is Robert, Sally's friend from school. Is she home?
☆：Sorry, Robert. Sally's riding her bike in the park.
★：OK. I'll call back later.
Question: What is Sally doing now?

放送文の訳
☆：「もしもし？」
★：「もしもし。サリーの学校の友だちのロバートです。彼女は家にいますか」
☆：「ごめんね，ロバート。サリーは公園で自転車に乗っているの」
★：「わかりました。後でかけ直します」

質問の訳 「サリーは今，何をしているか」

選択肢の訳
1 学校で勉強している。 　　　2 公園で読書している。
3 自転車に乗っている。 　　　4 ロバートと話している。

解　説 　ロバートの Is she home? に，女性は Sorry, Robert. に続けて Sally's riding her bike in the park. と答えていることから，3 が正解。Sally's は Sally is の短縮形で，is riding「～に乗っている」という現在進行形になっている。call back は「電話をかけ直す」という意味。

No. 16 解答 2

放送文
☆：What time does this train arrive at the airport?
★：About 2:15.
☆：Our flight leaves at three.

63

20年度第1回　リスニング

★：I know. We'll have 45 minutes, so we should be fine.

Question: What time is their flight?

放送文の訳 ☆：「この電車は何時に空港に着くの？」

★：「2時15分ごろだよ」

☆：「私たちのフライトは3時発よ」

★：「わかってる。45分あるから，大丈夫なはずだよ」

質問の訳 「彼らのフライトは何時か」

選択肢の訳 **1** 2時15分。　　　　　　　　　**2** 3時。

3 3時45分。　　　　　　　　　**4** 4時5分。

解説 arrive at ～は「～に着く，到着する」，flight は「フライト，飛行便」という意味。Our flight leaves at three. から，**2** が正解。**1** の 2:15（two fifteen）は空港へ到着するおよその時間なので，正解と混同しないようにする。

No.17 解答 4

放送文 ☆：Greg, have you done your science homework?

★：Not yet, Ms. Lee.

☆：You have to finish it by today.

★：I'll stay after school and do it.

Question: Why will Greg stay after school?

放送文の訳 ☆：「グレッグ，理科の宿題はやったの？」

★：「まだです，リー先生」

☆：「今日中に終わらせないといけないわよ」

★：「放課後に残ってそれをやります」

質問の訳 「グレッグはなぜ放課後に残るか」

選択肢の訳 **1** リー先生の教室を掃除するため。

2 彼の理科の本を探すため。

3 理科のテストを受けるため。

4 宿題をするため。

解説 Have you done ～? は「～しましたか，～は終わりましたか」という意味。グレッグは最後に，I'll stay after school and do it. と言っている。it はリー先生がグレッグに終わったかどうかを尋ねている science homework「理科の宿題」を指している。

No.18 解答 ①

放送文
★：Excuse me. Is that your dog?

☆：Yes.

★：Sorry, but you can't bring dogs into this park.

☆：Oh, I didn't know that. I'll get him and leave right away.

Question: What will the woman do next?

放送文の訳
★：「すみません。あれはあなたの犬ですか」

☆：「はい」

★：「申し訳ありませんが，この公園に犬を連れてくることはできません」

☆：「あら，そのことを知りませんでした。今すぐ犬を捕まえて出て行きます」

質問の訳 「女性は次に何をするか」

選択肢の訳
1 彼女の犬と一緒に公園を出る。
2 男性の犬を探す。
3 男性に公園を案内する。
4 新しいペットを手に入れる。

解説
男性の Sorry, but you can't bring dogs into this park. という忠告を受けて，女性は I'll get him and leave right away. と言っている。him は女性が連れてきた犬のこと。leave right away「すぐに出る」とは，今いる this park「この公園」から出て行くということ。

No.19 解答 ④

放送文
★：Mom, do you remember the letter I sent to my favorite singer?

☆：Yeah.

★：Well, look at this. She sent me back a postcard!

☆：Wow! Your friends will be so surprised.

Question: Who sent the boy a postcard?

放送文の訳
★：「お母さん，ぼくが大好きな歌手に送った手紙のことを覚えてる？」

☆：「ええ」

★：「あのね，これを見て。彼女がぼくにはがきを送り返してくれたんだ！」

65

☆：「うわー！　あなたの友だちはとても驚くでしょうね」

質問の訳　「誰が男の子にはがきを送ったか」

選択肢の訳　**1** 彼の親友。　　　　　**2** 彼のクラスの女の子。
　　　　　　　3 彼の母親。　　　　　**4** ある歌手。

解説　sent は send「〜を送る」の過去形。男の子の Mom, do you remember the letter I sent to my favorite singer? から，男の子が my favorite singer「ぼくの大好きな歌手」に手紙を送ったこと，She sent me back a postcard! から，その歌手が男の子にはがきを送り返したことがわかる。

No. 20 解答 ③

放送文　☆：You studied in Scotland last year, right?

　　　★：Yeah, but only for six months.

　　　☆：Were you there during winter?

　　　★：No. I went in spring and came home in fall.

　　　　Question: When did the man come back from Scotland?

放送文の訳　☆：「あなたは昨年スコットランドに留学したわよね？」

　　　★：「そうだよ，でも 6 か月だけね」

　　　☆：「冬の間そこにいたの？」

　　　★：「ううん。春に行って，秋に帰国したよ」

質問の訳　「男性はいつスコットランドから戻ってきたか」

選択肢の訳　**1** 春に。　　**2** 夏に。　　**3** 秋に。　　**4** 冬に。

解説　studied in Scotland は「スコットランドで勉強した」，つまり「スコットランドに留学した」ということ。女性の Were you there during winter? という質問に，男性は No. に続けて I went in spring and came home in fall. と答えている。質問では come back が使われ，帰国時期を尋ねていることに注意する。

| 一次試験・リスニング | 第**3**部 | 問題編 p.57〜58 | 🔊 | ▶MP3 ▶アプリ
▶CD 1 65〜75 |

No. 21 解答 ①

放送文　Pam often travels for work. Next month, she'll go to

66

Chicago. She has only been there once. She has been to New York three times. Last year, she went to Los Angeles many times.

Question: How many times has Pam been to Chicago?

放送文の訳
「パムは仕事でよく出張する。来月，シカゴへ行く予定だ。彼女はそこへ1回だけ行ったことがある。ニューヨークへは3回行ったことがある。昨年，彼女はロサンゼルスに何度も行った」

質問の訳
「パムは何回シカゴへ行ったことがあるか」

選択肢の訳
1 1回。　　　2 2回。　　　3 3回。　　　4 何回も。

解説
都市名と回数を表す語句を結びつけながら聞く。パムがこれまでシカゴへ行った回数は，Next month, she'll go to Chicago. に続いて，She has only been there once. と説明されている。3 の Three times. は New York へ行った回数，4 の Many times. は昨年 Los Angeles へ行った回数なので，いずれも不正解。

No. 22 解答 ②

放送文
Shun started junior high school in April. He was surprised when school started because he had a lot more homework than in elementary school. Shun now spends an hour every day doing his homework.

Question: Why was Shun surprised when he started junior high school?

放送文の訳
「シュンは4月に中学校へ入った。小学校のときよりもずっと多くの宿題があったので，学校が始まったときに驚いた。シュンは今，宿題をするのに毎日1時間費やしている」

質問の訳
「シュンは中学校に入ったとき，なぜ驚いたか」

選択肢の訳
1 4月に授業がなかった。　　2 たくさんの宿題があった。
3 学校がとても大きかった。　4 たくさんの新入生がいた。

解説
He was surprised when school started の理由は，その後の because he had a lot more homework than in elementary school で説明されている。a lot more 〜は「ずっと多くの〜」，elementary school は「小学校」という意味で，小学校に比べて宿題がずっと多かったことが驚いた理由。

20年度第1回　リスニング

67

No. 23 解答 4

放送文
Eric loves reading. After school, he likes to read at the library. His mother often buys him books. Last Monday, he borrowed a book from his friend Laura. He has to give it back to her tomorrow.

Question: Whose book does Eric have to return tomorrow?

放送文の訳
「エリックは読書が大好きだ。放課後に，彼は図書館で読書をすることが好きだ。母親は彼によく本を買ってあげる。先週の月曜日，彼は友だちのローラから本を1冊借りた。彼は明日，それを彼女に返さなければならない」

質問の訳
「エリックは明日，誰の本を返さなければならないか」

選択肢の訳
1 学校の（本）。　　　　　　2 図書館の（本）。
3 彼の母親の（本）。　　　　4 ローラの（本）。

解説
Last Monday, he borrowed a book from his friend Laura. からローラから本を借りたこと，次の He has to give it back to her tomorrow. からその本を明日ローラに返さなければならないことがわかる。borrowed は borrow「～を借りる」の過去形，give ～ back to（人）は「（人）に～を返す」という意味。

No. 24 解答 3

放送文
Cathy and her sisters help their parents with the housework. Cathy makes dinner on weekdays. Her older sister does the dishes. Her younger sister cleans the bathroom.

Question: What is Cathy's job at home?

放送文の訳
「キャシーと彼女の姉妹は両親の家事を手伝う。キャシーは平日に夕食を作る。彼女の姉は皿洗いをする。彼女の妹は浴室を掃除する」

質問の訳
「キャシーの家での仕事は何か」

選択肢の訳
1 彼女はベッドを整える。　　2 彼女は皿を洗う。
3 彼女は夕食を作る。　　　　4 彼女は浴室を掃除する。

解説
質問の job at home「家での仕事」は1文目の housework「家事」のこと。Cathy makes dinner on weekdays. から，3 が正解。2 の washes the dishes は Her old sister「彼女の姉」の，4 の cleans the bathroom は Her younger sister「彼女の妹」の仕事。

No. 25 解答 2

放送文
When I was young, my favorite baseball player was Sam Wilder. My friends at school liked him, too. Now, he is the coach of a baseball team in Japan.
Question: What does Sam Wilder do now?

放送文の訳
「ぼくが幼い頃，好きな野球選手はサム・ウイルダーだった。学校の友だちも彼を好きだった。現在，彼は日本で野球チームの監督をしている」

質問の訳
「サム・ウイルダーの現在の仕事は何か」

選択肢の訳
1 彼は野球選手である。　　2 彼は野球の監督である。
3 彼は日本語の先生である。　4 彼は体育の先生である。

解　説
2文目の him，3文目の he はいずれも1文目に出てくる Sam Wilder のこと。質問に now があることに注意する。サム・ウイルダーの現在の仕事は，Now, he is the coach of a baseball team in Japan. と説明されている。coach は「監督」という意味。

No. 26 解答 3

放送文
Luke loves gardening. He has three apple trees, but tomorrow he's going to cut one down. He wants to plant a lemon tree instead.
Question: What will Luke do tomorrow?

放送文の訳
「ルークはガーデニングが大好きだ。リンゴの木が3本あるが，明日彼は1本切り倒すつもりだ。代わりにレモンの木を植えたいと思っている」

質問の訳
「ルークは明日，何をするか」

選択肢の訳
1 リンゴをいくつか買う。　　2 レモンパイを作る。
3 木を切り倒す。　　　　　　4 ガーデニングショップへ行く。

解　説
2文目前半の He has three apple trees から，リンゴの木が3本あること，後半の but tomorrow he's going to cut one down. から，3本のリンゴの木のうち1本を明日切り倒すことがわかる。one は an apple tree の代わりに使われている。

No. 27 解答 4

放送文
Hello, everyone. This morning, you're going to take a test

20年度第1回　リスニング

69

on European history, so please put your books in your desks. All you need is a pencil and an eraser.

Question: Where is the man talking?

放送文の訳　「はい，みなさん。今朝，みなさんはヨーロッパ史のテストを受けますので，本を机の中にしまってください。必要なのは鉛筆と消しゴムだけです」

質問の訳　「男性はどこで話しているか」

選択肢の訳　**1** 空港で。　　**2** 書店で。　　**3** 博物館で。　　**4** 教室で。

解説　you're going to take a test「みなさんはテストを受ける」や put your books in your desks「本を机の中にしまう」などから，classroom「教室」で先生が生徒に話していることが想像できる。All you need is ～は「必要なのは～だけです」という意味。

No. 28 解答 ①

放送文　My mother took me to the park yesterday. I wanted to eat lunch there, but we couldn't because it was too windy. We ate at home instead.

Question: What couldn't the girl do yesterday?

放送文の訳　「昨日，母が私を公園へ連れて行ってくれた。私はそこで昼食を食べたかったけど，風が強すぎたのでそうできなかった。私たちは代わりに家で食べた」

質問の訳　「女の子は昨日，何をすることができなかったか」

選択肢の訳　**1** 公園で昼食を食べる。　　**2** 家で昼食を食べる。
3 母親と一緒に外出する。　　**4** 母親と一緒に食事する。

解説　1文目の My mother took me to the park yesterday. から，母親が公園へ連れて行ってくれたこと，2文目の I wanted to eat lunch there, but we couldn't から，そこ（＝公園）で昼食を食べたかったができなかったことがわかる。couldn't の後に eat lunch there（＝at the park）が省略されている。windy は「風が強い」，instead は「代わりに」という意味。

No. 29 解答 ②

放送文　My grandmother's birthday is next Thursday. I'm going to buy her a present after work tonight and send it to her tomorrow morning. I'm thinking of getting her a coffee cup.

Question: When will the man send the present to his grandmother?

放送文の訳 「ぼくの祖母の誕生日は来週の木曜日だ。今夜，仕事の後にプレゼントを買って，明日の朝にそれを祖母に送るつもりだ。ぼくは祖母にコーヒーカップを買おうと思っている」

質問の訳 「男性はいつ祖母にプレゼントを送るか」

選択肢の訳 1 今夜。 2 明日の朝。
3 明日の夜。 4 来週の木曜日。

解 説 My grandmother's birthday → next Thursday，buy her a present → after work tonight，send it to her → tomorrow morning の各情報を混同しないように聞き分ける。send は「～を送る」という意味で，質問ではいつ祖母にプレゼントを送るか尋ねている。

No.30 解答 **1**

放送文 Sara went skiing with her father on Sunday. She had fun in the morning, but in the afternoon she broke her leg. Her father took her to the hospital, and she had to stay there until Monday morning.

Question: What happened on Sunday afternoon?

放送文の訳 「サラは日曜日に父親と一緒にスキーに行った。午前中は楽しんだが，午後に彼女は脚を骨折した。父親が彼女を病院へ連れて行き，彼女は月曜日の朝までそこで入院しなければならなかった」

質問の訳 「日曜日の午後に何が起きたか」

選択肢の訳 1 サラが脚を骨折した。 2 サラがスキー板を買った。
3 サラが退院した。 4 サラが父親を訪ねた。

解 説 Sunday afternoon に何が起きたかについては，2文目後半で but in the afternoon she broke her leg と説明されている。broke は break の過去形で，break one's leg は「脚を骨折する」という意味。

20年度第1回 リスニング

71

二次試験・面接　問題カード A 日程　問題編 p.60〜61

全訳

デパート

多くの都市にはデパートがある。日本では，それらは大きな鉄道駅の近くに建てられることが多い。多くの人は新しい服を買ったり，おいしい食べ物を食べたりして楽しむので，時間があるときにデパートを訪れる。

質問の訳

No.1　パッセージを見てください。多くの人はなぜ時間があるときにデパートを訪れるのですか。

No.2　イラストを見てください。長い髪の女性は手に何を持っていますか。

No.3　めがねをかけている男性を見てください。彼は何をしていますか。

さて，～さん，カードを裏返しにしてください。

No.4　あなたは今日，どのようにしてここへ来ましたか。

No.5　あなたは祭りに行くことを楽しみますか。

はい。　→　なぜですか。

いいえ。→　なぜですか。

No.1

解答例

Because they enjoy shopping for new clothes and eating delicious food.

解答例の訳

「彼らは新しい服を買ったり，おいしい食べ物を食べたりして楽しむからです」

解説

department stores は「デパート」，in their free time は「時間があるときに，暇なときに」という意味。3文目に正解が含まれているが，解答する際，①質問の主語と重なる many people を3人称複数の代名詞 they に置き換える，②文の後半 so they visit department stores in their free time「だから時間があるときにデパートを訪れる」は質問と重なる内容なので省く，という2点に注意する。

No.2

解答例

She has shoes.

| 解答例の訳 | 「彼女はくつを持っています」 |

| 解　説 | イラスト中の the woman with long hair「長い髪の女性」に関する質問で，in her hands は「彼女の手に」という意味。解答する際は，質問の主語を 3 人称単数の代名詞 She で置き換える。質問の動詞は have だが，解答では主語が She の肯定文なので has を使う。女性は手にくつを持っているので，has の後にその目的語となる shoes を続ける。She has a pair of shoes (in her hands).「彼女は（手に）くつを 1 足持っている」と答えてもよい。 |

No. 3

| 解答例 | He's buying a hat. |

| 解答例の訳 | 「彼は帽子を買っています」 |

| 解　説 | イラスト中の the man wearing glasses「めがねをかけている男性」に関する質問。質問の What is ～ doing? は，「～は何をしていますか」という現在進行形の疑問文。「帽子を買う」は buy a hat で，質問に合わせて He's [He is] buying a hat. という現在進行形で答える。縁のある帽子の hat と，縁のない帽子の cap の使い分けにも注意する。 |

No. 4

| 解答例 | I walked. |

| 解答例の訳 | 「私は歩いてきました」 |

| 解　説 | How は「どのようにして」を意味する疑問詞。受験会場までどのような交通手段で来たかを，I で始めて答える。動詞は過去形を使う。解答例の他に，I came here by bus.「バスでここへ来ました」や My mother drove me here.「母がここまで車で送ってくれました」などの表現も考えられる。 |

No. 5

| 解答例 | Yes. → Why? |

　　— The games are fun.

No. → Why not?

　　— There are too many people.

| 解答例の訳 | 「はい」 → なぜですか。 |

　　—「ゲームが楽しいです」

「いいえ」 → なぜですか。

20年度第1回　面接

73

—「人が多すぎます」

解説 enjoy ~ing は「~することを楽しむ」という意味で，最初の質問には going to festivals「祭りに行くこと」を楽しむかどうかを Yes(, I do). / No(, I don't). で答える。Yes の場合の2番目の質問 Why? には，どのような祭りで，何をすることが好きかなどを答えればよい。No の場合の2番目の質問 Why not? には，祭りに行くことを楽しいとは思わない理由を説明する。解答例の他に，(Yes の場合) I can spend time with my friends.「私は友だちと一緒に過ごすことができます」，(No の場合) The food and drinks are expensive.「食べ物や飲み物の値段が高いです」のような解答も考えられる。

二次試験・面接　問題カード 日程　問題編 p.62~63　

全訳　　　　　　　ピアノのレッスン

日本の多くの子どもたちはピアノのレッスンを受ける。これらのレッスンの間，子どもたちは難しい曲の弾き方を習うときもある。ピアノのコンテストに参加したいと思う子どもたちもいて，彼らは毎日何時間も一生懸命練習する。

質問の訳
No.1　パッセージを見てください。なぜ毎日何時間も一生懸命練習する子どもたちがいるのですか。
No.2　イラストを見てください。犬はどこにいますか。
No.3　女性を見てください。彼女は何をしようとしていますか。
さて，~さん，カードを裏返しにしてください。
No.4　あなたは来週末に何をする予定ですか。
No.5　あなたは買い物に行くことが好きですか。
　　　はい。　→　あなたは何を買うことが好きですか。
　　　いいえ。→　あなたは友だちと一緒に何をすることが好きですか。

No.1

解答例　Because they want to take part in piano contests.
解答例の訳　「彼らはピアノのコンテストに参加したいからです」

解 説 practice hard は「一生懸命練習する」, for many hours は「何時間も」という意味。3 文目に正解が含まれているが, 解答する際, ①質問の主語と重なる some children を 3 人称複数の代名詞 they に置き換える, ②文の後半 so they practice hard for many hours every day「だから彼らは毎日何時間も一生懸命練習する」は質問と重なる内容なので省く, という 2 点に注意する。take part in ～は「～に参加する」という意味。

No. 2

解答例 They're under the table.

解答例の訳 「テーブルの下にいます」

解 説 質問は Where「どこに」で始まり, イラスト中の犬がどこにいるかを尋ねている。解答では, 質問の主語 the dogs を 3 人称複数の代名詞 They で置き換え, 動詞は質問と同じ are を使う。犬はテーブルの下にいるので, are の後に under the table をつなげる。table「テーブル」と desk「机」を混同しないように注意する。

No. 3

解答例 She's going to close the door.

解答例の訳 「彼女はドアを閉めようとしています」

解 説 イラスト中の女性に関する質問。be going to ～は「～しようとしている」という意味で, 女性がこれからとる行動は吹き出しの中に描かれている。質問に合わせて, She's [She is] going to ～(動詞の原形) の形で答える。「ドアを閉める」は close the door と表現する。

No. 4

解答例 I'm planning to go to the library.

解答例の訳 「私は図書館へ行く予定です」

解 説 plan to ～ は「～する予定である」という意味で, 質問では What are you planning to do …? と現在進行形になっている。next weekend「来週末」の予定を, 質問に合わせて I'm planning to ～(動詞の原形) の形で答える。

No. 5

解答例 <u>Yes.</u> → What do you like to buy?
　　— <u>I like to buy magazines.</u>

20年度第1回　面接

75

No. → What do you like to do with your friends?

— I like to play video games.

解答例の訳

「はい」→ あなたは何を買うことが好きですか。

— 「私は雑誌を買うことが好きです」

「いいえ」→ あなたは友だちと一緒に何をすることが好きですか。

— 「私はテレビゲームをすることが好きです」

解説

like to ～ は「～することが好きだ」という意味で，最初の質問には go shopping「買い物に行く」ことが好きかどうかを Yes(, I do). / No(, I don't). で答える。Yes の場合の2番目の質問 What do you like to buy? には，何を買うことが好きかを I like to buy ～の形で答える。No の場合の2番目の質問 What do you like to do with your friends? には，with your friends「友だちと一緒に」何をするのが好きかを I like to ～ (with my friends) の形で答える。解答例の他に，（Yes の場合）I like to buy clothes.「私は服を買うことが好きです」，（No の場合）I like to play tennis.「私はテニスをすることが好きです」のような解答も考えられる。

76

2019-3

一次試験
筆記解答・解説　　p.78〜90

一次試験
リスニング解答・解説　　p.91〜107

二次試験
面接解答・解説　　p.108〜112

解答一覧

一次試験・筆記

1

(1)	2	(6)	2	(11)	2
(2)	4	(7)	2	(12)	1
(3)	2	(8)	3	(13)	3
(4)	4	(9)	4	(14)	2
(5)	4	(10)	3	(15)	2

2

(16)	2	(18)	3	(20)	1
(17)	2	(19)	1		

3 A / **3 B**

(21)	1	(23)	2
(22)	3	(24)	2
		(25)	1

3 C

(26)	2	(28)	4	(30)	3
(27)	4	(29)	3		

4 解答例は本文参照

一次試験・リスニング

第1部

No. 1	1	No. 5	2	No. 9	2
No. 2	1	No. 6	1	No.10	3
No. 3	1	No. 7	3		
No. 4	2	No. 8	1		

第2部

No.11	4	No.15	3	No.19	1
No.12	4	No.16	2	No.20	1
No.13	1	No.17	3		
No.14	3	No.18	4		

第3部

No.21	4	No.25	4	No.29	4
No.22	4	No.26	1	No.30	1
No.23	2	No.27	3		
No.24	3	No.28	2		

一次試験・筆記 **1** 問題編 p.66〜67

(1) 解答 2

訳 A「もう1試合テニスをしたい?」
B「ううん，やめよう。暗くなりすぎていてボールが見えないよ」

解説 too 〜 to … は「〜すぎて…できない」という意味。see the ball「ボールを見る」ことができないのは It's getting too dark「暗くなりすぎている」から。free「暇な，無料の」，high「高い」，silent「音がしない，無言の」。

(2) 解答 4

訳 A「ぼくにこの単語を説明してくれる? 理解できないんだ」
B「いいわよ。難しくないわ」

解説 A は I don't understand it（＝this word）.「それ（＝この単語）が理解できない」ので，explain「〜を説明する」ように頼んでいる。sell「〜を売る」，save「〜を救う」，excuse「〜を許す」。

(3) 解答 2

訳 A「今，道を渡っちゃだめよ，フレッド。見て。信号が赤よ」
B「わかった，お母さん」

解説 the street とのつながりと The light is red. という状況から，Don't cross the street「道を渡ってはいけない」とする。start「〜を始める」，finish「〜を終える」，mean「〜を意味する」。

(4) 解答 4

訳 A「今夜は夕食にピザを注文しましょう，フランク」
B「それはとてもいい考えだね，お母さん」

解説 空所後の a pizza「ピザ」と意味的につながる動詞は order「〜を注文する」。pull「〜を引く」，guess「〜を推測する」，contact「〜に連絡を取る」。

78

(5) 解答 **4**

訳 「パティーは決して使わない古いティーカップをたくさん集めている」

解説 空所後の of old teacups「古いティーカップの」とのつながりから，collection「収集物，コレクション」が正解。have [has] a large collection of 〜で「〜をたくさん集めている」という意味。space「空間」，planet「惑星」，habit「習慣」。

(6) 解答 **2**

訳 A「これらの花に水をあげるのを 1 週間忘れたから，枯れちゃったよ」

B「それは残念ね」

解説 forgot は forget の過去形で，forget to 〜で「〜し忘れる」。正解 2 の died は die の過去形で，ここでは「（花が）枯れた」という意味。1，3，4 はそれぞれ listen「聞く」，write「〜を書く」，make「〜を作る」の過去形。

(7) 解答 **2**

訳 「私はロンドンで育って，3 年前に東京へ来た」

解説 空所後の up とつながるのは grow の過去形 grew で，grow up で「育つ，成長する」という意味。1，3，4 はそれぞれ lose「〜をなくす」，know「〜を知っている」，become「〜になる」の過去形。

(8) 解答 **3**

訳 A「自転車で学校に来るんですか，グラント先生？」

B「いいえ，ボブ。私は遠くに住んでいます。車で来ています」

解説 空所後の away に注目し，far away「遠くに」という表現にする。by bike は「自転車で」という意味。fast は「速く」，soon は「すぐに」，little は a little で「少し」。

(9) 解答 **4**

訳 「今朝，ケイコが目を覚ましたとき，とても遅かったので彼女は朝食を食べる時間がなかった」

解説 that she didn't have time for breakfast とのつながりから，so ～ that … 「とても～なので…」という表現にする。woke は wake の過去形で，wake up で「目を覚ます，起きる」という意味。any「何か」，too「あまりに～」，as「～として，～と同じくらい」。

(11) 解答 ③

訳 A「もしもし。こちらはトムです。ルークと話したいのですが」
B「わかりました。切らずにお待ちください」

解説 電話での会話という状況と，空所後の on に注目する。Hold on(, please).「切らずにお待ちください」は，電話を取り次ぐときの表現。make「～を作る」，pull「～を引く」，decide「～を決める」。

(11) 解答 ②

訳 A「シンディーは遅いね。打ち合わせを始めよう」
B「うん，ぼくは待つのに疲れたよ」

解説 シンディーが meeting「会議，打ち合わせ」に遅れている場面。空所後の of waiting とつながるのは tired で，be tired of ～ing で「～するのに疲れて[飽きて]いる」という意味。upset「動揺して」，silent「音がしない，無言の」，crowded「混雑して」。

(12) 解答 ①

訳 A「沖縄へは仕事で行くの？」
B「ううん，休暇で行くわ」

解説 B は A の質問に No と答えているので，on vacation「休暇で」との対比から，on business「仕事で」という表現にする。company「会社」，office「事務所」，job「仕事」。

(13) 解答 ③

訳 「私の学校には世界中から来た生徒がいる。そこではたくさんの言語が話されている」

解説 2文目の主語は Many languages「たくさんの言語」なので，受動態（be 動詞＋動詞の過去分詞）を使って are spoken「話されている」とする。spoken は speak「～を話す」の過去分詞。

80

(14) 解答 2

訳　「もし明日雨が降れば，私は家にいて読書するつもりだ」

解説　動詞 rain「雨が降る」の形がポイント。if 節の主語が 3 人称単数の it なので，主語に合わせて rains とする。ここでの it は天候を表す文の主語として使われている。なお，if「もし〜なら」の後の動詞は，未来の事柄であっても現在形で表す。

(15) 解答 2

訳　「東京は世界のほとんどの大都市より安全だと多くの人が思っている」

解説　空所後に than「〜よりも」があり，Tokyo と most big cities in the world が比較されている文。よって，safe「安全な」の比較級 safer が正解。safest は最上級，safely は「安全に」という意味の副詞。

一次試験・筆記 **2** | 問題編 p.68

---

(16) 解答 2

訳　母親「京都への修学旅行はどうだった？」
娘　「とても楽しかったわ。いつかまた行けるといいな」

解説　娘の school trip to Kyoto「京都への修学旅行」が話題。娘の I hope I can 〜は「〜できるといいな」，one day は「いつか」という意味。いつかまた行きたいという内容から，2 の I had a great time.「とても楽しかった」が正解。

(17) 解答 2

訳　妻「チキンはもう食べられる状態かしら？」
夫「わからないな。オーブンを見に行ってくるよ」
妻「ありがとう」

解説　ready は「準備ができて」という意味で，妻は chicken「チキン，鶏肉」が食べられる状態になっているかどうかを尋ねている。夫の I don't know. と妻の Thanks. とのつながりから，2 が正解。

81

go and check ～ は「～を見に[確認しに]行く」という意味。

(18) 解答 3

訳　女の子「今日は本当に暑いわね。**泳ぎに行かない？**」
男の子「すごくいい考えだね。バス停のそばのプールへ行こう」

解説　男の子の Let's go to the pool から，女の子の発話として適切なのは go swimming「泳ぎに行く」ことを提案している **3**。Why don't we ～? は「（一緒に）～しませんか，～しましょう」という意味で，提案したり誘ったりするときの表現。**1** と **2** の Why did you ～?「なぜあなたは～したのか」と混同しないようにする。

(19) 解答 1

訳　男の子「何かなくしたの？」
女の子「うん，私の自転車のかぎ。**それをあちこち探した**んだけど，見つからないの」

解説　Have you lost something?「何かなくしたの？」の lost は，lose「～をなくす」の過去分詞。空所後の but I can't find it「でもそれ（＝自転車のかぎ）が見つからない」につながるのは **1** で，look everywhere for ～は「～をあちこち探す」という意味。

(20) 解答 1

訳　娘　「冷蔵庫にバターはある？」
父親「少しあるよ。**どれくらいの量が必要なの？**」
娘　「100 グラムくらい」

解説　Is there any butter in the fridge? から，娘は butter「バター」を必要としていることがわかる。最後の About 100 grams. に対応する質問は **1** で，How much ～?「どれくらい（の量）～」を使って必要なバターの量を尋ねている。

一次試験・筆記	**3A**	問題編 p.70～71

ポイント　全国大会で優勝した女子サッカーチームを祝うパレードの案内。パレードが行われる日時や場所に加えて，パレードで選手や監督

82

が何をするかを理解しよう。

全 訳

シャークスのパレード

スプリングフィールドの女子サッカーチーム，スプリングフィールドシティーシャークスが先週，全国大会の決勝で勝利を収めました。お祝いするために，6月12日にパレードが行われます。シャークスのTシャツを着て，お気に入りの選手に会いに来てください！

　　時：　6月12日午後2時から午後4時まで
　　場所：スプリングフィールドスタジアムの場内から出発して，
　　　　　　スプリングフィールド博物館の前の公園で終わります。

パレードの間，選手たちは何百枚もの青と白のシャークスのタオルをファンに配ります。運がよければ，タオルをもらうことができます！　監督と何人かの選手のスピーチもあります。

語 句

parade「パレード」，won＜win「～で勝利する，勝つ」の過去形，final「決勝戦」，national tournament「全国大会」，celebrate「祝う」，put on ～「～を着る」，in front of ～「～の前で[の]」，hundreds of ～「何百もの～」，towel(s)「タオル」，fan(s)「ファン」，be able to ～「～することができる」，coach「監督」

(21) 解答 1

質問の訳　「パレードはどこで終わるか」

選択肢の訳
1 博物館の前で。
2 スタジアムの中で。
3 スポーツ店のそばで。
4 スプリングフィールド市役所で。

解 説　掲示の Where: の部分に，It will start … and end in the gardens in front of Springfield Museum. とパレードの出発点と終着点が書かれている。2 の Inside a stadium. はパレードが始まる場所なので不正解。

83

(22) 解答 3

質問の訳	「パレードで何を受け取ることができる人がいるか」
選択肢の訳	**1** サッカーボール。　　　　**2** サッカーの試合のチケット。
	3 シャークスのタオル。　　**4** 青と白のTシャツ。
解説	質問の receive「～を受け取る」は掲示では使われていないが，最後の段落の2文目に If you're lucky, you'll be able to get one! とある。one はその前の文の内容から，青と白のシャークスのタオルのことだとわかる。

一次試験・筆記　3B　問題編 p.72〜73

ポイント　学校のスキー旅行に関するジーナとカラのEメールでのやり取り。ジーナがカラにEメールを出した理由，スキー旅行の打ち合わせで先生が話した内容，旅行に向けてジーナがすることなどを中心に読み取ろう。

全訳

送信者：ジーナ・マシューズ
受信者：カラ・ジョンソン
日付：1月12日
件名：スキー旅行
こんにちは，カラ！
今日の午後，学校のスキー旅行に関する打ち合わせに行った？ 私はそのことを忘れて，明日の社会のテスト勉強をするために図書館へ行っちゃったの。モリソン先生は打ち合わせで何か大切なことを言ってた？　私は今年のスキー旅行をとても楽しみにしているわ。昨年私は具合が悪かったので行けなかったの。
ありがとう，
ジーナ

送信者：カラ・ジョンソン
受信者：ジーナ・マシューズ
日付：1月12日
件名：打ち合わせ

84

ジーナへ,

打ち合わせを欠席したことは心配しないで。本当に短時間だったわ。モリソン先生が最初に話したのはバスの予定についてよ。1つ小さな変更があったわ。金曜日の午後 3 時 30 分ではなく，4 時に学校から出発することになったの。ホテルには午後 7 時頃に着くわよ。日曜日に戻ってくる時間に変更はないわ。5 時 30 分に学校へ戻ってくる予定よ。それと，旅行代金を 1 月 17 日までにモリソン先生へ渡す必要があるの。この旅行はとても楽しくなりそうね。バスで一緒に座ろうね！

それじゃ明日,

カラ

送信者：ジーナ・マシューズ

受信者：カラ・ジョンソン

日付：1 月 12 日

件名：ありがとう！

カラへ,

打ち合わせに関する情報をありがとう。私は先週の月曜日に旅行代金を払ったわ。それと，よい知らせがあるの。お父さんが旅行の前に新しいスキージャケットを買ってくれるの！　明日の放課後に選びに行くわ。あなたのピンク色のジャケットがとても気に入っているので，私も同じ色のものを買いたいわ。あと，そうね，バスでは一緒に座りましょう。ジョーク集の本を持って行くので，道中でそれを一緒に読もうね。

重ねてありがとう,

ジーナ

> **語 句**　social studies「社会科」, look forward to ~「~することを楽しみに待つ」, worry about ~「~について心配する」, schedule「予定」, return time「帰着時間」, information「情報」, paid<pay「支払う」の過去形, choose「~を選ぶ」, joke「ジョーク, 冗談」, on the way「道中で」

(23) 解答 **2**

質問の訳　「今日ジーナに何があったか」

選択肢の訳　1　彼女はテストを受けなければならなかった。
2　彼女は打ち合わせのことを忘れた。
3　彼女は図書館で具合が悪くなった。
4　彼女は旅行代金をなくした。

解説　ジーナが書いた最初のEメールの2文目に，I forgot about it and went to the library … と書かれている。forgot は forget「忘れる」の過去形。it は1文目にある the meeting about the school ski trip「学校のスキー旅行に関する打ち合わせ」を指している。

(24) 解答 **2**

質問の訳　「バスは金曜日の何時に学校を出発するか」

選択肢の訳　1　3時30分に。　　　　2　4時に。
3　5時30分に。　　　　4　7時に。

解説　カラは2番目のEメールで，スキー旅行の予定変更について伝えている。その5文目に，It'll now leave from our school at four o'clock on Friday afternoon, not 3:30. とある。It は3文目にある the bus を指している。1の3:30は変更前の出発時間。

(25) 解答 **1**

質問の訳　「ジーナがしたいと思っているのは」

選択肢の訳　1　ピンク色のスキージャケットを買う。
2　新しいスキー板を買う。
3　カラのジョーク集の本を借りる。
4　月曜日に旅行代金を払う。

解説　ジーナが書いた3番目のEメール6文目に，I really like your pink jacket, so I want to get the same color. とある。the same color「同じ色」とは，カラが持っているジャケットと同じ色の pink ski jacket「ピンク色のスキージャケット」ということ。

86

| 一次試験・筆記 | **3C** | 問題編 p.74~75 |

ポイント

カナダで作られた歴史上最も有名な帆船の1つであるブルーノーズに関する4段落構成の英文。ブルーノーズのレースでの活躍，その後の人気の陰り，カナダ人のブルーノーズへの思いなどを，代名詞の指示内容に注意しながら理解しよう。

全訳

ブルーノーズ

　世界中で，多くの人たちは夏に船に乗ることが大好きだ。船にはさまざまな種類がある。例えば，帆船は風力を使って水上で動き，とても人気がある。歴史上最も有名な帆船の1つは，ブルーノーズと呼ばれた。

　最初のブルーノーズは，カナダのノバスコシアで1921年に作られた。それは漁とレースの両方に使われた。1921年10月に，ブルーノーズは有名な船のレースに参加して優勝した。そのときから，ブルーノーズは広く知られるようになった。1922年と1923年の同じレースでも優勝した。1920年代，それは北大西洋で最も速い帆船だったので，人々はそれを「北大西洋の女王」と呼んだ。

　ブルーノーズは風力を使ったが，エンジンがついたより新しい船ほど速くはなかった。エンジンがついた船はパワーがあって使いやすかったので，人々はそれが気に入った。1930年代にこれらの船がとても人気になったので，ブルーノーズの船長兼所有者は1942年にそれを売却した。

　不幸にも，ブルーノーズは売却された後に，海中のサンゴ礁にぶつかって沈没した。しかし，多くのカナダ人はそれでもブルーノーズのことを覚えていた。人々はブルーノーズに関する話が大好きだったので，ある会社が1963年に新しいブルーノーズを作ることにした。それは1971年にノバスコシアの人たちに贈られ，人々は今日でもそれを見たり，乗ったりすることができる。カナダの硬貨にまでブルーノーズの絵が描かれている。ブルーノーズは決して忘れられることはないだろう。

19年度第3回　筆記

語句	for example「例えば」, sailboat(s)「帆船, ヨット」, in history「歴史上」, both 〜 and …「〜と…の両方」, took＜take「〜を取る」の過去形, take part in 〜「〜に参加する」, won＜win「〜を獲得する, 〜に勝つ」の過去形, first prize「1位」, well known「広く知られる」, the North Atlantic (Ocean)「大西洋」, not as 〜 as …「…ほど〜ではない」, newer＜new「新しい」の比較級, powerful「力強い, パワーのある」, captain「船長」, owner「所有者」, sadly「不幸にも」, sank＜sink「沈む, 沈没する」の過去形, however「しかしながら」, company「会社」, coin「硬貨」, forgotten＜forget「〜を忘れる」の過去分詞

(26) 解答 ②

質問の訳	「最初のブルーノーズが作られたのは」
選択肢の訳	**1** 1920年。　**2** 1921年。　**3** 1922年。　**4** 1923年。
解説	第2段落の1文目に, The first Bluenose was built in 1921 in Nova Scotia, Canada. と書かれている。built は build「〜を作る」の過去分詞で, was built「作られた」が質問ではほぼ同じ意味の was made という表現になっている。

(27) 解答 ④

質問の訳	「ブルーノーズはなぜ『北大西洋の女王』と呼ばれたか」
選択肢の訳	**1** それはある女王に贈られた。
	2 それはたくさんの魚を捕まえるために使われた。
	3 それはとても美しかった。
	4 それはとても速かった。
解説	第2段落の最後に, … it was the fastest sailboat in the North Atlantic Ocean, so people called it the "Queen of the North Atlantic." とある。この文は〜, so …「〜, だから…」の形で, it was the fastest sailboat in the North Atlantic Ocean が so 以下の理由になっている。fastest は fast「速い」の最上級。

(28) 解答 ④

質問の訳	「最初のブルーノーズはなぜ1942年に売却されたか」

88

選択肢の訳
1 船の所有者が病気になった。
2 それはサンゴ礁にぶつかって修理が必要だった。
3 新しいブルーノーズが作られた。
4 エンジンがついたより新しい船が人気になった。

解説 第3段落最後の文の前半 These boats became very popular in the 1930s が，後半 so the captain and owner of the Bluenose sold it in 1942 の理由になっている。These boats は，その前の文にある boats with engines「エンジンがついた船」のこと。

(29) 解答 3

質問の訳「1971年に何が起きたか」

選択肢の訳
1 最初のブルーノーズの絵が有名な画家によって描かれた。
2 ノバスコシアの歴史についての映画が作られた。
3 新しいブルーノーズがノバスコシアの人たちに贈られた。
4 特別な硬貨が最初のブルーノーズの船長に贈られた。

解説 質問の in 1971 に注目する。第4段落の4文目に，It was given to the people of Nova Scotia in 1971, … とある。It はその前の文の後半にある a company「ある会社」が作ることにした a new Bluenose を指している。

(30) 解答 3

質問の訳「この話は何についてか」

選択肢の訳
1 世界中から来た帆船。　　2 帆船のレース。
3 有名なカナダの帆船。　　4 帆船を作る会社。

解説 タイトルにもある通り The Bluenose に関する英文。第1段落の4文目 One of the most famous sailboats in history was called the Bluenose. から，ブルーノーズは有名な帆船であること，さらに第2段落の1文目 The first Bluenose was built in 1921 in Nova Scotia, Canada. から，カナダで作られたことがわかる。

一次試験・筆記 問題編 p.76

質問の訳「あなたは家族のために料理をすることが好きですか」

解答例

Yes, I like cooking for my family.　First, I like to help my mother when she is very busy.　Second, my family loves to eat my curry.　I make it every Saturday.

解答例の訳

「はい，私は家族のために料理することが好きです。第1に，私は母親がとても忙しいときに手伝うことが好きです。第2に，私の家族は私のカレーを食べることが大好きです。私は毎週土曜日にカレーを作ります」

解　説

最初に，家族のために料理をすることが好きかどうかを Yes [No], I like [don't like] cooking for my family. と書く。続けて，その理由を2つ説明する。解答例では，1文目：自分の考え（家族のために料理をすることが好き），2文目：1つ目の理由（母親がとても忙しいときに手伝うことが好き），3文目：2つ目の理由（家族は自分のカレーを食べることが大好き），4文目：3文目の補足（毎週土曜日にカレーを作る）という構成になっている。2つの理由を説明する際の First, ～.　Second, …「第1に，～。第2に…」という表現は便利なので，書けるようにしておこう。

語　句

like ～ing「～することが好きだ」, busy「忙しい」, love(s) to ～「～することが大好きだ」, curry「カレー」, every Saturday「毎週土曜日に」

一次試験・リスニング 第1部 問題編 p.77〜78

例題　解答 ③

放送文
- ★: I'm hungry, Annie.
- ☆: Me, too. Let's make something.
- ★: How about pancakes?
  1 On the weekend.
  2 For my friends.
  3 That's a good idea.

放送文の訳
- ★:「おなかがすいたよ，アニー」
- ☆:「私もよ。何か作りましょう」
- ★:「パンケーキはどう？」
  1 週末に。
  2 私の友だちに。
  3 それはいい考えね。

No.1　解答 ①

放送文
- ☆: Where are the ninth-grade students today?
- ★: They're on a school trip.
- ☆: Oh. Where did they go?
  1 On a hike in the mountains.
  2 In their classroom.
  3 At yesterday's meeting.

放送文の訳
- ☆:「今日9年生はどこにいるの？」
- ★:「修学旅行に行ってるよ」
- ☆:「あら。どこへ行ったの？」
  1 山へハイキングに。
  2 彼らの教室に。
  3 昨日の打ち合わせで。

解説　the ninth-grade students「9年生（＝中学3年生）」の school trip「修学旅行」について話している。女の子は Where did they go? で修学旅行先を尋ねているので，On a hike in the mountains.「山へハイキングに（行った）」と答えている 1 が正解。

No. 2　解答　**1**

放送文　★：Excuse me, ma'am.

☆：Yes?

★：Cell phones can't be used in this area.

1 I'm sorry. I'll go outside.

2 About 10 minutes ago.

3 All right. It's for you.

放送文の訳　★：「すみません，奥さま」

☆：「はい？」

★：「この場所では携帯電話をお使いいただくことはできません」

1 ごめんなさい。外へ行きます。

2 10分ほど前に。

3 わかりました。これはあなたに。

解説　男性は女性に Cell phones can't be used in this area. と携帯電話の使用禁止を伝えているので，I'm sorry. とお詫びしている **1** が正解。go outside は「外へ行く」という意味。**3** は It's for you.「これはあなたに」が男性の発話に対応していない。

No. 3　解答　**1**

放送文　★：Did you watch the baseball game last night?

☆：Of course.

★：I heard the Tigers won.

1 Yes, it was a great game.

2 Yes, on TV.

3 Yes, I will next time.

放送文の訳　★：「昨夜，野球の試合を見た？」

☆：「もちろんよ」

★：「タイガースが勝ったと聞いたよ」

1 ええ，とてもいい試合だったわ。

2 ええ，テレビで。

3 ええ，次回はそうするわ。

解説　heard は hear の過去形で，I heard 〜は「〜ということを聞いた，〜だそうだね」という意味。I heard the Tigers won. に続く発話

として適切なのは **1** で，タイガースが勝った野球の試合が a great game「とてもいい試合」だったと言っている。

No. 4　解答 ②

放送文
☆：Which train goes to South Bay?

★：The Green Line does, ma'am.

☆：How long does it take?

　1　I have two cars now.

　2　About half an hour.

　3　That's not how to do it.

放送文の訳
☆：「どの列車がサウスベイへ行きますか」

★：「グリーンラインが行きます，お客さま」

☆：「どれくらいの時間がかかりますか」

　1　私は現在 2 台の車を持っています。

　2　約 30 分です。

　3　それはそのやり方ではありません。

解説
How long does it take? は所要時間を尋ねる表現で，女性はサウスベイまで列車でどれくらいの時間がかかるかを尋ねている。正解 **2** の half an hour は 1 時間の半分，つまり「30 分」ということ。

No. 5　解答 ②

放送文
☆：I didn't win my tennis match.

★：That's too bad, Pam.

☆：I practiced really hard.

　1　I'll go later.

　2　You'll do better next time.

　3　Don't forget your racket.

放送文の訳
☆：「テニスの試合で勝てなかったの」

★：「それは残念だったね，パム」

☆：「とても一生懸命練習したのよ」

　1　私は後で行くよ。

　2　次回はもっとうまくいくよ。

　3　ラケットを忘れないで。

解説
女の子は I didn't win ～「～で勝てなかった」や I practiced

93

really hard.「とても一生懸命練習した」と言っているので，You'll do better「もっとうまくいくよ」と励ましている**2**が正解。next time は「次（の試合で）は」ということ。

No. 6　解答　①

放送文　★：Are you ready to go to the beach, Mom?

☆：Yes.　Let's go.

★：Is Dad coming, too?

　1　No, he's too busy today.

　2　No, I can't swim.

　3　No, I'll show him tonight.

放送文の訳　★：「海辺へ行く用意はできた，お母さん？」

☆：「ええ。行きましょう」

★：「お父さんも来るの？」

　1　ううん，お父さんは今日忙しすぎるの。

　2　ううん，私は泳げないわ。

　3　ううん，今夜お父さんを案内するわ。

解説　Are you ready to ～? は「～する用意はできましたか」という意味で，2人が海辺へ行こうとしている場面。Is Dad coming, too? で父親も来るかどうかを尋ねられた母親は，No（来ない）と答えた後，その理由として父親は too busy「忙しすぎる」と続けている**1**が正解。

No. 7　解答　③

放送文　★：Did Mom make these cupcakes?

☆：No, I did.

★：They look really good.

　1　Let's ask her.

　2　Do it again.

　3　You can try one.

放送文の訳　★：「お母さんがこれらのカップケーキを作ったの？」

☆：「ううん，私が作ったの」

★：「とてもおいしそうだね」

　1　彼女に聞いてみましょう。

94

2 もう1度それをやって。

3 1つ食べてみてもいいわよ。

解説 They look really good. の They は女の子が作った cupcakes
「カップケーキ」のこと，この look good は「おいしそうに見え
る」という意味。正解**3**の You can ～は「～してもいい」と許
可する表現で，try one は try a cupcake「カップケーキを試す＝
食べてみる」ということ。

No.8 解答 ①

放送文 ★：When do I have to go to the dentist?

☆：Today at four.

★：Today? Really?

1 Yes, don't be late.

2 No, she's a doctor.

3 OK, you can eat some.

放送文の訳 ★：「ぼくはいつ歯医者へ行かなくちゃいけないの？」

☆：「今日の4時よ」

★：「今日？ 本当？」

1 ええ，遅れないでね。

2 ううん，彼女は医者よ。

3 わかったわ，少し食べていいわよ。

解説 女性の Today at four. は男の子が dentist「歯医者」へ行かなく
てはならない日時。それを聞いた男の子の Today? Really? に応
じた発話は**1**で，don't be late は「（歯医者に）遅れないで」と
いうこと。

No.9 解答 ②

放送文 ☆：Where's Bobby?

★：He went to see the school nurse.

☆：What happened?

1 I like helping people.

2 He has a bad headache.

3 It's the new student's first day.

放送文の訳 ☆：「ボビーはどこにいるの？」

95

★：「保健室の先生のところへ行ったよ」

☆：「何があったの？」

1 ぼくは人を助けることが好きなんだ。

2 彼はひどい頭痛がするんだ。

3 それは新入生の初日だよ。

解　説　女の子の What happened?「何があったの？」は，school nurse「保健室の先生」のところへ行ったというボビーについて尋ねた質問。ボビーは a bad headache「ひどい頭痛」がすると説明している **2** が正解。

No. 10 解答 3

放送文　★：Will you play softball again next year?

☆：No, I think I'll join a different club.

★：Which one?

1 I'm the captain.

2 It's my favorite bat.

3 I haven't decided yet.

放送文の訳　★：「来年もまたソフトボールをするの？」

☆：「ううん，違うクラブに入ると思うわ」

★：「どのクラブ？」

1 私はキャプテンよ。

2 それは私のお気に入りのバットよ。

3 まだ決めてないの。

解　説　女の子の I think I'll join a different club を受けて男の子は Which one? と尋ねているので，one は club「クラブ」のこと。クラブ名を答える代わりに haven't decided yet「まだ決めていない」と返答している **3** が正解。not ～ yet は「まだ～ない」。

| 一次試験・リスニング | 第**2**部 | 問題編 p.79～80 | 🔊 | ▶MP3 ▶アプリ ▶CD 2 **12**～**22** |

No. 11 解答 4

放送文　☆：Arthur, is your sister still a nurse?

★：No. She was a nurse until last year, but now she's a college student.

☆：Oh, really?

★：Yes. She wants to become a doctor.

Question: What does Arthur's sister do?

放送文の訳 ☆：「アーサー，あなたのお姉さん[妹さん]はまだ看護師なの？」

★：「ううん。昨年まで看護師だったけど，今は大学生だよ」

☆：「あら，本当？」

★：「うん。彼女は医者になりたいんだ」

質問の訳 「アーサーの姉[妹]は何をしているか」

選択肢の訳 **1** 彼女は看護師だ。 **2** 彼女は医者だ。
3 彼女は理科の先生だ。 **4** 彼女は大学生だ。

解 説 アーサーは姉[妹]について，She was a nurse until last year, but now she's a college student. と言っている。nurse「看護師」だったのは until last year「昨年まで」で，現在は college student「大学生」であることに注意する。

No. 12 解答 ④

放送文 ☆：Have you been to India?

★：No. How about you?

☆：I haven't either, but my dad has.

★：Wow. I hope I can visit there someday.

Question: Who has been to India?

放送文の訳 ☆：「インドへ行ったことはある？」

★：「ないよ。きみは？」

☆：「私もないわ，でも私の父は行ったことがあるの」

★：「うわー。ぼくもいつかそこへ行くことができればいいな」

質問の訳 「誰がインドへ行ったことがあるか」

選択肢の訳 **1** 男の子。 **2** 女の子。
3 男の子の父親。 **4** 女の子の父親。

解 説 女の子の Have you been to India? に，男の子は No. と答えて，女の子に How about you?「きみは？」と尋ねている。女の子は I haven't either「私も（行ったことが）ない」と答えているが，

97

その後の my dad has は my dad has been to India ということ
なので 4 が正解。

No.13 解答 ①

放送文　★：Kathy, does our meeting start at two?

　　　　☆：No, at three.　Why?

　　　　★：I'm having lunch with a friend at one.

　　　　☆：No problem.　We can get ready when you come back.

　　　　　　Question: When will the man have lunch?

放送文の訳　★：「キャシー，ぼくたちの打ち合わせは２時に始まるの？」

　　　　☆：「ううん，３時よ。どうして？」

　　　　★：「１時に友だちと昼食を食べるんだ」

　　　　☆：「いいわよ。あなたが戻ってきたときに準備すればいいわ」

質問の訳　「男性はいつ昼食を食べるか」

選択肢の訳　**1 1時に。**　　2 ２時に。　　3 ３時に。　　4 ４時に。

解説　男性の I'm having lunch with a friend at one. から 1 が正解。
I'm having は現在進行形だが，近い未来を表す用法。2 の At
2:00. は男性が尋ねた打ち合わせの開始時刻，3 の At 3:00. は実
際の打ち合わせの開始時刻。

No.14 解答 ③

放送文　☆：Ken, can you go to the store for me?　I need some carrots.

　　　　★：Sure, Mom.　What are you making for dinner?

　　　　☆：Beef and vegetable stew.

　　　　★：Sounds good.

　　　　　　Question: What does Ken's mother ask him to do?

放送文の訳　☆：「ケン，私の代わりにお店へ行ってくれる？　ニンジンが必要なの」

　　　　★：「いいよ，お母さん。夕食に何を作っているの？」

　　　　☆：「牛肉と野菜のシチューよ」

　　　　★：「いいね」

質問の訳　「ケンの母親は彼に何をするように頼んでいるか」

選択肢の訳　1 夕食を作る。　　　　　　2 肉を買う。

　　　　3 ニンジンを買う。　　　　4 野菜を洗う。

解説　母親の Ken, can you go to the store for me? からケンに店へ行

98

くように頼んでいること，その後の I need some carrots. からニンジンが必要なことがわかる。つまり，母親はケンに店でニンジンを買ってきてほしいと言っている。

No. 15 解答 ③

放送文 ★：Is that a picture of a tiger on your T-shirt, Pam?

☆：Yes, I designed it myself.

★：Wow. I love your skirt, too.

☆：Thanks. I bought it last Saturday.

Question: What are they talking about?

放送文の訳 ★：「きみのTシャツに描かれているそれはトラの絵なの，パム？」

☆：「そうよ。私が自分でデザインしたの」

★：「すごいね。きみのスカートもとてもいいね」

☆：「ありがとう。これは先週の土曜日に買ったの」

質問の訳 「彼らは何について話しているか」

選択肢の訳 **1** パムの大好きな店。　　　　**2** パムの大好きな動物。

3 パムの服装。　　　　　　　**4** パムの週末の計画。

解説 a picture of a tiger on your T-shirt「きみ（＝パム）のTシャツに描かれているトラの絵」や your skirt「きみのスカート」などから，パムの clothes「服装」が話題だとわかる。designed は design「～をデザインする」の過去形。

No. 16 解答 ②

放送文 ☆：There will be a fashion show in town next month.

★：Yeah. We should get tickets.

☆：OK, I'll do that today. I can buy them on the Internet.

★：Great.

Question: What is the woman going to do today?

放送文の訳 ☆：「来月に町でファッションショーがあるよ」

★：「そうだね。チケットを買わないとね」

☆：「わかった，私が今日それをするわ。インターネットで買えるわ」

★：「いいね」

質問の訳 「女性は今日何をする予定か」

選択肢の訳 **1** コンピューターを買う。　　　**2** チケットを買う。

99

3 ファッションショーへ行く。　**4** 市役所へ行く。

解説 男性の We should get tickets. を受けて女性が OK, I'll do that today. と言っているので，do that は get tickets「（ファッションショーの）チケットを買う」ということ。正解 2 では，get の代わりに buy が使われている。

No. 17 解答 ③

放送文 ★：Will you take the bus to the beach?
　　　☆：No. I was planning to walk.
　　　★：Why don't we ride our bikes?
　　　☆：Good idea.
　　　　　Question: How will they get to the beach?

放送文の訳 ★：「バスに乗って海辺へ行く？」
　　　　　☆：「ううん。歩いて行くつもりだったわ」
　　　　　★：「自転車に乗って行かない？」
　　　　　☆：「いい考えね」

質問の訳 「彼らはどうやって海辺へ行くか」

選択肢の訳 **1** バスで。　**2** 車で。　**3** 自転車で。　**4** 徒歩で。

解説 Why don't we ～? は「～しませんか，～しましょう」という提案・勧誘の表現。男の子の ride our bikes「自転車に乗って（海辺へ）行く」という提案に，女の子は Good idea. と賛成している。

No. 18 解答 ④

放送文 ★：Hello?
　　　☆：Hi, Dad. Can you come and pick me up?
　　　★：Sure. Are you at school?
　　　☆：No, I'm at my friend Kenta's house.
　　　★：OK. I'll be there soon.
　　　　　Question: Where is the girl calling from?

放送文の訳 ★：「もしもし？」
　　　　　☆：「もしもし，お父さん。私を迎えに来てくれる？」
　　　　　★：「いいよ。学校にいるの？」
　　　　　☆：「ううん，友だちのケンタの家にいるの」

100

★：「わかった。すぐにそこへ行くよ」

質問の訳 「女の子はどこから電話をしているか」

選択肢の訳 1 彼女の学校。　　　　　　　2 彼女の家。
3 彼女の父親の会社。　　　　4 彼女の友だちの家。

解　説 Hello?「もしもし」で始まる電話での会話。父親の Are you at
school? に女の子は No と答えているので，1は不正解。その後
の I'm at my friend Kenta's house に正解が含まれている。
pick ~ up は「~を迎えに行く［来る］」という意味。

No. 19 解答 1

放送文 ★：Excuse me.　I bought this shirt here last month, and I'd
like to buy another one.

☆：Would you like the same color?

★：No.　This time, I'd like a blue one.

☆：OK.

Question: What does the man want to do?

放送文の訳 ★：「すみません。先月ここでこのシャツを買って，もう1枚買いたい
のですが」

☆：「同じ色がよろしいですか」

★：「いいえ。今回は，青色のシャツがほしいのですが」

☆：「かしこまりました」

質問の訳 「男性は何をしたいか」

選択肢の訳 1 青色のシャツを買う。　　　2 シャツを交換する。
3 返金してもらう。　　　　　4 別の店を見つける。

解　説 店での男性客と女性店員の会話。男性客の I'd like to buy
another one の one は，shirt「シャツ」を指している。また，
This time, I'd like a blue one. から，前回とは違う青色のシャ
ツを買いたいということがわかる。

No. 20 解答 1

放送文 ☆：Let's study at the library tomorrow.

★：Sorry, I can't.

☆：Do you have rugby practice?

★：Yeah.　We need to get ready for our big game next

101

weekend.

Question: Why can't the boy go to the library tomorrow?

放送文の訳
☆:「明日，図書館で勉強しましょう」
★:「ごめん，ダメなんだ」
☆:「ラグビーの練習があるの？」
★:「うん。来週末の大事な試合に向けて準備（じゅんび）する必要があるんだ」

質問の訳 「男の子は明日なぜ図書館へ行くことができないか」

選択肢の訳
1 彼（かれ）はラグビーの練習に行かなくてはならない。
2 彼（かれ）はラグビーの試合を見る。
3 彼（かれ）は家で勉強しなければならない。
4 彼（かれ）は休暇（かきゅう）の準備（じゅんび）をする。

解説 Let's study at the library tomorrow. という女の子からの誘（さそ）いを，男の子は Sorry, I can't. と断（ことわ）っている。その理由について，女の子の Do you have rugby practice? に Yeah. と答えているので，1 が正解（かい）。rugby practice は「ラグビーの練習」という意味。

一次試験・リスニング 第3部 問題編 p.81～82

No.21 解答 ④

放送文
Amy works at a restaurant. She brings the people their food, and she cleans the restaurant, too. It's hard work, but she really likes her job because she can meet a lot of people.

Question: Why does Amy enjoy working at the restaurant?

放送文の訳 「エイミーはレストランで働いている。彼女は客に料理を運（かこ）び，レストランの掃除（そうじ）もする。それは大変な仕事だが，たくさんの人に会うことができるので，彼女（かの）は自分の仕事が大好きだ」

質問の訳 「エイミーはなぜレストランで働くことが楽しいか」

選択肢の訳
1 彼女（かの）は料理をすることが好きだ。
2 彼女（かの）は一生懸命（けん）働（はたら）くことが好きだ。
3 彼女（かの）はたくさんの料理を食べることができる。
4 彼女（かの）はたくさんの人に会うことができる。

解説 質問の enjoy working at the restaurant は英文では使われていないが，… but she really likes her job の後にその理由を because she can meet a lot of people と説明している。a lot of ～は「たくさんの～」という意味。

No. 22 解答 **4**

放送文 Last Saturday, Henry and Janet found a cat in the park. They took it home. Their friend Mark came to look at it. He said that it looked like Lisa's cat. Mark called Lisa. It was her cat.

Question: Whose cat was it?

放送文の訳 「先週の土曜日，ヘンリーとジャネットは公園で１匹の猫を見つけた。２人は猫を家に連れて帰った。２人の友だちのマークが猫を見に来た。彼は，それがリサの猫に似ていると言った。マークはリサに電話をした。それは彼女の猫だった」

質問の訳 「それは誰の猫だったか」

選択肢の訳 1 ヘンリーの（猫） 2 マークの（猫）。
3 ジャネットの（猫）。 4 リサの（猫）。

解説 最後に It was her cat. とあり，her cat はその前の２つの文 He (＝Mark) said that it looked like Lisa's cat. と Mark called Lisa. から Lisa's cat だと判断する。looked like ～は「～に似ていた」，called は「～に電話した」という意味。

No. 23 解答 **2**

放送文 This afternoon, I bought a new CD. I took it to my friend's house, and we listened to it together. On the way home, I left it on the train. I'm really sad.

Question: What is the girl's problem?

放送文の訳 「今日の午後，私は新しい CD を買った。私はそれを友だちの家へ持っていき，私たちは一緒に聞いた。帰宅途中に，私はそれを電車に置き忘れてしまった。私はとても悲しい」

質問の訳 「女の子の問題は何か」

選択肢の訳 1 彼女は間違った CD を買った。
2 彼女は電車に CD を置き忘れた。

103

3 彼女の友だちが家にいなかった。

4 彼女の部屋がきれいではない。

解　説　質問の problem は「問題」という意味なので，最後の I'm really sad. の原因を考える。直前に On the way home, I left it on the train. とあり，it は今日の午後に買った a new CD「新しい CD」を指している。left は leave の過去形で，ここでは「～を置き忘れた」という意味で使われている。

No. 24　解答　③

放送文　Next week, Satoko is going to Sydney for work.　She'll have meetings on Tuesday and Wednesday.　She's free on Thursday, so she'll go sightseeing on that day.　She'll come back to Japan on Friday.

Question: When will Satoko go sightseeing?

放送文の訳　「来週，サトコは仕事でシドニーへ行く。彼女は火曜日と水曜日に会議がある。木曜日は暇なので，その日に観光に行くつもりだ。彼女は金曜日に日本に帰国する」

質問の訳　「サトコはいつ観光に行くか」

選択肢の訳　**1** 火曜日に。　　**2** 水曜日に。　　**3** 木曜日に。　　**4** 金曜日に。

解　説　go sightseeing は「観光に行く」という意味。3 文目の She's free on Thursday, so she'll go sightseeing on that day. から判断する。on that day「その日に」とは，文の前半にある on Thursday のこと。

No. 25　解答　④

放送文　I'm going to stay at my friend's house tonight.　My dad told me to clean my room before I go.　I'll have to do it quickly.

Question: What should the girl do before she leaves?

放送文の訳　「私は今夜，友だちの家に泊まりに行く。父は私に，出かける前に私の部屋を掃除するように言った。私はそれをすぐにやらなければならない」

質問の訳　「女の子は出かける前に何をしなければならないか」

選択肢の訳　**1** 走りに行く。　　　　　　　　**2** 彼女の父親に電話する。

104

3 友だちに手紙を書く。　　**4** 彼女の部屋を掃除する。

解説　I'll have to do it quickly. の do it「それをする」は，その前の文にある clean my room を指している。stay at ～は「～（のところ）に滞在する，泊まる」，told は tell の過去形で，〈tell＋（人）＋to ～〉で「（人）に～するように言う」という意味。

No. 26 解答 ①

放送文　Good morning, everyone.　At 12:30 today, the girls' basketball team will play a game against the teachers in the gym.　You can go and watch, but don't be late for math class at 1:15.

Question: Where is the man talking?

放送文の訳　「おはようございます，みなさん。今日の12時30分に，体育館で女子バスケットボールチームが先生たちと試合をします。見学しに行くことはできますが，1時15分の数学の授業には遅れないようにしてください」

質問の訳　「男性はどこで話しているか」

選択肢の訳　**1** 学校で。　　　　　　　**2** 競技場で。
3 スポーツ店で。　　　　**4** レストランで。

解説　Good morning, everyone. で始まる案内放送。the girls' basketball team「女子バスケットボールチーム」，a game against the teachers「先生たちとの試合」，math class「数学の授業」などから，男性が話しているのは学校だとわかる。

No. 27 解答 ③

放送文　I usually relax at home on Saturdays and Sundays, but this weekend I'll be busy.　On Saturday, my friend and I are going hiking, and on Sunday I'm going to take a dance lesson.

Question: What is the girl talking about?

放送文の訳　「私は土曜日と日曜日は普段家でくつろぐが，今週末は忙しい。土曜日に，友だちと私はハイキングに行き，日曜日に，私はダンスのレッスンを受けることになっている」

質問の訳　「女の子は何について話しているか」

19年度第3回　リスニング

105

選択肢の訳	**1** 彼女の新しいハイキングブーツ。
	2 彼女の一番好きな曜日。
	3 彼女の週末の計画。
	4 彼女の友だちのダンスクラブ。

解　説	but this weekend I'll be busy「でも今週末は忙しい」以降，On Saturday …, and on Sunday … と今週末の土曜日と日曜日にすること，つまり **3** の plans for the weekend「週末の計画」について話している。

No.28 解答 ②

放送文	Brenda lives by herself. She usually eats alone, but today she's going to have lunch at her brother's house. She's really looking forward to it.
	Question: What is Brenda looking forward to?

放送文の訳	「ブレンダは1人で暮らしている。普段は1人で食事をするが，今日は兄[弟]の家で昼食を食べる。彼女はそれを本当に楽しみにしている」

質問の訳	「ブレンダは何を楽しみにしているか」

選択肢の訳	**1** 新しい家を買うこと。
	2 彼女の兄[弟]と昼食を食べること。
	3 彼女の大好きなレストランで食事をすること。
	4 1人で暮らすこと。

解　説	look forward to ～は「～を楽しみに待つ」という意味。最後に She's really looking forward to it. とあり，it はその前の文の後半にある today she's going to have lunch at her brother's house を指している。

No.29 解答 ④

放送文	I have two pets. I have a rabbit named Chester and a dog named Spot. Chester is three years old, and Spot is six months old. They're both really cute.
	Question: How old is the woman's rabbit?

放送文の訳	「私は2匹ペットを飼っている。チェスターという名前のウサギと，スポットという名前の犬を飼っている。チェスターは3歳で，ス

ポットは生後6か月だ。どちらもとてもかわいい」

質問の訳 「女性のウサギは何歳か」

選択肢の訳
1 生後2か月。　　　　　2 生後6か月。
3 2歳。　　　　　　　4 3歳。

解説 女性が飼っている two pets「2匹のペット」が話題。a rabbit named Chester「チェスターという名前のウサギ」→ three years old と，a dog named Spot「スポットという名前の犬」→ six months old の2つの情報を聞き分けるようにする。

No.30 解答 ①

放送文 My favorite Spanish restaurant closed last month. I already miss it. It opened ten years ago, and I went there almost every week.

Question: What happened last month?

放送文の訳 「ぼくの大好きだったスペイン料理のレストランが先月閉店した。それがないのをもう寂しく思っている。それは10年前にオープンして，ぼくはほとんど毎週そこへ行った」

質問の訳 「先月に何が起きたか」

選択肢の訳
1 あるレストランが閉店した。　2 新しい店がオープンした。
3 男性が料理教室に行った。　　4 男性がスペインへ行った。

解説 最初の My favorite Spanish restaurant closed last month. の聞き取りがポイント。closed は close「閉まる，閉店する」の過去形。miss は「～がないのを寂しく思う」という意味。

二次試験・面接　問題カード  問題編 p.84〜85　

全訳

バドミントン

バドミントンをすることは日本で人気のある活動だ。学校でバドミントンのチームに入る生徒もいるし，週末に地元の体育館でバドミントンをする人も多い。いつかオリンピックに出たいと思っている選手もいる。

質問の訳

No.1 パッセージを見てください。多くの人たちは週末にどこでバドミントンをしますか。

No.2 イラストを見てください。テーブルの上には何本のボトルがありますか。

No.3 めがねをかけた男の子を見てください。彼は何をしようとしていますか。

さて，〜さん，カードを裏返しにしてください。

No.4 あなたは暇なときにどこへ行くことが好きですか。

No.5 あなたはキャンプに行ったことがありますか。

　　　はい。　→　もっと説明してください。

　　　いいえ。→　あなたは次の週末に何をする予定ですか。

No.1

解答例　They play badminton in local gyms.

解答例の訳　「彼らは地元の体育館でバドミントンをします」

解説　質問は Where「どこで」で始まり，多くの人たちが weekends「週末」にバドミントンをする場所を尋ねている。2 文目に正解が含まれているが，解答する際，①質問の主語と重なる many people を 3 人称複数の代名詞 They に置き換える，②文の前半 Some students join badminton teams at school「学校でバドミントンのチームに入る生徒もいる」は質問に直接関係しない内容なので省く，という 2 点に注意する。

No.2

解答例　There are three.

解答例の訳　「3 本あります」

解説　〈How many ＋ 複数名詞〉は数を尋ねる表現で，テーブルの上に

ある bottles「ボトル，ビン」の本数を尋ねている。イラストには
ボトルが３本あるが，単に Three (bottles). と答えるのではなく，
質問に合わせて There are ～「～があります」の形で答える。

No.3

解答例　He's going to throw a ball.

解答例の訳　「彼はボールを投げようとしています」

解 説　イラスト中の the boy wearing glasses「めがねをかけた男の子」
に関する質問。be going to ～は「～しようとしている」という
意味で，男の子がこれからとる行動は吹き出しの中に描かれてい
る。質問に合わせて，He's [He is] going to ～（動詞の原形）の
形で答える。「ボールを投げる」は throw a ball と表現する。

No.4

解答例　I like to go to the shopping mall.

解答例の訳　「私はショッピングモールへ行くことが好きです」

解 説　like to ～は「～することが好き」，in *one's* free time は「暇な
ときに」という意味。時間があるときにどこへ行くことが好きか
を，単に場所だけではなく，I like to go to ～（場所）の形で答え
る。

No.5

解答例　Yes. → Please tell me more.
　　　— I go camping every fall.
　　　No. → What are you going to do next weekend?
　　　— I'm going to go to a festival.

解答例の訳　「はい」→ もっと説明してください。
　　　—「私は毎年秋にキャンプに行きます」
　　　「いいえ」→ あなたは次の週末に何をする予定ですか。
　　　—「私はお祭りに行く予定です」

解 説　最初の Have you ever been camping? はキャンプをした経験が
あるかどうかを問う質問で，Yes(, I have). / No(, I haven't). で
答える。Yes の場合の２番目の質問 Please tell me more. には，
いつ，誰とキャンプに行く［行った］か，そこで何をする［した］か
などを答えればよい。No の場合の２番目の質問 What are you
going to do next weekend? には，next weekend「次の週末」

19年度第3回　面接

109

の予定を I'm going to ～（動詞の原形）の形で答える。解答例の
他に，（Yes の場合）I enjoyed cooking outside with my
friends.「友だちと外で料理をして楽しみました」，（No の場合）
I'm going to go shopping with my mother.「母と買い物に行
く予定です」のような解答も考えられる。

| 二次試験・面接 | 問題カード **B** 日程 | 問題編 p.86〜87 | 🔊 | ▶MP3 ▶アプリ
▶CD 2 **39**〜**42** |

全 訳

スパゲティ

スパゲティは世界中の人たちに食べられている。それはよくトマ
トから作られたソースをかけて食べられる。スパゲティはとても
おいしくて作るのが簡単なので，多くの家庭で人気のある料理だ。

質問の訳　No.1　パッセージを見てください。なぜスパゲティは多くの家庭
　　　　　　　　　で人気のある料理なのですか。

　　　　　　No.2　イラストを見てください。新聞はどこにありますか。

　　　　　　No.3　女性を見てください。彼女は何をしていますか。

　　　　　さて，～さん，カードを裏返しにしてください。

　　　　　　No.4　あなたはリラックスするために何をしますか。

　　　　　　No.5　あなたは学生ですか。

　　　　　　　　はい。　→　学校の何の教科があなたにとって最も難しい
　　　　　　　　　　　　　　ですか。

　　　　　　　　いいえ。→　あなたは朝食に何を食べるのが好きですか。

No. 1

解答例　Because it is delicious and easy to cook.

解答例の訳　「それはとてもおいしくて作るのが簡単だからです」

解 説　a popular dish with ～ は「～に人気のある料理」という意味。
正解を含む3文目は，〈～, so …〉「～（理由），だから…（結果）」
の構文。解答する際，①質問の主語と重なる Spaghetti を3人称
単数の代名詞 it に置き換える，②文の後半 so it is a popular
dish with many families「だから，それは多くの家庭で人気のあ
る料理だ」は質問と重なる内容なので省く，という2点に注意す
る。

110

No. 2

解答例 It's on the sofa.

解答例の訳 「それはソファーの上にあります」

解 説 Where は「どこに」という意味で，newspaper「新聞」がある場所を尋ねている。解答する際は，質問の主語 the newspaper を3人称単数の代名詞 It に置き換える。動詞は質問と同じ is を使って，It's [It is] とする。新聞はソファーの上にあるので，It's の後に on the sofa を続ける。

No. 3

解答例 She's looking at a calendar.

解答例の訳 「彼女はカレンダーを見ています」

解 説 イラスト中の女性に関する質問。質問の What is ～ doing? は，「～は何をしていますか」という現在進行形の疑問文。「カレンダーを見る」は look at a calendar で，質問に合わせて She's [She is] looking at a calendar. という現在進行形で答える。calendar と日本語の「カレンダー」の発音の違いにも注意しよう。

No. 4

解答例 I read comic books.

解答例の訳 「私はマンガ本を読みます」

解 説 What do you do は「あなたは何をするか」，to relax は「リラックスするために」という意味。自分が何をしてリラックスするかを，I ～（動詞の原形）の形で答える。

No. 5

解答例 Yes. → What school subject is the most difficult for you?
— Science is the most difficult.

No. → What do you like to have for breakfast?
— I like to have bread.

解答例の訳 「はい」→ 学校で何の教科があなたにとって最も難しいですか。
— 「理科が最も難しいです」

「いいえ」→ あなたは朝食に何を食べるのが好きですか。
— 「私はパンを食べるのが好きです」

解 説 最初の質問には，自分が student「学生」であるかどうかを Yes(, I am). / No(, I'm not). で答える。Yes の場合の2番目の質問

111

What school subject is the most difficult for you? には，学校で the most difficult「最も難しい」と思う subject「教科，科目」を〜 is the most difficult. のように答える。No の場合の2番目の質問 What do you like to have for breakfast? には，breakfast「朝食」で何を食べるのが好きかを I like to have 〜の形で答える。解答例の他に，（Yes の場合）Math is the most difficult for me.「私には数学が最も難しいです」，（No の場合）I like to have natto with rice.「私はご飯と一緒に納豆を食べるのが好きです」のような解答も考えられる。

2019-2

一次試験
筆記解答・解説　　　p.114〜126

一次試験
リスニング解答・解説　p.127〜143

二次試験
面接解答・解説　　　p.144〜148

解答一覧

一次試験・筆記

1
(1)	3	(6)	4	(11)	1
(2)	3	(7)	1	(12)	2
(3)	4	(8)	2	(13)	1
(4)	3	(9)	2	(14)	2
(5)	4	(10)	2	(15)	2

2
(16)	3	(18)	3	(20)	4
(17)	1	(19)	2		

3 A
(21)	3
(22)	4

3 B
(23)	4
(24)	1
(25)	2

3 C
(26)	3	(28)	3	(30)	4
(27)	2	(29)	1		

4 解答例は本文参照

一次試験・リスニング

第1部
No. 1	1	No. 5	2	No. 9	3
No. 2	1	No. 6	2	No.10	3
No. 3	1	No. 7	3		
No. 4	3	No. 8	2		

第2部
No.11	3	No.15	2	No.19	1
No.12	1	No.16	3	No.20	3
No.13	4	No.17	2		
No.14	2	No.18	1		

第3部
No.21	1	No.25	3	No.29	4
No.22	3	No.26	3	No.30	2
No.23	4	No.27	2		
No.24	1	No.28	1		

一次試験・筆記 **1** 問題編 p.90〜91

(1) 解答 3

訳 A「寒すぎて泳ぎに行けないね」
B「そうね。代わりに家にいてテレビを見ましょう」

解説 too 〜 to ... は「あまりに〜で…できない」という意味。寒すぎて泳ぎに行けないので，instead「代わりに」家でテレビを見るという流れ。either「どちらか」，almost「ほとんど」，before「以前に」。

(2) 解答 3

訳 「このフランス語の単語の意味を教えてくれますか。それがわからないんです」

解説 I don't understand it. の it は，the ( ) of this French word「このフランス語の単語の ( )」を指している。わからないので教えてくれるように頼んでいるのは単語の meaning「意味」。dictionary「辞書」，size「大きさ，サイズ」，reason「理由」。

(3) 解答 4

訳 A「すみません。このコートを試着したいのですが。試着室はどこですか」
B「あちらにございます，お客さま」

解説 try on 〜は「〜を試着する」という意味。A は coat「コート」を試着したいと思っているので，B に尋ねているのは fitting room「試着室」の場所。1，2，3 はそれぞれ put「〜を置く」，pick「〜を摘み取る」，hit「〜を打つ」の〜ing 形。

(4) 解答 3

訳 「静かで穏やかな夜だったので，私はとてもよく眠った」

解説 quiet「静かな」と空所に入る語が night「夜」を修飾している。night との意味的なつながりから，peaceful「穏やかな，平穏な」が正解。close「近い」，angry「怒った」，difficult「難しい」。

114

(5) 解答 **4**

訳 A「お母さん，シャワーを浴びたいんだ。きれいなタオルはある？」

B「ええ，ボビー。浴室に何枚かあるわ」

解説 take a shower は「シャワーを浴びる」という意味。ボビーはシャワーを浴びたいと言っているので，必要なのは clean towels「きれいな（洗濯した）タオル」。**1**，**2**，**3** はそれぞれ map「地図」，floor「床，階」，handle「取っ手」の複数形。

(6) 解答 **4**

訳 A「何か探しているの，ジュン？」

B「うん，ぼくの自転車のかぎ。ポケット全部とかばんの中を見たんだけど」

解説 look for ～は「～を探す」という意味で，A はジュンに何かを探しているのか尋ねている。my bicycle「ぼくの自転車」とつながるのは key「かぎ」。type「型」，line「線」，job「仕事」。

(7) 解答 **1**

訳 A「ジャック。学校へ行く前に靴をきれいにしなさい。汚れているわ」

B「わかった，お母さん。そうするよ」

解説 母親がジャックに Clean your shoes と言っている理由は，靴が dirty「汚れて」いるから。They're は Your shoes are ということ。sick「病気の」，thirsty「のどが渇いた」，round「丸い」。

(8) 解答 **2**

訳 「トムの両親はトムが試験に合格したとき，彼をとても誇りに思った」

解説 空所前にある proud に注目する。be proud of ～で「～を誇り［自慢］に思う」という意味。passed は pass「～に合格する」の過去形，exam は「試験」。by「～のそばに」，on「～の上に」，from「～から」。

19年度第2回　筆記

115

(9) 解答 2

訳 「ぼくの新しい電話はぼくの兄[弟]のものとまったく同じだ」

解説 空所前後にある the と as とのつながりを考えて，the same as ～「～と同じ」という表現にする。my brother's は my brother's telephone のこと。different「違って」，true「本当の」，more「より多くの」。

(10) 解答 2

訳 「マイケルはコンピューターに興味があるが，コンピューターを持っていない」

解説 空所後の in computers とつながるのは interested で，be interested in ～で「～に興味がある」という意味。one は a computer のこと。excited「わくわくして」，difficult「難しい」，free「ひまな，無料の」。

(11) 解答 1

訳 A 「きみのご両親は最初にどこでお互い出会ったの？」
B 「中学校で出会ったのよ」

解説 空所後の other に注目して，each other「お互い」という表現にする。each other が meet「～に会う」の目的語になっている。met は meet の過去形。so「とても」，every「すべての」，many「多くの」。

(12) 解答 2

訳 「私の父は約束を破った。父は仕事をしなければならなかったので，土曜日に私たちを海辺に連れて行けなかった」

解説 broke は break の過去形で，break one's promise で「～の約束を破る」という意味。2 文目の take us to the beach on Saturday が父親が約束していたこと。pollution「汚染」，problem「問題」，purpose「目的」。

(13) 解答 1

訳 「ジョンはバレーボールを練習するために，今日早く学校へ行った」

| 解　説 | 空所以降がその前の John went to school early today「ジョンは今日早く学校へ行った」の目的を表すようにするために，to 不定詞〈to＋動詞の原形〉を使って to practice「～を練習するために」とする。|

(14) 解答 2

| 訳 | A「誰がこのパンプキンパイを作ったか知ってる？　とてもおいしいわ！」
B「パティーが作ったのよ。彼女は料理がとてもじょうずなの」 |

| 解　説 | B が Patty did. と人の名前を答えていることから，A は誰が this pumpkin pie「このパンプキンパイ」を作ったのか尋ねていると考えて who「誰が」を選ぶ。did は made の代わりに使われている。|

(15) 解答 2

| 訳 | A「フミコ，きみのお兄さん[弟]は大学へ行っているんだよね？」
B「そうよ，今年卒業するの」 |

| 解　説 | 〈肯定文，否定形＋主語 ?〉や〈否定文，肯定形＋主語 ?〉で，「～ですよね？」と相手に確認したり同意を求めたりする付加疑問と呼ばれる形になる。ここでは your brother goes ～という主語が3人称単数で一般動詞を含む肯定文なので，doesn't he? とする。|

19年度第2回　筆記

| 一次試験・筆記 | **2** | 問題編 p.92 |

(16) 解答 3

| 訳 | 店員「こんにちは，お客さま。ご用件をお伺いいたしましょうか」
客　「いや，結構です。見ているだけなので」
店員「かしこまりました。必要があればお申しつけください」 |

| 解　説 | Salesclerk「店員」と Customer「客」の会話。客が I'm just looking.「見ているだけです」と言っていることと，空所前の Please tell me「私に言ってください」とのつながりを考えて，3 の if you need me「私が必要であれば」を選ぶ。|

117

(17) 解答 ①

訳
男性「今晩，夕食を食べに行かない？」
女性「いいわよ。イタリア料理はどうかしら？」
男性「いいね」

解説
Why don't we ～? は「～しませんか」という意味で，相手を誘う表現。男性の Sounds good.「いいですね」につながるのは **1** で，What about ～?「～はどうですか」を使って夕食に Italian food「イタリア料理」を食べに行くことを提案している。

(18) 解答 ③

訳
夫「この店で気に入ったレインコートはある？」
妻「入り口のそばにある赤いのがすてきね。あれを買おうと思うわ」

解説
妻が I think I'll buy it.「あれを買おうと思うわ」と言っているので，その前で it の内容が示されていることが予想できる。正解 **3** の The red one は The red raincoat「赤いレインコート」のことで，by the entrance は「入り口のそばの」という意味。

(19) 解答 ②

訳
女の子1「あなたがバイオリンを持っているのは知らなかったわ。どれくらいの頻度でそれを弾くの？」
女の子2「月に1度か2度だけよ」

解説
女の子2が持っている violin「バイオリン」が話題。女の子2の Only once or twice a month.「月に1度か2度だけ」が答えとなる質問は，How often ～「どれくらいの頻度で～」で始まっている **2**。ここではバイオリンを弾く頻度を尋ねている。

(20) 解答 ④

訳
男の子「急いで，クリスティーン。英語の授業に行かないと」
女の子「ちょっと待って。ロッカーから辞書を取らないといけないの」

解説
男の子は女の子に，急いで go to English class「英語の授業へ行く」必要があると言っている。女の子は I have to get my

118

dictionary「辞書を取らなければならない」と伝えているので，その前の発話として適切なのは 4 の Wait a minute.「ちょっと待って」。locker は「ロッカー」という意味。

一次試験・筆記 3A 問題編 p.94〜95

ポイント 生徒が学校で野菜を育てるための準備作業を手伝ってくれる保護者の募集に関するお知らせ。日時や場所の情報の他，保護者に求められている仕事内容を読み取ろう。

全 訳

保護者へのお知らせ

8 年生が理科の授業のために，学校で野菜を育てます。何人かの生徒が菜園を準備するために 5 月 28 日に登校することになっていて，彼らを手伝いに来ていただける保護者 5 名を探しています。

　　日付：5 月 28 日 土曜日
　　時間：午前 10 時から午後 3 時まで
　　場所：学校のプールわきに集合
　　お持ちいただくもの：食べ物と飲み物

運ばなければならない重いものがたくさんあるので，力が強い方が必要です。
お手伝いいただける場合は，5 月 24 日までに理科教員のクラーク先生に 344-2323 までお電話ください。

語 句 Notice「お知らせ，掲示」，Parent(s)「親，保護者」，The 8th grade students「8 年生」，vegetable(s)「野菜」，get 〜 ready「〜を準備する」，beside「〜のそば[わき]に」，strong「力が強い」

(21) 解答 3

質問の訳 「5 月 28 日，保護者が集まるべき場所は」
選択肢の訳 1　スーパーマーケットで。　　2　クラーク先生の教室の外で。
3　学校のプールの隣で。　　4　理科室で。
解 説 meet は「会う，集まる」という意味。お知らせの **Where:** の部分に，Meet beside the school pool と書かれている。beside 〜

19年度第2回　筆記

119

「～のわきに」が，正解の 3 では next to ～に置き換えられている。

(22) 解答 **4**

質問の訳 「保護者は学校で何をしなければならないか」

選択肢の訳
1 理科の授業を教える。
2 生徒たちのために飲み物を作る。
3 野菜を売る。
4 重いものを運ぶ。

解説 お知らせの最後から 2 文目に，You … because there will be many heavy things to carry. と書かれている。to carry は直前の many heavy things を修飾していて，「運ぶべきたくさんの重いものがある」，つまり「たくさんの重いものを運ばなければならない」ということ。

一次試験・筆記	**3B**	問題編 p.96～97

ポイント 学校をやめることになった先生に対する思いと，お別れに際して先生にあげるプレゼントを何にするかについて 3 人の生徒がやり取りしている E メール。先生に関する情報や，誰が何のプレゼントを提案しているかを中心に読み取ろう。

全訳 送信者：アマンダ・ジャービス
受信者：ジョージ・ウィルソン，ドナ・トンプソン
日付：2 月 10 日
件名：ウォード先生
ジョージとドナへ，
ウォード先生が私たちの学校をやめることが今でも信じられないわ。彼は本当にいい先生よ！ 今日の午後に先生と話して，先生の奥さんがボストンの大学で新しい仕事を見つけたと言ってたわ。一家でもうすぐそこへ引っ越すと先生は言ってた。私はそのことが本当に悲しいけど，先生がボストンでの暮らしを楽しむことを願っているわ。先生の娘さんはそこで大いに楽しむと思う。ドナ，今日の昼食時に，ウォード先生にプレゼントを買ったほうがいい

120

と言ってたわよね。それはとてもいい考えだと思うわ。
それじゃまた,
アマンダ

送信者：ジョージ・ウィルソン
受信者：アマンダ・ジャービス，ドナ・トンプソン
日付：2月11日
件名：いい考え
こんにちは,
ぼくもプレゼントを買うのはいい考えだと思う。ウォード先生は
いつもぼくたちに親切だったから，先生に何かすてきなものをあ
げたほうがいいね。先生はスポーツが何でも好きだということを
知ってるけど，サッカーが一番好きだって聞いたよ。先生は読書
も楽しんでいるから，サッカーに関する本はどうかな？　それと，
ぼくたちのクラスみんなに協力を頼んだほうがいいね。みんなが
少しずつお金を出せば，先生に本当に特別なものを買うことがで
きるよ。
ジョージ

送信者：ドナ・トンプソン
受信者：ジョージ・ウィルソン，アマンダ・ジャービス
日付：2月11日
件名：贈り物
ジョージとアマンダへ,
ジョージに賛成だわ。クラスメートに協力を頼みましょう。みん
なが5ドルずつ出せば，100ドル集められるわ。それなら，本よ
りもいいものを先生に買うことができるわね。先生の大好きなサッ
カーチームはパンサーズよね？　先日，インターネットでとても
かっこいいパンサーズの時計を見たの。それは100ドルくらい
だったわよ。十分なお金を集められれば，先生にそれを買ったら
いいと思うわ。どう思う？
それじゃ月曜日に,
ドナ

語句 believe「～を信じる」, leaving＜leave「～をやめる，去る」の
～ing 形, found＜find「～を見つける」の過去形, university
「大学」, sad「悲しい」, lunchtime「昼食時」, how about ～?
「～はどうか？」, agree with ～「～に賛成する」, classmate(s)
「クラスメート」, cool「かっこいい」, on the Internet「イン
ターネットで」, the other day「先日」, collect「～を集める」

(23) 解答 4

質問の訳 「ウォード先生はなぜ引っ越しするのか」

選択肢の訳
1 彼は教えることをやめる。
2 彼は大学に戻りたいと思っている。
3 彼の娘がボストンに住んでいる。
4 彼の妻が新しい仕事を得た。

解説 move は「引っ越す」という意味。最初の E メールの 4 文目にあ
る they were going to move there soon の理由は，その前の
3 文目後半で … his wife found a new job at a university in
Boston. と説明されている。found「～を見つけた」が，正解 4
では got「～を得た」と表現されている。

(24) 解答 1

質問の訳 「ジョージはウォード先生について何を聞いたか」

選択肢の訳
1 先生の大好きなスポーツはサッカーだ。
2 先生はすてきなものをたくさん持っている。
3 先生の授業は本当に退屈だ。
4 先生はサッカーに関する本を書いた。

解説 ジョージが書いたのは 2 番目の E メールで，その 3 文目後半に
… but I heard that he loves soccer the best. とある。heard は
hear「～を聞く」の過去形で，he は Mr. Ward を指している。こ
の内容を，正解 1 では favorite「大好きな」を使って表している。

(25) 解答 2

質問の訳 「ドナはウォード先生に何をあげたいか」

選択肢の訳 1 いくらかのお金。　　　　2 時計。

3 サッカーボール。 **4** 本。

解説 ドナが書いた3番目のEメールの6文目に，I saw a really cool Panthers clock on the Internet the other day. とある。さらに8文目後半で … I think we should buy him that. と書いている。that はドナがインターネットで見つけた a really cool Panthers clock「とてもかっこいいパンサーズの時計」のこと。

一次試験・筆記 3C | 問題編 p.98〜99

ポイント ニューヨーク市のシンボルの1つであるグランドセントラルターミナルという駅に関する4段落構成の英文。グランドセントラルターミナルがどのような経緯をたどって作られたかや，駅の特徴を中心に読み取ろう。

全訳

グランドセントラルターミナル

　ニューヨーク市の最も有名なシンボルの1つがグランドセントラルターミナルだ。これは市の主要な鉄道駅である。毎日約75万人がそこを歩いて通って行く。

　その駅がコーネリアス・ヴァンダービルトという名前の男性によって1871年に最初に作られたとき，それはグランドセントラルデポと呼ばれた。1901年に，より大きな建物が建てられて，グランドセントラル駅と名付けられた。しかし，その建物は1902年の大きな列車事故のために閉鎖された。1913年に，新しくてさらに大きな駅がオープンし，グランドセントラルターミナルという名前が付けられた。これが，今日でも人々が見ることができるものだ。

　グランドセントラルターミナルには44のホームがある。それは世界の他のどの鉄道駅よりも多い。そこには67本の線路もある。メインホールはメインコンコースと呼ばれ，とても大きい。窓は約23メートルの高さがある。メインコンコースには見て面白いものがたくさんある。中央部には，オパールでできた有名な時計がある。オパールはとても高価な石なので，何百万ドルもかかった。多くの人たちが時計のそばで友だちと待ち合わせをする。

19年度第2回　筆記

123

メインコンコースの天井には，2,500 個の明るい星が輝く夜空の絵がある。この天井は 1912 年に作られたが，古くなって雨水が建物の中に入り込んできたので 1944 年に覆われた。1996 年から 1998 年まで，天井は清掃され修復された。今では，それは建物の中で最も美しい部分の 1 つである。

(語 句) symbol(s)「シンボル，象徴」，main「主要な」，built＜build「〜を建てる」の過去分詞，However「しかし」，closed＜close「〜を閉鎖する」の過去分詞，because of 〜「〜のために」，accident「事故」，given＜give「〜を与える」の過去分詞，比較級＋than any other 〜「他のどの〜よりも…な」，meter(s)「メートル」，〜 high「〜の高さで」，middle「中央」，made of 〜「〜でできた」，expensive「高価な」，millions of 〜「何百万もの〜」，dollar(s)「ドル」，rainwater「雨水」，fixed＜fix「〜を修理する，修復する」の過去分詞

(26) 解答 ❸

質問の訳 「1871 年，ニューヨーク市の主要な鉄道駅の名前は」

選択肢の訳 1 グランドセントラルターミナルだった。

2 グランドセントラル駅だった。

3 グランドセントラルデポだった。

4 メインコンコースだった。

解 説 質問の In 1871 に注目する。第 2 段落 1 文目に，When the station was first built in 1871 …, it was called Grand Central Depot. と書かれているので，3 が正解。1 の Grand Central Terminal は現在の名前，2 の Grand Central Station は 1901 年に建てられたときの名前。

(27) 解答 ❷

質問の訳 「1902 年に何が起こったか」

選択肢の訳 1 グランドセントラルデポが建てられた。

2 グランドセントラル駅でひどい事故があった。

3 新しいグランドセントラルターミナルがオープンした。

4 コーネリアス・ヴァンダービルトという名前の男性が生まれた。

解説 質問にある 1902 年のことが書かれているのは第 2 段落の 3 文目で，その後半の … because of a big train accident in 1902. に正解が含まれている。a big train accident「大きな列車事故」を，正解 2 では a bad accident「ひどい事故」と表現している。

(28) 解答 ③

質問の訳 「時計はなぜ何百万ドルもかかったのか」

選択肢の訳
1 その中に明るいライトのついた星がたくさんある。
2 その表面に有名な人たちの絵が描かれている。
3 **それは高価な石でできている。**
4 それは 23 メートルの高さがある。

解説 cost は「(費用)がかかる」という意味で，過去形も同じ形。第 3 段落の 7 文目で In the middle, there is a famous clock made of opal. とオパールでできた時計についての説明があり，8 文目で Opal is a very expensive stone, so it cost millions of dollars. と補足している。この 2 文の内容をまとめている 3 が正解。〜, so … 「〜(理由)，だから…(結果)」の構文に注意する。

(29) 解答 ①

質問の訳 「メインコンコースで何が清掃され修復されたか」

選択肢の訳 1 **天井。** 2 ホーム。 3 時計。 4 窓。

解説 cleaned は clean「〜を清掃する」，fixed は fix「〜を修理する，修復する」の過去分詞。第 4 段落の 3 文目に，From 1996 to 1998, the ceiling was cleaned and fixed. とある。the ceiling「その天井」とは，1 文目にある the ceiling of the Main Concourse のこと。

(30) 解答 ④

質問の訳 「この話は何についてか」

選択肢の訳
1 列車でアメリカ合衆国中を旅して回ること。
2 コーネリアス・ヴァンダービルトの生涯。
3 ニューヨーク市のある新しい美術館。

19年度第2回 筆記

125

4　ニューヨーク市のある有名な場所。

解説　タイトルにもある通り，Grand Central Terminal に関する英文。この駅について，第1段落の最初に One of New York City's most famous symbols is Grand Central Terminal. とあるので 4 が正解。2 の Cornelius Vanderbilt は最初の駅を作った人物だが，話題の中心ではない。

一次試験・筆記	**4**	問題編 p.100

質問の訳　「あなたはご飯とパンとでは，どちらをより頻繁に食べますか」

解答例　I eat bread more often than rice. There are many kinds of delicious bread at my favorite bakery. I also enjoy making sandwiches with my mother for lunch.

解答例の訳　「私はご飯よりもパンをよく食べます。私のお気に入りのパン屋には，たくさんの種類のおいしいパンがあります。私は昼食に母と一緒にサンドイッチを作ることも楽しみます」

解説　QUESTION は Which do you eat more often「あなたはどちらをより頻繁に食べますか」で始まり，rice「ご飯，米」と bread「パン」が選択肢として与えられている。1文目で，よく食べる方を I eat rice [bread] more often (than bread [rice]). のように書く。この後に，自分が選んだものをより頻繁に食べる理由を2つあげる。解答例は，（1文目）自分の考え：ご飯よりもパンをよく食べる→（2文目）1つ目の理由：自分のお気に入りのパン屋にたくさんの種類のおいしいパンがある→（3文目）2つ目の理由：昼食に母親と一緒にサンドイッチを作って楽しむ，という構成になっている。解答例のように，2番目の理由では also「また」を使って書くと明確な構成になる。全体で25語～35語程度の分量になっているかにも注意しよう。

語句　bread「パン」，more often than ～「～よりも頻繁に」，many kinds of ～「たくさんの種類の～」，delicious「とてもおいしい」，bakery「パン屋」，enjoy ～ing「～することを楽しむ」

126

| 一次試験・リスニング | **第1部** | 問題編 p.101〜102 | 🔊 ▶MP3 ▶アプリ ▶CD 2 **43**〜**53** |

例題　解答 ③

放送文
★：I'm hungry, Annie.
☆：Me, too. Let's make something.
★：How about pancakes?
1 On the weekend.　　　**2** For my friends.
3 That's a good idea.

放送文の訳
★：「おなかがすいたよ，アニー」
☆：「私もよ。何か作りましょう」
★：「パンケーキはどう？」
1 週末に。　　　**2** 私の友だちに。
3 それはいい考えね。

No.1　解答 ①

放送文
★：Is John's house on this street?
☆：Yes. We're almost there.
★：Which side of the street is it on?
1 It's on the left.
2 It's too crowded.
3 It's much bigger.

放送文の訳
★：「ジョンの家はこの通りにあるの？」
☆：「そうよ。もうすぐそこよ」
★：「通りのどちら側にあるの？」
1 左側よ。
2 そこは込みすぎているわ。
3 それはずっと大きいわ。

解説　〈Which＋名詞〉は「どちらの〜」，side は「側」という意味。男性は John's house「ジョンの家」が通りのどちら側にあるかを尋ねているので，on the left「左側に」と答えている **1** が正解。

19年度第2回 リスニング

127

No. 2　解答 ①

放送文
★：I like the book you lent me.
☆：Did you finish it?
★：No.　Can I keep it longer?
　1 Sure.　Give it back to me next week.
　2 Yes.　I always study hard.
　3 OK.　It was five dollars.

放送文の訳
★：「きみが貸してくれた本を気に入ってるんだ」
☆：「読み終わった？」
★：「ううん。もう少し持っていていい？」
　1 いいわよ。来週私に返してね。
　2 ええ。私はいつも一生懸命勉強しているわ。
　3 わかったわ。それは 5 ドルだったわ。

解説　Can I ～? は「～してもいいですか」と許可を求める表現。ここでの keep it longer は「それ（本）をもっと長く持っている（借りている）」ということ。これに応じた発話は **1** で，Sure.「いいわよ」の後に，Give ～ back「～を返す，戻す」を使って来週返してほしいと伝えている。

No. 3　解答 ①

放送文
☆：Dan, you're late again.
★：I'm sorry, Ms. Jones.
☆：What happened?
　1 I didn't hear my alarm clock.
　2 I stayed for a week.
　3 I'll get a pencil case.

放送文の訳
☆：「ダン，あなたはまた遅刻よ」
★：「すみません，ジョーンズ先生」
☆：「何があったの？」
　1 目覚まし時計が聞こえなかったんです。
　2 1 週間滞在しました。
　3 筆箱を手に入れます。

解説　イラストと Dan, you're late again. から，ダンが遅刻した状況で

あることがわかる。ジョーンズ先生は What happened?「何があったの？」とダンが遅刻した理由を尋ねているので，alarm clock「目覚まし時計」が聞こえなかったと答えている **1** が正解。

No.4　解答　③

放送文　☆：How's your cold?
　　　★：It's a little better today.
　　　☆：Will you be at school tomorrow?
　　　　1　That's too bad.　　　　**2**　You can do it.
　　　　3　I'm not sure.

放送文の訳　☆：「風邪はどう？」
　　　★：「今日は少しよくなったよ」
　　　☆：「明日は学校に来る？」
　　　　1　それは大変だね。　　　　**2**　きみならそれができるよ。
　　　　3　わからないよ。

解説　How's [How is] ～? は「～はどうですか」という意味で，女の子は男の子の cold「風邪」の状態を尋ねている。Will you be at school tomorrow? に応じた発話は **3** で，I'm not sure. は「（明日学校に行けるかどうか）わからない」ということ。

No.5　解答　②

放送文　☆：We're almost at the restaurant.
　　　★：Great.　I'm so hungry.
　　　☆：You're going to love the food.
　　　　1　The table by the window.
　　　　2　I'm looking forward to it.
　　　　3　You're a great cook.

放送文の訳　☆：「もうすぐレストランに着くわ」
　　　★：「よかった。ぼくはとてもおなかがすいているんだ」
　　　☆：「そこの料理をとても気に入るわよ」
　　　　1　窓のそばのテーブル。
　　　　2　それを楽しみにしているよ。
　　　　3　きみは料理がとてもじょうずだね。

解説　女性の You're going to love the food.「あなたはその（レスト

19年度第2回　リスニング

129

ランの）料理をとても気に入るわ」に対する適切な応答は**2**で，I'm looking forward to ～は「～を楽しみにしている」という意味。

No.6　解答 **2**

放送文　★：Excuse me. My drink still hasn't arrived.

☆：I'm sorry, sir.

★：I ordered it 10 minutes ago.

1 I'll clean it for you.

2 I'll go and get it right away.

3 That'll be $20.

放送文の訳　★：「すみません。私の飲み物がまだ来てないのですが」

☆：「申し訳ございません，お客さま」

★：「10分前に注文しましたよ」

1 お客さまのためにそれをきれいにいたします。

2 すぐにそれを取りに行きます。

3 20ドルになります。

解説　still hasn't arrived は現在完了形の否定文で，「～がまだ来ていない」という意味。男性の My drink「私の飲み物」が来ていないという状況なので，go and get it「それ（男性の飲み物）を取りに行く」と言っている**2**が正解。right away は「すぐに」。

No.7　解答 **3**

放送文　★：Thanks for coming, Mom.

☆：No problem. I hope you have a good game.

★：Is Dad here, too?

1 I'll sit over there.

2 I love all sports.

3 He'll be here soon.

放送文の訳　★：「来てくれてありがとう，お母さん」

☆：「だいじょうぶよ。いい試合ができるといいね」

★：「お父さんも来ているの？」

1 私はあそこに座るわ。

2 私はすべてのスポーツが大好きよ。

3 お父さんはもうすぐここへ来るわ。

解説 男の子の野球の試合を母親が見に来ている場面。男の子は Is Dad here, too? と父親も来ているかどうか尋ねている。これに答えているのは **3** で，He は Dad を指し，soon は「もうすぐ」という意味。Thanks for 〜ing は「〜してくれてありがとう」。

No.8　解答 ②

放送文 ☆：I went to see a movie yesterday.
★：Which one?
☆：*The Fisherman's Basket*. Have you seen it?
　　1 OK, here's your ticket.
　　2 No, but I want to.
　　3 Yes, I like popcorn.

放送文の訳 ☆：「昨日，映画を見に行ったの」
★：「どの映画？」
☆：「『フィッシャーマンズバスケット』。もう見た？」
　　1 わかった，これがきみのチケットだよ。
　　2 ううん，でも見たいと思ってるんだよ。
　　3 うん，ぼくはポップコーンが好きだよ。

解説 〈Have you＋過去分詞〜(yet)?〉は「(もう)〜しましたか」という意味で，it は女の子が見た映画 *The Fisherman's Basket* を指している。正解 **2** の I want to は I want to see it のことで，「(その映画をまだ見ていないが) 見たいと思っている」ということ。

No.9　解答 ③

放送文 ☆：These cookies are delicious.
★：Thanks. Can you take one to Mom?
☆：Sure. Where is she?
　　1 She loves to cook.
　　2 It was in my recipe book.
　　3 I think she's in the garden.

放送文の訳 ☆：「このクッキーはおいしいわ」
★：「ありがとう。お母さんに 1 つ持って行ってくれる？」
☆：「いいわよ。お母さんはどこにいるの？」

19年度第2回　リスニング

131

1　お母さんは料理することが大好きだよ。
2　それはぼくの料理本に載っていたよ。
3　お母さんは庭にいると思うよ。

解説　Where is she? の she は Mom を指していて，女の子は男の子に母親がどこにいるかを尋ねている。in the garden「庭に」いると思うと答えている 3 が正解。delicious は「とてもおいしい」，take one の one は a cookie のこと。

No. 10　解答 ③

放送文
★: Is today your last day at this school, Ms. Warner?
☆: Yes, Billy.
★: We'll really miss you.
　　1　It was in the library.
　　2　You got a good score.
　　3　I'll come back to visit soon.

放送文の訳
★:「今日が先生のこの学校での最後の日ですか，ウォーナー先生？」
☆:「そうよ，ビリー」
★:「先生がいなくなるとぼくたちは本当に寂しくなります」
　　1　それは図書館にあったわ。
　　2　あなたはいい成績を取ったわ。
　　3　すぐに会いに戻ってくるわ。

解説　last day at this school「この学校での最後の日」を迎えたウォーナー先生に男子生徒が話しかけている。miss は「～がいないのを寂しく思う」という意味。We'll really miss you. に続く発話は 3 で，先生は come back to visit「会いに戻ってくる」と答えている。

一次試験・リスニング　第 **2** 部　問題編 p.103〜104

No. 11　解答 ③

放送文
★: Hi, I'd like a ticket for the 12:15 train to New York.
☆: I'm afraid it just left, sir.

132

★：Oh no! When's the next train?

☆：In 45 minutes. It leaves at 1 p.m.

Question: When will the next train leave?

放送文の訳 ★：「こんにちは，ニューヨーク行き12時15分の列車の切符をお願いします」

☆：「あいにくその列車はたった今出発してしまいました，お客さま」

★：「うわあ！　次の列車はいつですか」

☆：「45分後です。午後1時に出発します」

質問の訳 「次の列車はいつ出発するか」

選択肢の訳 **1 午後12時15分に。**　　　　**2 午後12時50分に。**

3 午後1時に。　　　　**4 午後1時45分に。**

解説 列車の切符売り場での会話。男性の When's the next train? という質問に，女性は In 45 minutes. と答えた後で It leaves at 1 p.m. と続けているので，**3** が正解。leave(s) は「出発する」という意味。**1** の 12:15 p.m. は，男性が当初乗ろうとしていた列車の出発時刻。

No. 12 解答 ①

放送文 ★：Meg, let's play tennis at the park on Saturday.

☆：I thought your tennis racket was broken, Jonathan.

★：I got a new one yesterday. It's really nice.

☆：That's great. Let's meet at nine.

Question: What does Jonathan want to do on Saturday?

放送文の訳 ★：「メグ，土曜日に公園でテニスをしようよ」

☆：「あなたのテニスラケットは壊れていると思ってたわ，ジョナサン」

★：「昨日，新しいラケットを買ったんだ。とてもいいよ」

☆：「それはよかったわね。9時に会いましょう」

質問の訳 「ジョナサンは土曜日に何をしたいか」

選択肢の訳 **1 メグとテニスをする。**　　　　**2 テレビでテニスを見る。**

3 メグと買い物に行く。　　　　**4 新しいテニスラケットを買う。**

解説 ジョナサンは最初に，Meg, let's play tennis at the park on Saturday. と言ってメグをテニスに誘っているので，**1** が正解。let's ～（動詞の原形）は「～しましょう」という意味で，相手を

19年度第2回 リスニング

133

誘うときの表現。4の Buy a new tennis racket. はジョナサンが
昨日したこと。

No. 13 解答 4

放送文 ☆：How was your trip to the mountains?

★：We couldn't ski. There wasn't enough snow.

☆：Oh no! What did you do?

★：We went hiking.

Question: Why couldn't the man go skiing?

放送文の訳 ☆：「山への旅行はどうだった？」

★：「スキーはできなかったよ。十分な雪がなかったんだ」

☆：「あらー！　何をしたの？」

★：「ぼくたちはハイキングに行ったよ」

質問の訳 「男性はなぜスキーに行くことができなかったか」

選択肢の訳 **1** 料金が高すぎた。

2 彼は山から遠いところにいた。

3 彼は頭痛がひどかった。

4 十分な雪がなかった。

解説 男性の trip to the mountains「山への旅行」が話題。男性は We
couldn't ski. の後に，その理由を There wasn't enough snow.
と説明しているので，4が正解。There wasn't ～は「～がなかっ
た」，enough は「十分な」という意味。

No. 14 解答 2

放送文 ☆：What are you going to do this weekend, Ted?

★：My grandfather is coming to visit.

☆：Are you going anywhere together?

★：Yeah, we'll go to the zoo.

Question: What will Ted do this weekend?

放送文の訳 ☆：「今週末は何をするの，テッド？」

★：「祖父が訪ねてくるんだ」

☆：「一緒にどこかへ行くの？」

★：「うん，動物園へ行くよ」

質問の訳 「テッドは今週末に何をするか」

134

| 選択肢の訳 | **1** 友だちと遊ぶ。 | **2** 動物園を訪れる。 |
| | **3** 彼の祖父の家へ行く。 | **4** 彼の友だちと旅行に行く。 |

解　説　テッドの this weekend「今週末」の予定が話題。My grandfather is coming to visit. と we'll go to the zoo から，祖父が来て一緒に zoo「動物園」へ行くことがわかるので，**2** が正解。anywhere は「どこかへ」，together は「一緒に」という意味。

No. 15 解答 ②

放送文　★：I'm going to drive you to school today, Ann.　Did you have breakfast?
　☆：Yes, Dad.　And I brushed my teeth and washed my face.
　★：All right.　Get your books.
　☆：OK.
　Question: What does Ann's father tell her to do?

放送文の訳　★：「今日は学校まで車で送っていくよ，アン。朝食は食べた？」
　☆：「うん，お父さん。それと，歯を磨いて顔を洗ったわ」
　★：「わかった。本を取っておいで」
　☆：「わかったわ」

質問の訳　「アンの父親はアンに何をするように言っているか」

| 選択肢の訳 | **1** 朝食を食べる。 | **2** 彼女の本を取ってくる。 |
| | **3** 歯を磨く。 | **4** 顔を洗う。 |

解　説　質問の〈tell＋(人)＋to ～〉は「(人)に～するように言う」という意味。父親はアンに Get your books. と言っている。ここでの get は「～を取ってくる，持つ」という意味。**1**，**3**，**4** はいずれもすでにアンがしたこと。

No. 16 解答 ③

放送文　★：How was the sale?
　☆：Great.　Hats were only $10 each, so I decided to get one.
　★：That's cheap.
　☆：I also got four pairs of socks for $15.
　Question: How much was the hat?

放送文の訳　★：「セールはどうだった？」
　☆：「とてもよかったわ。帽子がそれぞれたった 10 ドルだったから，

19年度第2回　リスニング

135

「1つ買うことにしたの」

★：「それは安いね」

☆：「靴下4足も15ドルで買ったわ」

質問の訳 「帽子はいくらだったか」

選択肢の訳 **1** 1ドル。　　**2** 4ドル。　　**3** 10ドル。　　**4** 15ドル。

解説 Hats were only $10 each から3が正解。$10 は ten dollars と読む。each は「それぞれ，1つにつき」という意味。4の Fifteen dollars. は four pairs of socks「靴下4足」の値段なので，不正解。2つ出てくる値段を混同しないように注意する。

No. 17 解答 ②

放送文 ★：Did you enjoy watching the soccer game?

☆：I was sick, so my mother said I couldn't go.

★：That's too bad. Who did you give your ticket to?

☆：My brother. He said it was a good game.

Question: Who went to the soccer game?

放送文の訳 ★：「サッカーの試合を見て楽しんだ？」

☆：「具合が悪かったので，母が私は行ってはいけないって言ったの」

★：「それは残念だったね。きみのチケットは誰にあげたの？」

☆：「兄[弟]よ。兄[弟]はいい試合だったって言ってたわ」

質問の訳 「誰がサッカーの試合へ行ったか」

選択肢の訳 **1** 女の子。　　　　　　　　**2** 女の子の兄[弟]。

3 女の子の母親。　　　　　**4** 女の子の祖母。

解説 Who did you give your ticket to? に女の子は My brother. と答えていること，さらに続けて He said it was a good game. と言っていることから，サッカーの試合へ行ったのは女の子から ticket「チケット」をもらった兄[弟]だとわかる。

No. 18 解答 ①

放送文 ☆：Can I help you?

★：Yes, I'd like to borrow these books. Here's my card.

☆：Thanks. Please bring them back by July 17.

★：OK, thank you.

Question: Where are they talking?

放送文の訳	☆：「ご用件をお伺いいたしましょうか」

★：「はい，これらの本を借りたいのですが。これが私のカードです」

☆：「ありがとうございます。本は7月17日までにご返却ください」

★：「わかりました，ありがとうございます」

質問の訳	「彼らはどこで話しているか」

選択肢の訳	1 図書館で。 2 コンビニエンスストアで。
	3 郵便局で。 4 銀行で。

解 説	男の子の borrow these books「これらの本を借りる」や，女性の bring them back by ～「～までにそれら（本）を返却する」などから，男の子が library「図書館」で本を借りようとしている場面だとわかる。

No. 19 解答 1

放送文	★：Where's Sam?

☆：He's still at his friend's house. I have to go and pick him up at six.

★：I'll make dinner, then.

☆：Thanks, honey.

Question: What does the woman need to do?

放送文の訳	★：「サムはどこにいるの？」

☆：「まだ友だちの家にいるわ。私が6時に迎えに行かなくちゃいけないの」

★：「それならぼくが夕食を作るよ」

☆：「ありがとう，あなた」

質問の訳	「女性は何をする必要があるか」

選択肢の訳	1 サムを迎えに行く。 2 家を掃除する。
	3 夕食を買う。 4 友だちに電話をする。

解 説	女性は，サムが at his friend's house「友だちの家に」いるので，6時に I have to go and pick him up と言っている。(go and) pick ～ up は「～を迎えに行く」という意味。have to ～「～しなければならない」は，質問では need to ～に置き換えられている。男性の then「それなら」とは，「6時にサムを迎えに行くなら」ということ。

137

No.20 解答 3

放送文
★ : Do you have your passport and ticket?
☆ : Yes, but I can't find my watch.
★ : Did you look in the car?
☆ : Yes, it wasn't there.
Question: What is the woman looking for?

放送文の訳
★ :「きみのパスポートと航空券は持った？」
☆ :「ええ，でも腕時計が見つからないの」
★ :「車の中を見た？」
☆ :「ええ，そこにはなかったわ」

質問の訳 「女性は何を探しているか」

選択肢の訳
1 彼女のパスポート。   2 彼女の航空券。
3 彼女の腕時計。   4 彼女の車の鍵。

解 説 質問の is … looking for は look for「～を探す」の現在進行形。I can't find my watch から，女性が探しているのは自分の watch「腕時計」だとわかる。Do you have your passport and ticket? に女性は Yes と答えているので，1 や 2 はすでに持っている。

| 一次試験・リスニング | 第**3**部 | 問題編 p.105～106 | 🔊 | ▶MP3 ▶アプリ ▶CD 2 65～75 |

No.21 解答 1

放送文 Last Sunday, my dad and I went fishing on Lake George. We arrived early in the morning. We caught three fish and ate them for lunch. It was fun.
Question: What is the boy talking about?

放送文の訳 「先週の日曜日，父とぼくはジョージ湖へ釣りに行った。ぼくたちは朝早くに着いた。3匹の魚を釣って，それを昼食に食べた。楽しかった」

質問の訳 「男の子は何について話しているか」

選択肢の訳
1 釣りに行ったこと。   2 昼食を買ったこと。
3 彼の父親の仕事。   4 彼の大好きな魚。

138

| 解説 |

1文目の Last Sunday, my dad and I went fishing on Lake George. で話題が示されている。これ以降，釣りに行ったときのことを説明している。caught は catch「〜を捕まえる，釣る」の，ate は eat「〜を食べる」の過去形。

No. 22 解答 ③

| 放送文 |

Mr. Kato studies English three times a week. Next month, he's moving to London. He's going to work there for a year. He is excited about living in London.

Question: How long will Mr. Kato be in London?

| 放送文の訳 |

「カトウさんは週に3回英語を勉強している。来月，彼はロンドンへ引っ越しをする。そこで1年間仕事をすることになっている。彼はロンドンに住むことについてわくわくしている」

| 質問の訳 |

「カトウさんはどれくらいの期間ロンドンにいる予定か」

| 選択肢の訳 |

1 1週間。　　**2** 3週間。　　**3** 1年間。　　**4** 3年間。

| 解説 |

Next month, he's moving to London. からカトウさんが来月ロンドンへ引っ越しをすること，次の He's going to work there for a year. からロンドンで1年間働く予定であることがわかる。there は in London のこと。

No. 23 解答 ④

| 放送文 |

Steve went shopping with his grandfather last Saturday. At the supermarket, Steve saw a friend from school. She was with her parents. Steve said hello to them.

Question: Who did Steve go shopping with last Saturday?

| 放送文の訳 |

「スティーブは先週の土曜日，祖父と一緒に買い物に行った。スーパーマーケットで，スティーブは学校の友だちを見かけた。彼女は両親と一緒だった。スティーブは彼らにあいさつをした」

| 質問の訳 |

「スティーブは先週の土曜日に誰と買い物に行ったか」

| 選択肢の訳 |

1 彼の友だち。　　　　　　　**2** 彼の友だちの両親。

3 彼の父親。　　　　　　　　**4** 彼の祖父。

| 解説 |

最初の Steve went shopping with his grandfather last Saturday. から判断する。went は go の過去形で，go shopping は「買い物に行く」という意味。**1** の His friend. や **2** の His friend's

19年度第2回　リスニング

139

parents. は supermarket「スーパーマーケット」で会った人たちなので不正解。

No. 24 解答 ①

放送文
I was born in Canada and grew up there. After college, I traveled around Europe and also visited many countries in Asia. Last year, I got a job in Sydney, Australia, and now I live there.
Question: Where does the woman live now?

放送文の訳
「私はカナダで生まれ，そこで育った。大学を出た後，ヨーロッパを旅して，アジアのたくさんの国々も訪れた。昨年，私はオーストラリアのシドニーで仕事を得て，今はそこに住んでいる」

質問の訳
「女性は今どこに住んでいるか」

選択肢の訳
1 オーストラリアに。　　　　2 カナダに。
3 ヨーロッパに。　　　　　　4 アジアに。

解説
質問の now を聞き逃さないようにする。最後に … now I live there. とあるが，there はその前に出てくる in Sydney, Australia を指しているので，1 が正解。2 の Canada は生まれ育った国，3 の Europe と 4 の Asia は大学を出た後に旅したところ。grew は grow の過去形で，grow up で「育つ」という意味。

No. 25 解答 ③

放送文
I work in a small Italian place in Los Angeles. We often have famous customers. I make soups and salads. My boss is teaching me how to make other dishes, too.
Question: What is the man's job?

放送文の訳
「私はロサンゼルスにある小さなイタリア料理店で働いている。私たちのところには有名な客がよく来る。私はスープとサラダを作る。私の上司は，他の料理の作り方も私に教えてくれている」

質問の訳
「男性の仕事は何か」

選択肢の訳
1 彼は大工である。　　　　2 彼は俳優である。
3 彼はコックである。　　　4 彼は教師である。

解説
1 文目に I work in a small Italian place とあるが，3 文目に I make soups and salads. とあることから，place は料理を出すと

140

ころで，男性は cook「コック，料理人」であることがわかる。
dish(es) は「料理」という意味。

No. 26 解答 ③

放送文 My swimming club sold doughnuts at the school festival yesterday. We made 100 doughnuts, but we only sold 85. We ate the other 15 ourselves. They were delicious.
Question: How many doughnuts did the swimming club sell yesterday?

放送文の訳 「私の水泳クラブは昨日の学園祭でドーナツを売った。私たちは100個ドーナツを作ったが，85個しか売らなかった。私たちは残りの15個を自分たちで食べた。それらはとてもおいしかった」

質問の訳 「水泳クラブは昨日，いくつのドーナツを売ったか」

選択肢の訳 **1** 15個。   **2** 50個。   **3** 85個。   **4** 100個。

解 説 school festival「学園祭，文化祭」で作ったドーナツの数を説明している We made 100 (＝one hundred) doughnuts と，実際に売った数を説明している we only sold 85 (＝eighty-five) を聞き分けるようにする。sold は sell「～を売る」の過去形。

No. 27 解答 ②

放送文 Fiona wants to save some money. She loves books and magazines, so yesterday she went to the bookstore to ask about a job. She hopes to work there.
Question: Why did Fiona go to the bookstore yesterday?

放送文の訳 「フィオナはいくらかお金を貯めたいと思っている。彼女は本と雑誌が大好きなので，昨日，仕事について尋ねるために書店へ行った。彼女はそこで働くことを希望している」

質問の訳 「フィオナは昨日なぜ書店へ行ったか」

選択肢の訳 **1** 本を買うため。   **2** 仕事について尋ねるため。
3 雑誌を探すため。   **4** 作家に会うため。

解 説 2文目の後半に … so yesterday she went to the bookstore とあり，続けてその目的が to ask about a job と説明されている。ここでの to ～（動詞の原形）は，「～するために」と目的を表す用法。save money は「お金を貯める，貯金する」という意味。

19年度第2回　リスニング

141

No. 28 解答 ①

放送文
Tom lives near a forest. He loves nature, and he's really interested in snakes. Yesterday, he saw one outside his house. He was excited, but a little scared, too.
Question: What happened yesterday?

放送文の訳
「トムは森の近くに住んでいる。彼は自然が大好きで，ヘビにとても興味がある。昨日，彼は家の外で一匹見かけた。彼はわくわくしたが，少し怖い気持ちにもなった」

質問の訳
「昨日何が起こったか」

選択肢の訳
1 トムがヘビを見かけた。
2 トムが怖い映画を見た。
3 トムが家を掃除した。
4 トムが森の中で道に迷った。

解説
質問の happened は happen「起こる」の過去形。3文目の Yesterday, he saw one outside his house. から，**1** が正解。one は 2 文目の snakes を受けて a snake「1匹のヘビ」の代わりに使われている。forest は「森」，scared は「怖がって」という意味。

No. 29 解答 ④

放送文
Attention, everyone. Today's baseball game was going to start at 5:30, but because of the heavy rain this afternoon, it'll start at 6:30. Please wait one hour.
Question: When will the baseball game start?

放送文の訳
「みなさまにお知らせいたします。本日の野球の試合は5時30分に始まる予定でしたが，本日午後の大雨のため，6時30分に開始いたします。1時間お待ちください」

質問の訳
「野球の試合はいつ始まるか」

選択肢の訳
1 1時に。
2 5時30分に。
3 6時に。
4 6時30分に。

解説
Attention, ～「～にお知らせいたします」で始まる案内放送。it'll start at 6:30 から **4** が正解。Today's baseball game was going to start at 5:30 とあるので，**2** の 5:30 は当初の開始予定時刻。because of ～は「～のために」，heavy rain は「大雨」。

142

No.30 解答 ②

放送文
I wanted to visit Italy last summer, but my husband didn't want to go. He loves French art, so we went to France instead. We had a great time.
Question: What did the woman do last summer?

放送文の訳
「私は昨年の夏にイタリアを訪れたかったが，私の夫は行きたくなかった。彼はフランス芸術が大好きなので，私たちは代わりにフランスへ行った。私たちはとても楽しい時間を過ごした」

質問の訳
「女性は昨年の夏に何をしたか」

選択肢の訳
1 彼女は芸術の授業を受けた。
2 彼女はフランスを訪れた。
3 彼女は夫の家族に会った。
4 彼女はイタリア語を勉強した。

解 説
I wanted to ～，but … 「私は～したかったが…」の流れに注意する。女性は Italy「イタリア」に行きたかったが，実際に husband「夫」とどこへ行ったかは … so we went to France instead. で説明されている。instead は「（イタリアの）代わりに」ということ。

二次試験・面接 問題カード A 日程 問題編 p.108～109

全訳

国際的なスーパーマーケット

日本にはたくさんの国際的なスーパーマーケットがある。国際的なスーパーマーケットではいろいろな国々の興味深い食品を売っているので、多くの人たちに人気がある。このような店の食品は値段が高いこともある。

質問の訳

- No.1 パッセージを見てください。なぜ国際的なスーパーマーケットは多くの人たちに人気がありますか。
- No.2 イラストを見てください。カップはどこにありますか。
- No.3 帽子をかぶった男性を見てください。彼は何をしていますか。

さて、〜さん、カードを裏返しにしてください。

- No.4 あなたは今晩何をする予定ですか。
- No.5 あなたは何かペットを飼っていますか。
  - はい。 → もっと説明してください。
  - いいえ。→ あなたはどのような種類のペットを飼いたいですか。

No.1

解答例
Because they sell interesting food from different countries.

解答例の訳
「そこではいろいろな国々の興味深い食品を売っているからです」

解説
international は「国際的な」, be popular with 〜は「〜に人気がある」という意味。2文目に正解が含まれているが、解答する際、①質問の主語と重なる International supermarkets を3人称複数の代名詞 they に置き換える、②文の後半 so they are popular with many people「だから、それらは多くの人たちに人気がある」は質問と重なる内容なので省く、という2点に注意する。

No.2

解答例
They're on the table.

解答例の訳
「テーブルの上にあります」

解説
質問は Where「どこに」で始まり、cups「カップ」がある場所を尋ねている。解答する際は、質問の主語 the cups を3人称複数の

代名詞 They に置き換える。動詞は質問と同じ are を使って，They're [They are] とする。2つのカップはテーブルの上にあるので，They're の後に on the table を続ける。on は「～の上に」を意味する前置詞。

No. 3

解答例 He's buying pizza.

解答例の訳 「彼はピザを買っています」

解 説 イラスト中の the man wearing a hat「帽子をかぶった男性」に関する質問。質問の What is ～ doing? は，「～は何をしていますか」という現在進行形の疑問文。「ピザを買う」は buy pizza で，質問に合わせて He's [He is] buying pizza. という現在進行形で答える。

No. 4

解答例 I'm planning to cook dinner.

解答例の訳 「私は夕食を作る予定です」

解 説 plan to ～は「～する予定である」という意味で，質問では What are you planning to do …? と現在進行形になっている。this evening「今晩」の予定を，質問に合わせて I'm planning to ～（動詞の原形）の形で答える。

No. 5

解答例 Yes. → Please tell me more.
— I have a bird.
No. → What kind of pet would you like to have?
— I'd like to have a hamster.

解答例の訳 「はい」→ もっと説明してください。
— 「私は鳥を飼っています」
「いいえ」→ あなたはどのような種類のペットを飼いたいですか。
— 「私はハムスターを飼いたいです」

解 説 最初の質問には，pets「ペット」を飼っているかどうかを Yes(, I do). / No(, I don't). で答える。Yes の場合の2番目の質問 Please tell me more. には，自分が飼っているペットが何かなどを答えればよい。No の場合の2番目の質問の What kind of ～は「どのような種類の～」という意味で，自分が飼いたいと思っているペッ

19年度第2回　面接

145

トを I'd [I would] like to have 〜の形で答える。解答例の他に，(Yes の場合) I have two dogs.「私は犬を2匹飼っています」，(No の場合) I'd like to have a cat.「私はネコを飼いたいです」や I don't want to have any pets.「私はどのようなペットも飼いたいとは思いません」のような解答も考えられる。

二次試験・面接 問題カード 日程 問題編 p.110〜111

全訳
コンサート

ステージ上の有名な歌手やバンドを見るのはわくわくする。多くの人たちは友だちと一緒にコンサートへ行くことを楽しむが，1人でコンサートを見ることが好きな人たちもいる。音楽祭は夏によく屋外で開催される。

質問の訳
No.1 パッセージを見てください。一部の人たちは何をすることが好きですか。
No.2 イラストを見てください。男性は両手に何を持っていますか。
No.3 長い髪の女性を見てください。彼女は何をしていますか。
さて，〜さん，カードを裏返しにしてください。
No.4 あなたは毎晩，何時間寝ますか。
No.5 あなたはテレビを見て楽しみますか。
　　　はい。　→　もっと説明してください。
　　　いいえ。→　あなたは夕食後に何をすることが好きですか。

No.1

解答例 They like watching concerts alone.
解答例の訳「1人でコンサートを見ることが好きです」
解説 like 〜ing は「〜することが好きだ」という意味。2文目の but 以降に正解が含まれているが，解答する際，①質問の主語と重なる some people を3人称複数の代名詞 They に置き換える，②文の前半 Many people enjoy going to concerts with their friends「多くの人たちは友だちと一緒にコンサートへ行くことを楽しむ」は some people ではなく many people についてなので

146

含めない，という2点に注意する。

No. 2

解答例　He has a newspaper.

解答例の訳　「彼は新聞を持っています」

解説　イラスト中の男性に関する質問で，in his hands は「彼の両手に」という意味。解答する際は，質問の主語 the man を3人称単数の代名詞 He に置き換える。質問の動詞は have だが，解答では主語が He の肯定文なので has を使う。男性は両手に新聞を持っているので，has の後にその目的語となる a newspaper を続ける。

No. 3

解答例　She's talking on her phone.

解答例の訳　「彼女は電話で話しています」

解説　イラスト中の the woman with long hair「長い髪の女性」に関する質問。質問の What is ～ doing? は，「～は何をしていますか」という現在進行形の疑問文。「電話で話す」は talk on *one's* [the] phone で，質問に合わせて She's [She is] talking on her [the] phone. という現在進行形で答える。

No. 4

解答例　I sleep about eight hours.

解答例の訳　「私は8時間くらい寝ます」

解説　〈How many＋複数名詞〉は数を尋ねる表現，hour(s) は「時間」という意味。毎晩何時間寝ているかを，I sleep about ～ hours.「～時間くらい寝ています」や I sleep for ～ hours.「～時間寝ています」の形で答える。

No. 5

解答例　Yes. → Please tell me more.
　　— I like cooking shows.
　　No. → What do you like to do after dinner?
　　— I listen to music.

解答例の訳　「はい」→ もっと説明してください。
　　—「私は料理番組が好きです」
　　「いいえ」→ あなたは夕食後に何をすることが好きですか。
　　—「私は音楽を聞きます」

19年度第2回　面接

147

解 説 enjoy ～ing は「～することを楽しむ」という意味で，最初の質問には watching TV「テレビを見ること」を楽しむかどうかを Yes(, I do). / No(, I don't). で答える。Yes の場合の2番目の質問 Please tell me more. には，いつ，どのような番組を見ることが好きかなどを答えればよい。No の場合の2番目の質問 What do you like to do after dinner? には，after dinner「夕食後」に何をするのが好きかを I ～ や I like to ～ の形で答える。解答例の他に，(Yes の場合) I often watch baseball games on TV.「私はよくテレビで野球の試合を見ます」，(No の場合) I like to read books.「私は本を読むことが好きです」のような解答も考えられる。

2019-1

一次試験
筆記解答・解説　p.150〜162

一次試験
リスニング解答・解説　p.163〜179

二次試験
面接解答・解説　p.180〜184

解答一覧

一次試験・筆記

1

(1)	1	(6)	3	(11)	1
(2)	2	(7)	3	(12)	3
(3)	4	(8)	2	(13)	1
(4)	1	(9)	4	(14)	2
(5)	1	(10)	2	(15)	3

2

(16)	1	(18)	3	(20)	2
(17)	1	(19)	4		

3 A / **3 B**

(21)	3			(23)	1
(22)	1			(24)	4
				(25)	1

3 C

(26)	2	(28)	3	(30)	2
(27)	3	(29)	1		

4　解答例は本文参照

一次試験・リスニング

第1部

No. 1	1	No. 5	2	No. 9	1
No. 2	3	No. 6	2	No.10	2
No. 3	1	No. 7	1		
No. 4	3	No. 8	3		

第2部

No.11	1	No.15	4	No.19	2
No.12	3	No.16	1	No.20	1
No.13	3	No.17	4		
No.14	2	No.18	1		

第3部

No.21	2	No.25	1	No.29	1
No.22	3	No.26	1	No.30	2
No.23	4	No.27	4		
No.24	4	No.28	4		

| 一次試験・筆記 | **1** | 問題編 p.114〜115 |

(1) 解答 1

訳
A「釣りに行くのは好き？」
B「ううん，釣りは退屈だと思う」

解説
Do you like to go fishing? に B は No と答えているので，釣りが好きではない理由となる boring「退屈な」が正解。exciting「わくわくする」，enjoyable「楽しい」，glad「うれしい」。

(2) 解答 2

訳
「アンディーは大きな建物の6階に住んでいる。彼の友だちのデイビッドはその下の5階のアパートに住んでいる」

解説
アンディーが住んでいるのは the sixth floor「6階」で，デイビッドはその下の the fifth floor「5階」に住んでいるので，below「下に[へ，の]」が正解。back「後ろに」，before「以前に」，later「後で」。

(3) 解答 4

訳
A「この箱の中にペンは何本あるの？」
B「わからないわ。数えて確かめてみましょう」

解説
How many 〜（複数名詞）は数を尋ねる表現。ペンの本数について B は I don't know. と答えているので，Let's count them「それら（＝ペン）を数えてみましょう」という流れになる。invite「〜を招待する」，break「〜を壊す」，turn「〜を回す」。

(4) 解答 1

訳
A「きみはすばらしい家を持っているね，クララ」
B「ありがとう。父がそれを設計したの」

解説
空所後の it はクララの home「家」を指している。これにつながる動詞は，design「〜を設計する，デザインする」の過去形 designed。2，3，4 は bring「〜を持ってくる」，share「〜を共有する」，write「〜を書く」の過去形。

150

(5) 解答 ①

訳 「フットボールの試合は7時に始まるので，6時15分に駅の外で**会おう**」

解説 football はアメリカでは「フットボール」，イギリスでは「サッカー」を指す。試合が7時に始まるので，6時15分に meet「会う」という流れ。make「作る」，come「来る」，show「見える」。

(6) 解答 ③

訳 「大勢の人の前で話すときは，**大きな**声で話さなければならない」

解説 When you speak in front of many people「大勢の人の前で話すとき」に関する内容であることと，空所後の voice「声」とのつながりから，loud「大きな」が正解。tall「背が高い」，long「長い」，wide「（幅が）広い」。

(7) 解答 ③

訳 「芸術コンテストで優勝すれば，賞を受け取ることになります」

解説 prize は「賞，賞金」という意味で，これにつながる動詞は receive「～を受け取る」。invite「～を招待する」，guess「～を推測する」，serve「（食事や飲み物など）を出す」。

(8) 解答 ②

訳 A「野球の試合のチケットを2枚手に入れたんだ。ぼくと一緒に**来ない？**」

B「いいわね。とても行きたいわ」

解説 空所後の don't you に注目し，相手を誘う Why don't you ～?「～しませんか」という表現にする。ここでの Why は「なぜ」という意味ではないことに注意する。How「どのように」，What「何」，When「いつ」。

(9) 解答 ④

訳 「私は普段7時に起きて，9時**から**10時**の間に**寝る」

解説 空所後に nine and ten「9時と10時」があるので，between A and B「Aと[から]Bの間に」という表現にする。get up は「起

151

きる」，go to bed は「寝る」という意味。before「～の前に」，on「～の上に」，still「まだ」。

(10) 解答 2

訳 「ナンシーはお金を貯めたいので，今週は外食しないつもりだ」

解説 空所前後の go と to eat とのつながりを考えて，go out to eat「食事をしに外出する→外食する」という表現を作る。save money は「お金を貯める」という意味。near「～の近くに」，by「～のそばに」，down「下に」。

(11) 解答 1

訳 「先週末に両親が私たちをキャンプに連れていってくれたとき，私たちはとても楽しい時間を過ごした」

解説 空所後の a lot of fun につながる動詞は have の過去形 had で，have (a lot of) fun で「(とても) 楽しい時間を過ごす」という意味。2，3，4 は do「(～を) する」，play「～をする，演奏する」，get「～を得る」の過去形。

(12) 解答 3

訳 「私の学校では，人々は校舎の中に入るときに靴を脱がなければならない」

解説 空所後の off their shoes とのつながりを考えて，take off ～「～を脱ぐ」とする。school building は「校舎」という意味。have「～を持っている」，make「～を作る」，bring「～を持ってくる」。

(13) 解答 1

訳 「私の兄[弟]はミュージシャンだ。彼は私にギターの弾き方を教えてくれることになっている」

解説 musician「ミュージシャン，音楽家」である兄[弟]が教えてくれるのは，how to play the guitar「ギターの弾き方」。〈how to＋動詞の原形〉で「～のしかた[方法]」という意味の表現になる。

(14) 解答 2

訳 「もしフランクが今日の練習でひざをけがしたら，週末のサッカー

152

大会ではプレーできないだろう」

解説 injure「〜をけがする」の形がポイントの問題。If 節の主語は3人称単数の Frank なので，主語に合わせて injures とする。won't は will not の短縮形，be able to 〜は「〜することができる」という意味。

(15) 解答 ③

訳 A「あそこでバナナを食べているサルを見て」
B「あら，とてもかわいいわ」

解説 空所以降が直前の the monkey「サル」を修飾する関係を作るために，動詞 eat「〜を食べる」を現在分詞 eating「〜を食べている」とする必要がある。over there は「あそこで」という意味。

| 一次試験・筆記 | **2** | 問題編 p.116 |

19年度第1回　筆記

(16) 解答 ①

訳 娘　「今日の期末試験でよい成績が取れるといいんだけど」
母親「心配はいらないわ。あなたは一生懸命勉強したんだから，うまくいくわよ」

解説 娘の I hope 〜は「〜だといいんだけど」，do well on an exam [a test] は「試験［テスト］でよい成績を取る」という意味。母親の You studied hard, so you'll do well. と意味的につながるのは**1**の Don't worry. で，一生懸命勉強したので「心配はいらない」ということ。

(17) 解答 ①

訳 女性「昨夜，ママ・デルズというレストランへ行ったの。聞いたことある？」
男性「うん。ぼくの友だちがそこはとてもおいしいって言ってたよ」

解説 女性が行ったレストラン Mama Dell's が話題。男性の Yes. My friend said it's delicious. につながるのは**1**で，Have you

153

heard of ～? は「～のことを聞いたことがありますか」という意味。heard は hear「聞く」の過去分詞。

(18) 解答 **3**

訳 父親「今日の気分はどう，ポール？」
息子「あまりよくないよ。まだ熱があるんだ」

解説 How are you feeling? は相手の気分や体調を尋ねる表現。息子はまだ fever「熱」があると言っているので，**3** が正解。not so ～ は「あまり～ではない」ということ。**2** の Not at the moment. は「今のところはそうではない」という意味。

(19) 解答 **4**

訳 娘　「私を公園へ連れて行ってくれない，お母さん？」
母親「寒すぎて外では遊べないわ。代わりに映画を見ましょう」

解説 娘の Can you ～?「～してくれませんか」は依頼する表現。母親は instead「代わりに」を使って watch a movie「映画を見る」ことを提案しているので，公園へは行かない理由になっている **4** が正解。too ～ to …「～すぎて…できない」という意味。

(20) 解答 **2**

訳 男性「もうすぐオーストラリアへ行くんじゃないの？」
女性「そうよ。月曜日の朝に出発するので，今週末に準備しなくちゃいけないの」

解説 空所後に so「だから」があるので，空所に入る内容が I have to get ready this weekend「今週末に準備しなければならない」の理由になることが予想できる。正解 **2** の現在進行形 I'm leaving ～ は近い未来を表す用法。

一次試験・筆記 **3A** 問題編 p.118～119

ポイント さまざまな日本映画を上映する，日本映画フェスティバルを案内する映画館の掲示。フェスティバルの具体的な内容とともに，日時や場所，チケット料金などに注意して，情報を整理しながら読

もう。

全訳

日本映画フェスティバル

サンタウン映画館へお越しいただき，すばらしい日本映画をお楽しみください！　コメディー，ドラマ，ホラー映画，その他多数を上映いたします。

> **時**：7月10日から7月20日
> **場所**：サンタウン映画館，ウィルソン通り21番地
> **チケット料金**：大人－15ドル　学生と子ども－10ドル

各チケットには無料で日本の緑茶のボトル1本がついてきます。フェスティバルは7月10日に「カラオケキング」というコメディーから始まります。その上映開始前に，有名な俳優であるサトウ・アキラが映画館へ来て，映画について話します。このイベントに参加したい方は，すぐにチケットをお買い求めください！詳細は当館のウェブサイトをご確認ください：

www.suntowntheater.com

語句　amazing「すばらしい」，comedies＜comedy「コメディー」の複数形，horror movie(s)「ホラー映画」，children＜child「子ども」の複数形，a bottle of ～「ボトル1本の～」，green tea「緑茶」，begin with ～「～から始まる」，actor「俳優」，attend「～に参加する，出席する」，website「ウェブサイト」

(21) 解答 ❸

質問の訳　「人々はチケットを買うと何がもらえるか」

選択肢の訳　1　日本のお菓子。　　　　　2　「カラオケキング」のDVD。
3　ボトル1本のお茶。　　4　映画のポスター。

解説　掲示の Ticket Prices「チケット料金」の下に，You'll be given a free bottle of Japanese green tea with each ticket. とある。given は give の過去分詞で，You'll be given ～は「～を与えられる」，つまり「～がもらえる」ということ。

(22) 解答 ❶

質問の訳　「7月10日に何が起こるか」

19年度第1回　筆記

選択肢の訳

1 サトウ・アキラが「カラオケキング」について話をする。
2 映画フェスティバルが終わる。
3 サンタウン映画館でカラオケのコンテストがある。
4 サンタウン映画館が閉館する。

解説

On July 10, the festival will begin with … の次に，The famous actor, Akira Sato, will … talk about the movie before it starts. とある。the movie は，前文にある a comedy called *Karaoke King* を指している。正解 **1** の give a talk about ～「～について話をする，講演を行う」は，掲示の talk about ～「～について話す」とほぼ同じ意味。

一次試験・筆記	**3B**	問題編 p.120〜121

ポイント

夏休みに入ったマイクが祖母に送った E メールと，祖母からの返信。マイクがテレビゲームを買うお金を得るために最初にしたこと，次に考えついたアイディアと祖母への質問，その質問に対する祖母の返信内容などを中心に読み取ろう。

全 訳

送信者：マイク・コステロ
受信者：ローズ・コステロ
日付：6 月 25 日
件名：新しいアイディア
こんにちは，おばあちゃん，

元気ですか？ 学校が先週終わったので，今ぼくは夏休み中です。毎日，テレビゲームをしたり，プールへ泳ぎに行ったりしています。お父さんに新しいゲームを買うためのお金を頼みましたが，お父さんはダメだと言いました。お父さんは，ぼくはアルバイトを見つけるべきだと言いました。ぼくは今 17 歳なので，お父さんの言うとおりかもしれません。ともかく，ぼくにはアイディアがあります。自分自身のビジネスを始めることにしました。人々の車を洗うつもりです。家々を訪ねて，1 台 10 ドルで洗車します。すでにお母さんとお父さんの友だち何人かに聞いて，その人たちは興味があると言ってくれました。おばあちゃんはどうですか？

そのうちぼくにおばあちゃんの車を洗ってほしいですか？
それでは，
マイク

送信者：ローズ・コステロ
受信者：マイク・コステロ
日付：6月25日
件名：今週の土曜日

こんにちは，マイク，
Eメールをありがとう。あなたが夏休みを楽しんでいると聞いてうれしいわ。昨日，お母さんから電話があったの。お母さんは，あなたがこの前の数学のテストでいい成績を取らなかったので心配だと言ってたわ。きっと次回はもっとよくできると思うわ。それはすばらしいビジネスのアイディアね。私のために車を洗いに来てくれるかしら？ 普段はおじいちゃんが洗車するんだけど，おじいちゃんは年を取ってきたの。近ごろはおじいちゃんが洗車するのはとても大変なの。月に1度，洗車に来ていいわよ。今週土曜日の正午に来てくれる？ もちろんお金を払うけど，あなたに何か昼食も作ってあげたいの。ツナとチーズのサンドイッチはどう？ 金曜日の夜までに電話して知らせてね。
それでは，
おばあちゃん

語句　vacation「休み」，part-time job「アルバイト」，guess「～だと思う」，anyway「それはそうと，ともかく」，decide to ～「～することに決める」，business「ビジネス，仕事」，interested「興味がある」，sometime「そのうち，いつか」，worried「心配して」，get old「年を取る」，these days「近ごろ」，pay「(人)に支払う」，tuna「ツナ，マグロ」，let ～ know「～に知らせる」

(23) 解答

質問の訳　「最初，マイクの問題は何だったか」
選択肢の訳　1 彼の父親が彼にお金をあげなかった。

157

2 彼は忙しすぎて新しい仕事を見つけられなかった。

3 彼はプールでの仕事が好きではなかった。

4 彼はうまく泳げなかった。

> **解 説** Mike's problem「マイクの問題」は，マイクが書いた最初のEメールの4文目に I asked Dad for some money to buy some new games, but he said no. と書かれている。ask ～ for … は「～に…を（くれるように）頼む」という意味。he said no は，父親がマイクにお金をあげることについて no と言ったということ。

(24) 解答 ④

> **質問の訳** 「マイクの母親はマイクについて何と言ったか」

> **選択肢の訳**
> **1** 彼は有名な自動車会社で働きたくない。
> **2** 彼の学校で一番好きな科目は数学だ。
> **3** 彼は今年の夏に自動車教習所へ通いたい。
> **4** 彼は数学のテストでいい点数を取らなかった。

> **解 説** マイクの祖母が書いた2番目のEメールの3文目に Your mother called yesterday. とあり，次の She said … because you didn't do well on your last math test. が，マイクの母親が祖母に話した内容。didn't do well on ～「～の成績がよくなかった」が，正解4では didn't get a good score on ～「～でいい点数を取らなかった」と表現されている。

(25) 解答 ①

> **質問の訳** 「今週の土曜日，マイクの祖母がマイクにしてほしいことは」

> **選択肢の訳**
> **1** 彼女の車を洗う。
> **2** サンドイッチを作る。
> **3** 彼の祖父に電話する。
> **4** 彼女を車で店に連れていく。

> **解 説** 2番目のEメールの7文目で，マイクの祖母はマイクに Could you come and wash my car for me? と洗車を依頼している。さらに11文目の Could you come this Saturday at noon? で，今週の土曜日に来るように頼んでいる。

158

| 一次試験・筆記 | **3C** | 問題編 p.122〜123 |

ポイント

カナダで有名なアイスホッケー選手だったモーリス・リシャールの生涯に関する4段落構成の英文。年号や年齢などに注意しながら，モーリスが子どものときの様子，プロのチームに入ってからの活躍などについて理解しよう。

全 訳

モーリス・リシャール

　カナダでは，他のどのスポーツよりもサッカーをする子どもたちが多いが，アイスホッケーも人気がある。多くの子どもたちは，プロのアイスホッケー選手になることを夢見ている。彼らにとって，アイスホッケー選手は特別なものだ。有名なカナダ人アイスホッケー選手の1人が，モーリス・リシャールだ。

　モーリスは1921年に，カナダのモントリオールで生まれた。子どもの頃，彼はアイススケート，野球，そしてボクシングを楽しんだが，アイスホッケーが一番好きだった。14歳のとき，彼は友だちと一緒に学校でアイスホッケーをし始めた。16歳のとき，学校をやめて，父親と一緒に仕事に就いた。それから，18歳のとき，彼はアマチュアのアイスホッケーチームに入った。

　21歳のとき，モーリスはモントリオール・カナディアンズというプロのアイスホッケーチームでプレーし始めた。モーリスはすぐにチームの重要な選手になり，1シーズンで50ゴールを決めた最初の選手になった。彼は力強く，とても速くスケートで滑ったので，人々は彼のことを"ロケット"と呼び始めた。彼がプレーをすると，チームは多くの試合で勝った。彼はモントリオール・カナディアンズがスタンレー・カップ（北米プロアイスホッケー優勝決定戦）で8回優勝することに貢献した。モーリスは1960年に，アイスホッケーをすることをやめた。彼は18年間，プロのアイスホッケー選手だった。

　モーリスが2000年に亡くなったとき，多くのカナダ人は悲しんだ。彼は史上最も偉大なアイスホッケー選手の1人だったので，人々は彼のことが大好きだった。モーリス・"ロケット"・リシャール・トロフィーという賞があるので，彼は今でも人々の記憶に残っ

19年度第1回　筆記

159

ている。それは毎年，1シーズンで最も多くのゴールを決めた選手に贈られる。

語句 dream of ～ing「～することを夢見る」，professional「プロの」，Canadian「カナダ人の」，ice-skating「アイススケート」，boxing「ボクシング」，left school「学校をやめた」（left＜leave「～を去る」の過去形），important player「重要な選手」，goal(s)「ゴール，得点」，season「（スポーツの）シーズン」，won＜win「～に優勝する，勝つ」の過去形，in history「歴史上」，award「賞」，given＜give「～を与える」の過去分詞

(26) 解答 2

質問の訳 「カナダではどのスポーツが最も多くの子どもたちにプレーされているか」

選択肢の訳 1 ボクシング。 　　　　2 サッカー。
3 野球。 　　　　　　　4 アイスホッケー。

解説 第1段落の最初の文に，In Canada, more children play soccer than any other sport と書かれている。「他のどのスポーツよりもサッカーをする子どもたちが多い」とはつまり，サッカーが最も多くの子どもたちがするスポーツということ。

(27) 解答 3

質問の訳 「モーリス・リシャールは16歳のときに何をしたか」

選択肢の訳 1 彼はアイスホッケーをし始めた。
2 彼は友だちと一緒にボクシングクラブに入った。
3 彼は父親と一緒に働き始めた。
4 彼はアマチュアのアイスホッケーチームに入った。

解説 質問の when he was 16 years old に注目して，ほぼ同じ表現が含まれている第2段落の4文目 He left school and got a job with his father when he was 16. から判断する。got a job「仕事に就いた」が，正解3では started working「働き始めた」と言い換えられている。

160

(28) 解答 3

質問の訳 「モーリスはなぜ"ロケット"と呼ばれたか」

選択肢の訳
1 彼はボクシングがとてもじょうずだった。
2 彼のチームメートが彼のことを大好きだった。
3 彼は力強く，速くスケートで滑った。
4 彼はモントリオール・カナディアンズでプレーをした。

解 説 第3段落の3文目に，He was strong and skated very fast, so people started calling him "The Rocket." とある。～, so … は「～，だから…」という意味で，He was strong and skated very fast が so 以下の理由になっている。正解3では，英文にはない skater「スケートをする人」が使われている。

(29) 解答 1

質問の訳 「モーリスが今でも人々の記憶に残っている理由は」

選択肢の訳
1 彼の名前がついた特別な賞がある。
2 彼の名前がついたプロのアイスホッケーチームがある。
3 彼の名前がついたカナダの都市がある。
4 彼の名前がついたスケート学校がある。

解 説 Maurice is still remembered は「モーリスは今でも覚えられている」，つまり，「モーリスは今でも人々の記憶に残っている」ということ。その理由は第4段落の3文目で，… because there is an award called the Maurice "Rocket" Richard Trophy. と説明されている。called「～と呼ばれている」以下を，各選択肢では with his name「彼の名前がついた」と表現している。

(30) 解答 2

質問の訳 「この話は何についてか」

選択肢の訳
1 プロのアイスホッケー選手になる方法。
2 有名なカナダ人アイスホッケー選手。
3 カナダのアマチュアのアイスホッケーチーム。
4 若いアイスホッケー選手に贈られる新しい賞。

解 説 タイトルにもある通り Maurice Richard に関する英文で，彼について第1段落の4文目で，One famous Canadian ice hockey

161

player is Maurice Richard. と説明している。これ以降，彼の生
涯について書かれていることから主題として **2** が適切。

一次試験・筆記　**4**　問題編 p.124

質問の訳　「あなたは何曜日が一番好きですか」

解答例　I like Sundays the best because I can play soccer at the park with my friends.　Also, my parents aren't busy on Sundays, so I can do many things with them.

解答例の訳　「友だちと一緒に公園でサッカーをすることができるので，私は日曜日が一番好きです。また，日曜日は私の両親が忙しくないので，両親と一緒に多くのことができます」

解説　What day of the week は「週のうちでどの日」，つまり，「何曜日」ということ。最初に，一番好きな曜日を I like ～ the best の形で書き，続けてその理由を2つ説明する。解答例では，1文目：自分の考え（日曜日が一番好き）＋1つ目の理由（友だちと一緒に公園でサッカーをすることができる），2文目：2つ目の理由（両親が忙しくないので，一緒に多くのことができる）という構成になっている。自分の考えに続けて理由を説明する because「～なので」，理由を追加する Also「また」，直前に述べたことの結果を表す so「だから」などの用法を確認しておこう。

語句　like ～ the best「～が一番好きだ」，parents「両親」，busy「忙しい」

162

| 一次試験・リスニング | 第**1**部 | 問題編 p.125〜126 | 🔊 | ▶MP3 ▶アプリ ▶CD 3 **1**〜**11** |

例題　解答 ③

放送文
★：I'm hungry, Annie.
☆：Me, too. Let's make something.
★：How about pancakes?
　　1 On the weekend.　　　　**2** For my friends.
　　3 That's a good idea.

放送文の訳
★：「おなかがすいたよ，アニー」
☆：「私もよ。何か作りましょう」
★：「パンケーキはどう？」
　　1 週末に。　　　　　　　　**2** 私の友だちに。
　　3 それはいい考えね。

No.1　解答 ①

放送文
★：Oh, no! It's my turn next.
☆：Are you all right?
★：I'm really nervous.
　　1 You'll do fine.
　　2 It's my favorite.
　　3 They're for school.

放送文の訳
★：「ああ，どうしよう！　次はぼくの番だ」
☆：「大丈夫？」
★：「とても緊張しているよ」
　　1 あなたならうまくできるわ。
　　2 それは私のお気に入りよ。
　　3 それらは学校用よ。

解説　ピアノの発表会の場面で，男の子は my turn「自分の順番」が次なので nervous「緊張して」と言っている。これを受けた女の子の発話として適切なのは **1** で，do fine「うまくやる」を使って励ましている。

19年度第1回　リスニング

163

No. 2　解答 ③

放送文 ★：Excuse me.

☆：Yes, sir. How can I help you?

★：Could I see the menu?

   1　Good evening, sir.

   2　That's very cheap.

   3　I'll bring it right away.

放送文の訳 ★：「すみません」

☆：「はい，お客さま。ご用件をお伺いいたします」

★：「メニューを見せていただけますか」

   1　こんばんは，お客さま。

   2　それはとても安いです。

   3　すぐにお持ちいたします。

解　説　男性客の Could I see ～? は「～を見せていただけますか」という意味で，menu「メニュー」を見たいということをウエートレスに伝えている。これに対応しているのは **3** で，it は the menu を指す。bring は「～を持ってくる」，right away は「すぐに」という意味。

No. 3　解答 ①

放送文 ★：I'm glad that school's over.

☆：Me, too.

★：What are your plans for the summer vacation?

   1　I'm going to Los Angeles.

   2　It'll be hot.

   3　I went to the ocean.

放送文の訳 ★：「学校が終わってうれしいよ」

☆：「私もよ」

★：「夏休みはどういう予定なの？」

   1　私はロサンゼルスへ行くの。

   2　暑くなるわ。

   3　私は海へ行ったの。

解　説　What are your plans for ～? は「～の予定［計画］は何ですか」という意味で，男の子は女の子に the summer vacation「夏休み」

に何をするかを尋ねている。Los Angeles「ロサンゼルス」へ行くと具体的な計画を答えている **1** が正解。

No. 4　解答 ③

放送文
★：I think it's going to rain.
☆：I'd better go home, then.
★：Would you like to use my umbrella?
　　1 It's time for dinner.
　　2 Our house is green.
　　3 I'll be OK.

放送文の訳
★：「雨が降ってくると思うよ」
☆：「それじゃ，私は家に帰らなくちゃ」
★：「ぼくの傘を使う？」
　　1 夕食の時間よ。
　　2 私たちの家は緑色よ。
　　3 私は大丈夫よ。

解　説
Would you like to ～?「～したいですか」という質問に Yes/No で答えている選択肢はないが，正解 **3** の I'll be OK. は「私は（傘を使わなくても）大丈夫」ということ。I'd better ～（動詞の原形）は「私は～しないといけない［～したほうがいい］」という意味。

No. 5　解答 ②

放送文
★：I had a lot of fun tonight.
☆：Me, too.
★：Thanks for inviting me to dinner.
　　1 I drove here.
　　2 It was my pleasure.
　　3 Sorry, I missed it.

放送文の訳
★：「今夜はとても楽しかったよ」
☆：「私もよ」
★：「ぼくを夕食に招待してくれてありがとう」
　　1 私は車でここへ来たわ。
　　2 どういたしまして。

19年度第1回　リスニング

165

3 ごめんなさい，それを見逃しちゃったわ。

解説　男性は Thanks for ～「～してくれてありがとう」と，女性が dinner「夕食」に招待してくれたことを感謝している。正解 2 の It was my pleasure. はお礼を言われたときの返答で，My pleasure. の形でも用いられる。

No. 6　解答 ②

放送文　☆：Thanks for taking me fishing, Grandpa.

★：No problem.

☆：I really enjoyed it.

1 I brought one with me.

2 Let's go again sometime.

3 I'll ask your parents.

放送文の訳　☆：「私を釣りに連れていってくれてありがとう，おじいちゃん」

★：「どういたしまして」

☆：「とても楽しかったわ」

1 私は 1 つ持ってきたよ。

2 またいつか行こうね。

3 きみの両親に聞いてみるよ。

解説　I really enjoyed it. の it は，Grandpa「おじいちゃん」が連れていってくれた fishing「釣り」のこと。「とても楽しかった」を受けた発話になっているのは 2 で，Let's ～（動詞の原形）は「～しよう」，sometime は「そのうち，いつか」という意味。

No. 7　解答 ①

放送文　☆：What are you going to do today?

★：I'm going shopping.

☆：With your friends?

1 No, I'm going by myself.

2 No, I'll buy a dictionary.

3 No, I had lunch already.

放送文の訳　☆：「今日は何をする予定なの？」

★：「買い物に行くよ」

☆：「友だちと一緒に？」

1 ううん，1人で行くよ。

2 ううん，辞書を買うんだ。

3 ううん，もう昼食を食べたよ。

解説 With your friends? は Are you going shopping with your friends? ということで，買い物に友だちと一緒に行くかどうかを尋ねている。これに対して，No と否定した後，by myself「自分1人で」と答えている **1** が正解。

No.8 解答 ③

放送文 ★：Are you still drawing a picture?

☆：Yes, Dad.

★：When can I see it?

1 I asked my art teacher.

2 I have enough paper.

3 After I finish.

放送文の訳 ★：「まだ絵を描いているの？」

☆：「うん，お父さん」

★：「いつそれを見てもいいかな？」

1 私は美術の先生に尋ねたわ。

2 私は紙を十分持っているわ。

3 私が描き終わったら。

解説 draw a picture は「絵を描く」という意味。When can I see it? の it は女の子が描いている絵を指していて，父親はそれをいつ見ていいかを尋ねている。時を答えているのは **3** の After I finish. で，ここでの finish は「描き終える」ということ。

No.9 解答 ①

放送文 ★：Yuko, is coffee popular in Japan?

☆：Yes, it is.

★：Do you often drink it?

1 No, but my parents do.

2 No, I left it at the café.

3 No, because it's too far.

放送文の訳 ★：「ユウコ，コーヒーは日本で人気があるの？」

19年度第1回 リスニング

167

☆：「ええ，あるわよ」

★：「きみはよく飲むの？」

1 ううん，でも私の両親はよく飲むわ。

2 ううん，私はそれをカフェに置いてきちゃったわ。

3 ううん，それは遠すぎるから。

解説 Do you often drink it? の it は coffee「コーヒー」を指している。正解 **1** の No, but … は「自分は飲まないけれど〜」ということで，my parents do は my parents often drink it「私の両親はそれ（＝コーヒー）をよく飲む」という意味。

No. 10 解答 2

放送文 ★：Did you watch the baseball game on TV last night?

☆：No.

★：Why not?

1 I have one in my room.

2 I watched a movie instead.

3 You can't join the club.

放送文の訳 ★：「昨夜，野球の試合をテレビで見た？」

☆：「ううん」

★：「どうして見なかったの？」

1 私は自分の部屋に 1 つあるわ。

2 私は代わりに映画を見たの。

3 あなたはそのクラブに入れないわ。

解説 Did you watch the baseball game on TV last night? に女の子は No. と答えているので，Why not? は「どうして野球の試合をテレビで見なかったのか」ということ。I watched a movie と理由を答えている **2** が正解で，instead は「代わりに」という意味。

| 一次試験・リスニング | 第**2**部 | 問題編 p.127〜128 | 🔊 | ▶MP3 ▶アプリ ▶CD 3 12〜22 |

No. 11 解答 1

放送文 ★：Why did you buy so much food, Mom?

168

☆：Tomorrow is your grandmother's birthday party, Jim.

★：I thought we were going to a restaurant.

☆：No, Grandma wants to have the party at our house.

　　Question: Where will the party be?

放送文の訳 ★：「どうしてそんなにたくさん食料を買ったの，お母さん？」

☆：「明日はおばあちゃんの誕生日パーティーよ，ジム」

★：「レストランへ行くんだと思ってたよ」

☆：「ううん，おばあちゃんは私たちの家でパーティーをしたいの」

質問の訳 「パーティーはどこで行われるか」

選択肢の訳 **1 ジムの家族の家で。**　　　2 ジムの友だちの家で。

3 スーパーマーケットで。　4 レストランで。

解説 grandmother's birthday party の場所について，ジムは I thought we were going to a restaurant. と言っているが，その後で母親は Grandma wants to have the party at our house と答えている。our house とは，正解 **1** の Jim's family's house のこと。

No. 12 解答 ③

放送文 ☆：Excuse me. Do you have any chocolate cakes?

★：I'm sorry. They're sold out. But we have some cheesecakes.

☆：No, thanks. I'll come back tomorrow.

★：Sure, I'll keep a chocolate cake for you then.

　　Question: What will the woman do tomorrow?

放送文の訳 ☆：「すみません。チョコレートケーキはありますか」

★：「申し訳ありません。売れ切れました。でも，チーズケーキならあります」

☆：「いえ，結構です。明日また来ます」

★：「かしこまりました，それではお客さまにチョコレートケーキをお取り置きしておきます」

質問の訳 「女性は明日，何をするか」

選択肢の訳 1 チーズケーキを買う。　　　2 自分でケーキを作る。

3 また店に行く。　　　　　　4 違う店で買い物をする。

解説 女性は自分が買いたかったチョコレートケーキが They're sold

19年度第1回　リスニング

169

out「売り切れている」とわかったので，I'll come back tomorrow.「明日また来る」と言っている。このことを Go to the store again. と表している **3** が正解。

No. 13 解答 ③

放送文 ☆：Jim, what does your dad do?

★：He's a doctor. How about yours, Becky?

☆：He teaches at Weston High School.

★：My brother goes to that school.

Question: Who is a doctor?

放送文の訳 ☆：「ジム，あなたのお父さんのお仕事は何？」

★：「医者だよ。きみのお父さんは，ベッキー？」

☆：「ウェストン高校で教えているわ」

★：「ぼくの兄[弟]がその学校へ通っているよ」

質問の訳 「誰が医者か」

選択肢の訳 **1** ベッキーの父親。 **2** ベッキーの兄[弟]。
3 ジムの父親。 **4** ジムの兄[弟]。

解説 What does ～ do? は職業が何かを尋ねる表現。ベッキーの Jim, what does your dad do? にジムは He's a doctor. と答えているので，医者をしているのはジムの父親。

No. 14 解答 ②

放送文 ☆：Dad, there's a new bakery next to the station.

★：Really?

☆：Yes. Can we go there?

★：Sure, let's go now and get some sandwiches for lunch.

Question: What will they do now?

放送文の訳 ☆：「お父さん，駅の隣に新しいパン屋ができたわよ」

★：「本当？」

☆：「うん。そこへ行ける？」

★：「いいよ，今から行って，昼食にサンドイッチを買おう」

質問の訳 「彼らは今から何をするか」

選択肢の訳 **1** 電車に乗る。 **2** 新しくできたパン屋へ行く。
3 彼らの昼食を作る。 **4** 彼らの友だちの家を訪ねる。

170

解説 a new bakery「新しくできたパン屋」が話題。この後の行動は，父親の let's go now and get …「今から行って，〜を買おう」から判断する。let's go now とは，今から新しくできたパン屋へ行くということ。next to 〜は「〜の隣に」という意味。

No. 15 解答 **4**

放送文 ☆ : What did you do on Saturday, Ken?
★ : I practiced with my band, Grandma.
☆ : How about Sunday?
★ : I studied with a friend.
Question: What are they talking about?

放送文の訳 ☆ :「土曜日は何をしたの，ケン？」
★ :「ぼくのバンドと練習したんだ，おばあちゃん」
☆ :「日曜日は？」
★ :「友だちと一緒に勉強したよ」

質問の訳 「彼らは何について話しているか」

選択肢の訳 **1** ケンの新しい友だち。　　**2** ケンの大好きなバンド。
3 ケンの部屋。　　**4** ケンの週末。

解説 祖母がケンに尋ねている2つの質問 What did you do on Saturday, Ken? と How about Sunday? から，ケンが土曜日と日曜日，つまり weekend「週末」に何をしたかが話題になっていることがわかる。

No. 16 解答 **1**

放送文 ★ : Sorry I couldn't go to your soccer game last Friday.
☆ : That's OK.
★ : Did your team win?
☆ : Yes, but I didn't get any goals.
Question: What happened last Friday?

放送文の訳 ★ :「先週の金曜日，きみのサッカーの試合に行けなくてごめん」
☆ :「いいのよ」
★ :「きみのチームは勝ったの？」
☆ :「ええ，でも私はゴールを決められなかったわ」

質問の訳 「先週の金曜日に何があったか」

19年度第1回　リスニング

171

選択肢の訳	**1** 女の子のチームが試合に勝った。
	2 女の子がゴールを決めた。
	3 男の子がサッカーの試合に行った。
	4 コーチが遅刻した。

解 説	last Friday にあった女の子の soccer game が話題。男の子の Did your team win? に女の子は Yes と答えているので，**1** が正解。won は win「勝つ」の過去形。男の子の I couldn't go to your soccer game，女の子の I didn't get any goals から，**2** と **3** は不正解。

No. 17 解答 ④

放送文	★：I finished my homework, Ms. Westwood.
	☆：Already? I just gave it to you this morning.
	★：I did it at lunchtime because I'll be busy tonight.
	☆：That's great.
	Question: When did the boy do his homework?

放送文の訳	★：「宿題が終わりました，ウェストウッド先生」
	☆：「もう？　今朝出したばかりよ」
	★：「今夜は忙しくなるので，昼休みにやりました」
	☆：「それはすごいわ」

質問の訳	「男の子はいつ宿題をしたか」

選択肢の訳	**1** 昨日の朝。	**2** 昨夜。
	3 今朝。	**4** 昼休みに。

解 説	男の子の I did it at lunchtime から，**4** が正解。it はウェストウッド先生から今朝出された homework「宿題」を指している。at lunchtime は「昼休みに，昼食時に」という意味。

No. 18 解答 ①

放送文	☆：You look sad, Billy.
	★：Yeah. I wanted to look at the stars tonight, but it's too cloudy.
	☆：Well, the newspaper says it'll be nice tomorrow.
	★：I hope so.
	Question: Why is Billy sad?

放送文の訳 ☆：「悲しそうね，ビリー」

★：「うん。今夜，星を見たかったんだけど，雲が多すぎるんだ」

☆：「うーん，新聞には明日は晴れるって書いてあるわ」

★：「そうだといいんだけど」

質問の訳 「ビリーはなぜ悲しいのか」

選択肢の訳 **1** 彼は今夜，星を見ることができない。

2 明日はくもりになる。

3 彼は新聞を見つけることができない。

4 彼の理科の宿題が難しい。

解説 女の子から You look sad, Billy. と言われたビリーは，I wanted to look at the stars tonight, but it's too cloudy. と答えている。too ～（形容詞）は「～すぎる，あまりに～」という意味で，it's too cloudy は「雲が多すぎる（ので星が見られない）」ということ。

No. 19 解答 ②

放送文 ☆：What's wrong?

★：My washing machine broke again.

☆：Are you going to buy a new one?

★：I want to, but I won't have enough money until next month.
Question: What does the man want to do?

放送文の訳 ☆：「どうしたの？」

★：「ぼくの洗濯機がまた壊れちゃったんだ」

☆：「新しいのを買うの？」

★：「そうしたいんだけど，来月までは十分なお金がないんだ」

質問の訳 「男性は何をしたいか」

選択肢の訳 **1** 女性のお金を返す。　　　**2** 新しい洗濯機を買う。

3 新しい家を買う。　　　**4** 来月に女性を訪ねる。

解説 Are you going to buy a new one? の one は，washing machine「洗濯機」を指している。この質問への男性の答え I want to は，I want to (buy a new washing machine) を短く表現したもの。正解 2 では，buy と同じ意味で Get が使われている。

No. 20 解答 ①

放送文
☆: Did you go running yesterday?
★: Yes. I got up at six thirty and ran five kilometers before work.
☆: Great. I'm going to run 10 kilometers tonight.
★: Good luck.
Question: How far did the man run yesterday?

放送文の訳
☆:「昨日は走りに行ったの？」
★:「うん。6時30分に起きて，仕事の前に5キロ走ったよ」
☆:「すごいわね。私は今夜，10キロ走るつもりよ」
★:「がんばってね」

質問の訳 「男性は昨日，どれくらいの距離を走ったか」

選択肢の訳 1 5キロ。　2 6キロ。　3 10キロ。　4 30キロ。

解説 男性のI … ran five kilometers before work. から，1が正解。ran は run「走る」の過去形。3のTen kilometers. は，女性が今夜走る距離。男性の起床時間である six thirty を聞いて2や4を選ばないように注意する。

一次試験・リスニング 第3部 問題編 p.129〜130

No. 21 解答 ②

放送文
Yuko is going to play tennis this weekend. She'll meet her friends at the station early on Saturday morning. They're going to take the train together to the tennis court.
Question: Where is Yuko going to meet her friends?

放送文の訳 「ユウコは今週末，テニスをする予定だ。土曜日の朝早くに，駅で友だちと会う。彼女らは一緒に電車に乗ってテニスコートへ行く」

質問の訳 「ユウコはどこで友だちに会うか」

選択肢の訳 1 電車の中で。　　　　2 駅で。
3 テニスコートのそばで。　4 彼女の家で。

解説 ユウコが友だちと会う場所については，2文目で She'll meet her friends at the station … と説明されていることから，2が正解。

174

They're going to take the train together とあるが，電車に乗る前に友だちと会うので **1** は不正解。

No. 22 解答 ③

放送文　Last weekend, my family and I drove to my grandparents' house. Our dog doesn't like cars, so he couldn't come with us. I asked my friend George to take care of him.
Question: What did the girl ask George to do?

放送文の訳　「先週末，私は家族と車で祖父母の家に行った。我が家の犬は車が好きではないので，一緒に来ることができなかった。私は友だちのジョージに犬の世話をしてくれるように頼んだ」

質問の訳　「女の子はジョージに何をするように頼んだか」

選択肢の訳　**1** 旅行に行く。　　　　　　**2** 彼女にペットを買う。
3 彼女の犬の世話をする。　**4** 彼女の祖父母を訪ねる。

解説　最後の I asked my friend George to take care of him. から判断する。ask ～ to … は「～に…するように頼む」，take care of ～ は「～の世話をする」という意味。him は our dog「我が家の犬」を指している。

No. 23 解答 ④

放送文　Tom was busy yesterday. In the morning he helped his mother with the shopping, and after lunch, he went to his part-time job in a restaurant. When he got home in the evening, he had to study.
Question: What did Tom do after lunch yesterday?

放送文の訳　「トムは昨日忙しかった。午前中に彼は母親の買い物の手伝いをして，昼食後にレストランでのアルバイトに行った。夕方に帰宅してからは，勉強しなければならなかった」

質問の訳　「トムは昨日の昼食後に何をしたか」

選択肢の訳　**1** 彼は買い物に行った。　　**2** 彼は家で勉強した。
3 彼は母親の手伝いをした。　**4** 彼はレストランで働いた。

解説　昼食後にしたことは，… and after lunch, he went to his part-time job in a restaurant. から判断する。part-time job は「アルバイト」という意味。この内容を，正解 **4** では worked at a restaurant「レストランで働いた」と表現している。

No. 24 解答 ④

放送文
Last weekend, I went to the bookstore to buy a birthday present for my brother. He loves airplanes, and I found a good book about airplanes. But it was too expensive, so I couldn't buy it.
Question: What was the girl's problem?

放送文の訳
「先週末，私は兄[弟]の誕生日プレゼントを買うために書店へ行った。彼は飛行機が大好きで，私は飛行機に関するいい本を見つけた。でも値段が高すぎたので，それを買うことができなかった」

質問の訳
「女の子の問題は何だったか」

選択肢の訳
1 彼女は兄[弟]を見つけることができなかった。
2 彼女は兄[弟]の誕生日を忘れた。
3 書店が開いていなかった。
4 本の値段が高すぎた。

解説
女の子の problem「問題」は，最後の But it was too expensive, so I couldn't buy it. で説明されている。it はいずれも，bookstore「書店」で見つけた a good book about airplanes「飛行機に関するいい本」を指している。

No. 25 解答 ①

放送文
Brian can speak English and Chinese. His mother is from China, and she taught him Chinese. This summer, he plans to visit his grandparents in China by himself.
Question: What is Brian going to do this summer?

放送文の訳
「ブライアンは英語と中国語を話すことができる。彼の母親は中国出身で，彼女が彼に中国語を教えた。今年の夏，彼は1人で中国にいる祖父母を訪ねる予定だ」

質問の訳
「ブライアンは今年の夏に何をする予定か」

選択肢の訳
1 彼の祖父母を訪ねる。
2 母親と一緒に旅行に行く。
3 学校で英語を教える。
4 中国語を学び始める。

| 解 説 |

This summer 以降の he plans to visit his grandparents in China by himself で，ブライアンが今年の夏に計画していることが説明されている。plan(s) to ～は「～する予定である」，by *one*self は「1人で」という意味。

No. 26 解答 ①

| 放送文 |

I'm going to my friend's wedding in March.　I already have a dress, and I'll buy some new shoes from my favorite store tomorrow.　I'm not going to wear a hat.

Question: What will the woman buy tomorrow?

| 放送文の訳 |

「私は3月に友だちの結婚式へ行く予定だ。すでにドレスは持っていて，明日，私のお気に入りの店で新しい靴を買う。帽子はかぶっていかないつもりだ」

| 質問の訳 |

「女性は明日，何を買うか」

| 選択肢の訳 |

1　靴。　　　　2　ドレス。　　3　結婚指輪。　4　帽子。

| 解 説 |

明日買うものについては，… and I'll buy some new shoes from my favorite store tomorrow. と言っているので，1 が正解。favorite は「お気に入りの」という意味。I already have a dress や I'm not going to wear a hat. から，2 と 4 は不正解。

No. 27 解答 ④

| 放送文 |

Chelsea's house is a little dirty because she hasn't cleaned it since last Friday.　She's going to clean the kitchen on Saturday evening and the living room and bedrooms on Sunday morning.

Question: When will Chelsea clean the living room?

| 放送文の訳 |

「チェルシーの家は，彼女が先週の金曜日以来掃除をしていないので，少し汚れている。彼女は土曜日の夕方に台所を，日曜日の朝にリビングと寝室を掃除するつもりだ」

| 質問の訳 |

「チェルシーはいつリビングを掃除するか」

| 選択肢の訳 |

1　今朝。　　　　　　　　　2　金曜日の夕方。

3　土曜日の夕方。　　　　　4　日曜日の朝。

| 解 説 |

チェルシーが自分の家のどこをいつ掃除するかについて，the kitchen「台所」→ on Saturday evening，the living room and

19年度第1回　リスニング

177

bedrooms「リビングと寝室」→ on Sunday morning の情報を聞き分けるようにする。dirty は「汚れて」という意味。

No. 28 解答 ④

放送文
Hiroko is a university student in England.　She studies math, science, and music.　She enjoys music the most because she thinks math and science are difficult.
Question: Which subject does Hiroko like the best?

放送文の訳
「ヒロコはイングランドの大学生だ。彼女は数学，科学，音楽を勉強している。彼女は数学と科学は難しいと思っているので，音楽を一番楽しんでいる」

質問の訳
「ヒロコはどの科目が一番好きか」

選択肢の訳
1 英語。　　　**2** 数学。　　　**3** 科学。　　　**4** 音楽。

解説
She enjoys music the most「彼女は音楽を一番楽しんでいる」に正解が含まれている。she thinks math and science are difficult とあるので，**2** と **3** は不正解。

No. 29 解答 ①

放送文
My younger sister loves to write stories.　Last weekend, I read one.　I was surprised because it was really good.　I think she's going to be a famous writer someday.
Question: Why was the boy surprised?

放送文の訳
「ぼくの妹は物語を書くことが大好きだ。先週末，ぼくは 1 つ読んだ。それはとてもよかったので，ぼくは驚いた。妹はいつか有名な作家になると思う」

質問の訳
「男の子はなぜ驚いたか」

選択肢の訳
1 彼の妹の物語がとてもよかった。
2 彼は有名な作家に会った。
3 彼の妹が賞を取った。
4 彼は図書館の本を見つけた。

解説
I was surprised「驚いた」の理由は，その後の because it was really good で説明されている。it は男の子が先週末に読んだ，妹が書いた物語の 1 つを指している。read「～を読んだ」は過去形として使われていて，red「赤，赤い」と同じ発音であることに注

178

意する。

No.30 解答 ②

放送文
Thank you for joining today's hiking tour. After walking for about two hours, we'll take a 30-minute break to eat lunch. We'll arrive back here at about 1:15.
Question: How long will they stop for lunch?

放送文の訳
「本日のハイキングツアーにご参加いただき，ありがとうございます。2時間ほど歩いた後に，昼食をとるために30分休憩します。ここには1時15分ごろに戻ってきます」

質問の訳
「彼らは昼食にどれくらいの時間止まるか」

選択肢の訳
1 15分間。　　**2** 30分間。　　**3** 1時間。　　**4** 2時間。

解説
hiking tour「ハイキングツアー」の参加者への案内。we'll take a 30-minute break to eat lunch とあるので，**2** が正解。take a break は「休憩を取る」，30-minute ～は「30分間の～」という意味。**4** の two hours は昼食休憩の前に歩く時間。

19年度第1回 リスニング

179

二次試験・面接 問題カード A 日程 問題編 p.132～133

全訳
人気のある日本食

豆腐は多くのおいしい日本料理で使われる。豆腐をサラダやスープ，そしてアイスクリームやケーキの中にも入れることが好きな人たちがいる。豆腐は健康によくて値段も安いので，多くの人たちに食べられている。

質問の訳

No.1 パッセージを見てください。豆腐はなぜ多くの人たちに食べられていますか。

No.2 イラストを見てください。女性はボトルの水を何本持っていますか。

No.3 めがねをかけた男性を見てください。彼は何をしようとしていますか。

さて，～さん，カードを裏返しにしてください。

No.4 あなたは暇なときに何をしてリラックスしますか。

No.5 あなたは動物園へ行ったことがありますか。
　　　　はい。　→　もっと説明してください。
　　　　いいえ。→　あなたは週末にどこへ行くことが好きですか。

No.1

解答例
Because it is healthy and cheap.

解答例の訳
「それは健康によくて値段も安いからです」

解説
質問は eat「～を食べる」の過去分詞 eaten を使った受動態で，tofu「豆腐」が多くの人たちに食べられる理由を尋ねている。3文目に正解が含まれているが，解答する際，①質問の主語と重なる Tofu を3人称単数の代名詞 it に置き換える，②文の後半 so it is eaten by many people「だからそれは多くの人たちに食べられている」は質問と重なる内容なので省く，という2点に注意する。

No.2

解答例
She's holding two bottles of water.

解答例の訳
「彼女はボトルの水を2本持っています」

解説
〈How many＋複数名詞〉は数を尋ねる表現。bottle(s) は「ビン，ボトル」という意味で，女性がボトルの水を何本持っているか尋

ねている。イラストで女性はボトルの水を2本持っているが，単に Two bottles of water. と答えるのではなく，質問の現在進行形に合わせて She's [She is] holding two bottles of water. と答える。

No. 3

解答例 He's going to clean the floor.

解答例の訳 「彼は床を掃除しようとしています」

解説 イラスト中の the man with glasses「めがねをかけた男性」に関する質問。be going to ～は「～しようとしている」という意味で，男性がこれからとる行動は吹き出しの中に描かれている。質問に合わせて，He's [He is] going to ～（動詞の原形）の形で答える。「床を掃除する」は clean the floor と表現する。

No. 4

解答例 I read comic books.

解答例の訳 「私はマンガ本を読みます」

解説 What do you do to relax は「リラックスするために何をするか（何をしてリラックスするか）」，in one's free time は「暇なときに」という意味。暇なときに何をしてリラックスするかを，I から始めて文の形で答える。

No. 5

解答例
Yes. → Please tell me more.
　— I went to Ueno Zoo yesterday.
No. → Where do you like to go on weekends?
　— I like to go to the shopping mall.

解答例の訳
「はい」→ もっと説明してください。
　—「私は昨日，上野動物園へ行きました」
「いいえ」→ あなたは週末にどこへ行くことが好きですか。
　—「私はショッピングモールへ行くことが好きです」

解説 最初の質問の Have you ever been to ～? は「今までに～へ行ったことがありますか」という意味で，zoo「動物園」に行ったことがあるかどうかを Yes(, I have). / No(, I haven't). で答える。Yes の場合の2番目の質問 Please tell me more. には，いつ，どの動物園へ行ったかなどについて答えればよい。No の場合の2番

目の質問 Where do you like to go on weekends? には，週末に行くことが好きな場所を，I like to go to ～ の形で答える。解答例の他に，(Yes の場合) I went to a zoo in Chiba last year. 「私は昨年，千葉の動物園に行きました」，(No の場合) I like to go to the park near my house. 「私は家の近くの公園へ行くことが好きです」のような解答も考えられる。

二次試験・面接　問題カード B 日程　問題編 p.134〜135

全訳

健康クラブ

日本には，健康クラブがたくさんある。多くの人たちはじょうぶな体で健康でいたいと思うので，健康クラブの会員になる。時々，人々はそこで新しい友だちを作ることもできる。

質問の訳

No.1　パッセージを見てください。多くの人たちはなぜ健康クラブの会員になるのですか。

No.2　イラストを見てください。テレビはどこにありますか。

No.3　女性を見てください。彼女は何をしようとしていますか。

さて，〜さん，カードを裏返しにしてください。

No.4　あなたはどのようなジャンルの映画を見るのが好きですか。

No.5　あなたはレストランで食事をするのが好きですか。
　　　　はい。　→ もっと説明してください。
　　　　いいえ。→ なぜですか。

No.1

解答例
Because they want to stay strong and healthy.

解答例の訳
「じょうぶな体で健康でいたいと思うからです」

解説
質問文の become は「〜になる」，member(s) は「会員」という意味。正解を含む2文目は，〈〜, so ...〉「〜(原因・理由)，だから…(結果)」の構文。解答する際，①質問の主語と重なる Many people を3人称複数の代名詞 they に置き換える，②文の後半 so they become members of health clubs「だから彼らは健康クラブの会員になる」は質問に含まれている内容なので省く，という2

点に注意する。

No. 2

解答例　It's on the wall.

解答例の訳　「壁にかかっています」

解説　Where は「どこに」という意味で，television「テレビ」がある場所を尋ねている。解答する際は，質問の主語 the television を 3 人称単数の代名詞 It で置き換える。動詞は質問と同じ is を使って，It's [It is] とする。テレビは壁にかかっているので，It's の後に on the wall を続ける。on は「〜の上に，〜に接触して」という意味の前置詞。

No. 3

解答例　She's going to open the window.

解答例の訳　「彼女は窓を開けようとしています」

解説　be going to 〜は「〜しようとしている」という意味で，女性がこれからとる行動は吹き出しの中に描かれている。質問に合わせて，She's [She is] going to 〜（動詞の原形）の形で答える。「窓を開ける」は open the window と表現する。

No. 4

解答例　I like to watch action movies.

解答例の訳　「私はアクション映画を見るのが好きです」

解説　What kind of 〜は「どのような種類[ジャンル]の〜」という意味。自分が見ることが好きな movies「映画」のジャンルを，I like to watch 〜 の形で答える。解答例の action movies の他に，science fiction movies「SF 映画」や adventure movies「冒険映画」と答えることもできるが，ジャンルを聞かれているので，特定の映画名を答えないように注意する。

No. 5

解答例　Yes. → Please tell me more.
　　　　　 — I like to eat sushi.
　　　　　No. → Why not?
　　　　　 — I like to eat at home.

解答例の訳　「はい」→ もっと説明してください。
　　　　　 — 「私はすしを食べるのが好きです」

183

「いいえ」 → なぜですか。
　—「私は家で食べるのが好きです」

解説　最初の質問には, eat at restaurants「レストランで食事をする」のが好きかどうかを Yes(, I do). / No(, I don't). で答える。Yes の場合の2番目の質問 Please tell me more. には, レストランで食事をするのが好きな理由や何を食べるかなどを答えればよい。No の場合の2番目の質問 Why not? は「なぜそうではないのか」, つまり「なぜレストランで食事をすることが好きではないのか」ということ。解答例のほかに, (Yes の場合) I often eat at restaurants on weekends.「私はよく週末にレストランで食べます」, (No の場合) There aren't any good restaurants near my house.「私の家の近くにはいいレストランがありません」のような解答も考えられる。

184

2018-3

一次試験
筆記解答・解説 p.186〜198

一次試験
リスニング解答・解説 p.199〜215

二次試験
面接解答・解説 p.216〜220

解 答 一 覧

一次試験・筆記

1
(1)	3	(6)	2	(11)	2
(2)	4	(7)	4	(12)	4
(3)	3	(8)	3	(13)	3
(4)	4	(9)	1	(14)	1
(5)	2	(10)	1	(15)	2

2
(16)	1	(18)	3	(20)	2
(17)	1	(19)	4		

3 A / **3 B**
(21)	3		(23)	4
(22)	3		(24)	1
			(25)	3

3 C
(26)	3	(28)	2	(30)	2
(27)	1	(29)	4		

4 解答例は本文参照

一次試験・リスニング

第1部
No. 1	3	No. 5	2	No. 9	1
No. 2	2	No. 6	1	No.10	1
No. 3	1	No. 7	3		
No. 4	2	No. 8	2		

第2部
No.11	3	No.15	2	No.19	3
No.12	3	No.16	4	No.20	2
No.13	2	No.17	4		
No.14	1	No.18	1		

第3部
No.21	3	No.25	2	No.29	2
No.22	3	No.26	3	No.30	2
No.23	4	No.27	4		
No.24	1	No.28	1		

一次試験・筆記	**1**	問題編 p.138〜139

(1) 解答 ❸

訳 「ジョンは記憶力がいい。彼は友だち全員の電話番号を覚えておくことができる」

解説 1文目の具体的な内容が2文目に書かれている。He can remember 〜「彼は〜を覚えておくことができる」から，ジョンが持っているのは a good memory「すぐれた記憶力」。care「注意，世話」，wish「願い」，hope「希望」。

(2) 解答 ❹

訳 A「お母さん，その箱はとても大きいよ。お母さんの代わりにぼくがそれを運ぶよ」
B「あら，ありがとう，エドワード」

解説 空所後の it は1文目の that box「その箱」を指していて，それを目的語にとって文意が成り立つ動詞は carry「〜を運ぶ」。enter「〜に入る」，guess「〜を推測する」，believe「〜を信じる」。

(3) 解答 ❸

訳 「サリーはテレビのレポーターだ。彼女は有名な歌手とのインタビューがあったので，今日はとてもわくわくしていた」

解説 with a famous singer「有名な歌手との」が空所に入る語を修飾する関係なので，意味的なつながりから interview「インタビュー」が正解。answer「答え」，example「例」，order「注文，命令」。

(4) 解答 ❹

訳 A「リンダ，もうパーティーのための服を着ている？」
B「ううん，何を着たらいいかわからないの」

解説 B の I don't know what I should wear から，A は B にパーティーに着ていく服装について尋ねていることがわかる。be dressed for 〜は「〜のための服を着ている」という意味。**1**は need「〜が必要である」，**2**は sign「署名する」，**3**は move「動

186

く」の過去形・過去分詞。

(5) 解答 2

訳 「クリスティーナは女優だ。彼女はよくテレビに出ていて，ときどき舞台で演じる」

解説 女優がすることで，空所後の on stage「舞台[ステージ]で」と意味的につながる動詞は，2の performs「演じる」。1，3，4は invent「～を発明する」，protect「～を守る」，imagine「想像する」の3人称単数現在の形。

(6) 解答 2

訳 「この置き時計は20世紀初頭に作られたので，約100年経っている」

解説 20th (twentieth) は「20番目の」という意味。was made「作られた」とのつながりから，the 20th century「20世紀」とする。area「地域」，moment「瞬間」，tournament「大会」。

(7) 解答 4

訳 「マットは普段，朝食を食べないで仕事に出かける。彼は駅の近くの喫茶店でトーストを食べてコーヒーを飲む」

解説 2文目の He has toast and coffee at a coffee shop から，家では朝食を食べないことがわかる。without ～ing は「～しないで」という意味。since「～以来」，between「～の間に」，through「～を通して」。

(8) 解答 3

訳 「カレンの家は通りにある他のどの家よりも大きい」

解説 Karen's house と other house を比較している文。〈than any other＋単数形の名詞〉で「他のどの～よりも」という意味。own「自分自身の」，whole「全体の」，much「たくさんの」。

(9) 解答 1

訳 「私の祖父はジョギングが大好きだ。今日は雨が降ったが，祖父は早く起きて，いつものようにジョギングに出かけた」

187

解説 love ～ing は「～することが大好きだ」という意味。空所後の usual に注目して，as usual「いつものように」という表現にする。ever「今まで」，by「～によって」，on「～の上に」。

(10) 解答 **1**

訳 A「スーザンは来月に看護学校を卒業するね」
B「そうね。彼女は本当に看護師になりたいと思っていて，今，ついに夢が実現するわね」

解説 graduate from ～は「～を卒業する」，nursing school は「看護学校」という意味。come true で「(夢などが) 実現する」という表現になる。get「～を得る」，go「行く」，have「～を持っている」。

(11) 解答 **2**

訳 A「どうしたの，シェリー？」
B「財布をなくしちゃったの」

解説 空所前の What's the とつながるのは matter で，What's the matter?「どうしたの，何かあったの」は困った様子の人などに対して使う表現。horizon「水平線，地平線」，difference「違い」，figure「図，姿」。

(12) 解答 **4**

訳 A「この中は暗いわね。明かりをつけてくれる，サム？」
B「わかった」

解説 dark「暗い」という状況で空所前の turn，空所後の the light「明かり」とのつながりから，turn on ～「(明かりなど) をつける」という表現にする。反対の「(明かりなど) を消す」は turn off ～。with「～と一緒に」，in「～の中に」。

(13) 解答 **3**

訳 「ジャックは部屋を掃除し終えて，それから友だちの家に行った」

解説 finished は finish「～を終える」の過去形。この後に動詞を続ける場合は finish ～ing「～し終える」の形をとるので，clean「～を掃除する」の動名詞 cleaning が正解。

(14) 解答 **1**

訳 A「今度の土曜日はトムの誕生日ね。彼にプレゼントを買いましょう」

B「いい考えだね」

解説 Let's「～しましょう」は相手に提案などをする表現で，この後には動詞の原形（ここでは buy）が続く。buy は〈buy＋（人）＋（物）〉「（人）に（物）を買う」の形で使うことができる。

(15) 解答 **2**

訳 A「ショーンはいつも遅刻するよね？」

B「ええ。一度，私は彼を2時間待ったわ」

解説 〈肯定文，否定形＋主語?〉や〈否定文，肯定形＋主語?〉で，「～ですよね？」と相手に確認したり同意を求めたりする付加疑問と呼ばれる形になる。ここでは Sean is ～という肯定文なので，is を否定形にして isn't he? とする。

一次試験・筆記 **2** 問題編 p.140

---

(16) 解答 **1**

訳 妻「新しいコンピューターで E メールを確認する方法を教えてくれる？」

夫「ちょっと待って，メアリー。上司と電話中なんだ」

解説 Husband「夫」が Wife「妻」から how to check my e-mail「私の E メールを確認する方法」を尋ねられている。夫の on the phone with ～ は「～と電話中」という意味なので，待ってくれるように頼んでいる Just a minute が正解。

(17) 解答 **1**

訳 女の子「あなたの犬はとてもかわいいわね。どれくらい飼っているの？」

男の子「ぼくが5歳のときからだよ」

解説 How long have you had him? の How long は「どれくらいの

189

期間」，him は Your dog のことで，女の子は男の子に犬を飼っている期間を尋ねている。これに対応しているのは 1 で，since は「～以来，～のときから」。4 は期間を表す for を使って答えているが，every morning「毎朝」が不適切。

(18) 解答 **3**

訳 女性「ポール・エドワーズが先月に結婚したのを知ってた？」
男性「ううん。誰がそれをきみに言ったの？」
女性「彼の弟よ」

解説 女性が最後に His younger brother. と具体的な人を答えていることから，Who で始まる疑問文の 3 が正解。told は tell「(人) に～を言う」の過去形。that は Paul Edwards got married last month を指している。

(19) 解答 **4**

訳 女性1「今週末にクリスマスプレゼントを買いに行かないといけないわ」
女性2「私もよ。一緒に行かない？」
女性1「ええ。いいわね」

解説 2 人とも Christmas presents を買う必要があるという状況と，空所後の OK. Sounds good. という応答から 4 が正解。Why don't we ～?「～しませんか」は相手を何かに誘う表現で，2 の Why don't you ～?「～してはどうですか」は相手に提案する表現。

(20) 解答 **2**

訳 女の子「あなたの大切なテニスの試合はいつ？」
男の子「明日だよ。今週はあまり練習していないから，少し心配だよ」

解説 so「だから～」に注目してこの前後の意味的なつながりを考えると，haven't practiced much「あまり練習していない」→ a little worried「少し心配」という流れが適切。haven't practiced は〈have not＋過去分詞〉の現在完了形で，「これまで～していない」ということ。

190

| 一次試験・筆記 | **3A** | 問題編 p.142〜143 |

ポイント クジラを観察する船のツアーの案内。掲示全体の目的を理解することに加えて，時刻，曜日，料金などの情報にも注目しよう。

全 訳

青い海での楽しみ
クジラの観察をする船旅

当社のクジラ観察ツアーにご参加ください！　クジラが見られなくても，美しい海を楽しんでサウス湾の歴史について学ぶことができます。

船は午前10時から午後4時まで2時間おきに出発します。クジラ観察の季節は5月から9月までです。毎週火曜日と，天候が不良のときは休業いたします。

チケット料金
✧　　大人：35ドル
✧　3歳から12歳までの子ども：18ドル
✧　3歳未満の子ども：無料

船上で特別なパーティーをされたい方は，詳細を当社のウェブサイトでご確認ください：

www.blueseawhalewatching.com

語 句 amusement「楽しみ」，whale watching「クジラ観察，ホエールウォッチング」，history「歴史」，every 〜 hours「〜時間ごとに」，weather「天候」，price(s)「料金」，adult(s)「大人」，children＜child「子ども」の複数形，website「ウェブサイト」

(21) 解答 ③

質問の訳 「この掲示は何についてか」

選択肢の訳
1　遊園地でのショー。　　　2　船の歴史に関する授業。
3　クジラを見る船のツアー。　4　浜辺での特別なパーティー。

解 説 何に関する notice「掲示」であるかを尋ねている。タイトルの Whale Watching Boat Rides や，1文目の Come and join a whale watching tour with us! から判断する。正解 3 の boat

191

tour は「船のツアー」，to ～は「～するための」という意味。

(22) 解答 3

質問の訳　「人々が乗船できないのは」

選択肢の訳　**1** 12歳未満の場合。　　　　**2** 午前10時から午後4時の間。
3 天候が不良の場合。　　　**4** 毎週木曜日。

解説　質問の cannot go on a boat ride は掲示にはない表現だが，掲示では We are closed every Tuesday and when the weather is bad. の部分に乗船できないのはどのようなときかが示されている。

一次試験・筆記　**3B**　問題編 p.144～145

ポイント　アメリカの高校生ナンシーと，夏にナンシーのところへ行くジュンコとのEメールによるやり取り。ナンシーが運転免許の取得に向けて何をしているか，日米では運転免許の取得についてどのような違いがあるかを中心に読み取ろう。

全訳　送信者：ナンシー・ヒル

受信者：ジュンコ・コバヤシ

日付：5月12日

件名：自動車運転の教習

こんにちは，ジュンコ，

元気？　私の夏休みは3週間後に始まるわ。先週，私の高校で放課後に自動車運転の教習を受けて，6月の第2週に運転免許の試験を受けることになっているの。試験に合格したら，あなたが8月に来るときに私が運転して回ることができるわ。あなたがこちらにいるときに，私は祖母の家まで旅行したいと思っているの。私たちはそこへ車で行けるわ。

あなたに会うのが待ち遠しいわ！

ナンシー

送信者：ジュンコ・コバヤシ

受信者：ナンシー・ヒル

192

日付：5月13日

件名：本当？

こんにちは，ナンシー，

Eメールをありがとう。私の夏休みは7月末まで始まらないわ。あなたはまだ16歳なので，運転免許を取れるなんて驚きだわ。日本では，18歳にならないとだめなの。私は大学に入ったら自動車教習所へ行く予定よ。運転免許の取得は日本ではとてもお金がかかるの。アメリカ合衆国ではいくらかかるの？　あなたはじょうずなドライバーになると思うわ。ともかく，あなたのおばあちゃんにぜひ会いたいわ。

あなたの友，

ジュンコ

送信者：ナンシー・ヒル

受信者：ジュンコ・コバヤシ

日付：5月13日

件名：今年の夏

こんにちは，ジュンコ，

うわー，18歳になるまで運転免許を取れないんだ！　アメリカ合衆国のほとんどの人は16歳で運転免許が取れるわ。費用もこちらの方が安いと思うわよ。学校での教習は無料だったわ。運転免許の試験を受けるときは，40ドル払えばいいだけよ。毎週末に，私はお母さんかお父さんと一緒に家の近くで運転しているの。それはいい練習になるわ。まだ自分1人では運転できないから，両親のどちらかが車に同乗しなくちゃいけないの。

またすぐに書いてね！

ナンシー

語句　driving test「運転免許試験」，pass「～に合格する」，can't wait to ～「～するのが待ち遠しい」，until「～まで」，driver's license「運転免許（証）」，be planning to ～「～する予定だ」，driving school「自動車教習所」，expensive「（費用・値段が）高い」，cost「（費用が）かかる」，anyway「ともかく」，

cheaper＜cheap「安い」の比較級, practice「練習」, by *one*self「自分1人で」

(23) 解答 ④

質問の訳 「ジュンコはいつナンシーを訪ねるか」

選択肢の訳
1 3週間後に。 　　　　　　2 6月の第2週に。
3 7月末に。 　　　　　　　4 8月に。

解説 最初のEメールの4文目に, If I pass the test, I can drive us around when you come in August. と書かれている。I はこのEメールを書いたナンシー, you は受信者のジュンコのこと。

(24) 解答 ①

質問の訳 「ジュンコは大学に入ったら何をする予定か」

選択肢の訳
1 運転の仕方を習う。
2 アメリカ合衆国で運転免許の試験を受ける。
3 ナンシーの学校で特別な授業を受ける。
4 彼女の祖母の家へ運転していく。

解説 ジュンコが書いた2番目のEメールの5文目に, I'm planning to go to a driving school when I start university. とある。go to a driving school「自動車教習所へ行く」のは how to drive「運転の仕方」を習うためなので1が正解。

(25) 解答 ③

質問の訳 「ナンシーは毎週末に, どのようにして車の運転を練習するか」

選択肢の訳
1 彼女は自分1人で運転する。
2 彼女はレッスン代として先生に40ドル払う。
3 彼女は両親のどちらかと一緒に車を運転する。
4 彼女は友だちの家へ車で行く。

解説 質問の practice は「～を練習する」という動詞として使われている。3番目のEメールの6文目 On weekends, I drive near my house with my mom or dad. から, 3が正解。one of her parents「彼女の両親のうちの1人」とは, ナンシーの母親か父親のどちらかということ。

194

| 一次試験・筆記 | **3C** | 問題編 p.146〜147 |

ポイント
バレンタインデーの歴史に関する4段落構成の英文。当時のローマを統治していたクラウディウス2世が兵士の結婚について決めたこと，それに対してバレンタインデーの由来となったバレンティヌスが取った行動を中心に読み取ろう。

全　訳

バレンティヌス

　世界中の多くの人がバレンタインデーを祝う。いくつかの国では，人々は友だちや家族にチョコレートや他の贈り物をあげる。彼らはそういった人たちへの愛情を示すためにこうする。しかし，バレンタインデーの歴史は実際にはとても悲しい。バレンタインデーという名前は，バレンティヌスと呼ばれたローマの神父の名前に由来している。彼は226年に生まれた。

　当時，ローマにはとても大きくて強力な軍隊があった。軍隊の兵士の多くは，結婚して家庭を持ちたかった。しかし，ローマの統治者であるクラウディウス2世は，兵士は結婚すべきでないと考えたので，それを規則にした。その後，兵士はもはや結婚することができなくなった。その規則を破って結婚した兵士もいたが，彼らは誰にも言うことができなかった。

　多くの神父はクラウディウス2世を恐れていたので，彼らは兵士が結婚することを手助けしなかった。しかし，バレンティヌスは男性と女性は結婚して家庭を持つべきだと考えた。だから，彼は兵士が結婚したいと思ったときは，彼らを助けた。ある日，人々がバレンティヌスがこうしていることに気づいたとき，彼はトラブルに巻き込まれ，投獄された。

　投獄されているとき，バレンティヌスはそこで働いている若い娘と出会った。毎日，彼女はバレンティヌスに食べ物を持ってきて彼と話し，2人は仲よくなった。しかし，クラウディウス2世はバレンティヌスを処刑することにした。死ぬ前の晩に，バレンティヌスはその娘に手紙を書いた。彼は手紙に，「あなたのバレンタイン」と署名した。翌日，2月14日，バレンティヌスは処刑された。しかし，今日，多くの人がこの日に愛を祝う。

18年度第3回　筆記

195

語句 celebrate「～を祝う」, Valentine's Day「バレンタインデー」, actually「実際は」, Roman「ローマの」, in those days「当時」, get married「結婚する」, leader「統治者, 指導者」, Rome「ローマ」, make ～ a rule「～を規則にする」, not ～ anymore「もはや～ない」, broke＜break「(規則など) を破る」の過去形, be afraid of ～「～を恐れる」, help ～ to *do*「～が…するのを助ける」, get in trouble「トラブルに巻き込まれる」, met＜meet「～に会う」の過去形, brought＜bring「～を持ってくる」の過去形, signed＜sign「～に署名する」の過去形

(26) 解答 ③

質問の訳 「バレンタインデーが名付けられた由来は」

選択肢の訳 **1** ある有名な兵士。　　**2** ある種類のチョコレート。
3 ローマ出身のある神父。　　**4** イタリアのある場所。

解説 質問の was named after ～は「～にちなんで名付けられた」という意味。バレンタインデーの名前の由来については, 第1段落の5文目に The name Valentine's Day comes from the name of a Roman priest called Valentinus. と書かれている。come(s) from ～は「～に由来している」。

(27) 解答 ①

質問の訳 「クラウディウス2世はなぜ新しい規則を作ったのか」

選択肢の訳 **1** 彼は兵士に結婚してほしくなかった。
2 彼は子どもたちに兵士になってほしくなかった。
3 彼はもっと多くの家族にローマに住んでほしかった。
4 彼はもっと多くの人たちに神父になってほしかった。

解説 第2段落の3文目に, Claudius II, thought soldiers should not be married, so he made it a rule とある。so は「だから」という意味で, その前に書かれている内容が理由・原因になる。thought は think「～と思う, 考える」の過去形, should not ～は「～すべきではない」という意味。

196

(28) 解答 2

質問の訳 「バレンティヌスは何を思ったか」

選択肢の訳
1 ローマの統治者は女性にもっと親切であるべきだ。
2 男性と女性は家庭を持つべきだ。
3 神父は手紙を書くべきではない。
4 兵士は戦争に行くべきではない。

解説 バレンティヌスが思ったことは、第3段落の2文目の However, Valentinus thought that 以下で説明されている。men and women should get married と（men and women should）have families のうち、正解 **2** では後半部分が書かれている。

(29) 解答 4

質問の訳 「クラウディウス2世は何をすることを決めたか」

選択肢の訳
1 バレンティヌスに手紙を書く。
2 貧しい人たちに食べ物を与える。
3 若い娘を助ける。
4 バレンティヌスを処刑する。

解説 質問の decide to ～は「～することを決める」という意味。第4段落の3文目に But Claudius II decided to kill Valentinus. とあるので、**4** が正解。kill は「～を殺す、処刑する」。

(30) 解答 2

質問の訳 「この話は何についてか」

選択肢の訳
1 戦争に行った何人かの兵士。
2 バレンタインデーの歴史。
3 大家族を持っていたローマの統治者。
4 軍隊に入った神父。

解説 第1段落の4文目に However, the history of Valentine's Day is actually very sad. とあり、これ以降、バレンタインデーの history「歴史」が、その名前の由来となったバレンティヌスに起こった悲劇を中心に書かれている。

18年度第3回　筆記

| 一次試験・筆記 | **4** | 問題編 p.148 |

質問の訳　「あなたは本を読むのとテレビゲームをするのとでは，どちらが好きですか」

解答例　I like reading books better than playing video games because I can learn new words when I read books. Also, I enjoy learning about the history of foreign cultures, so I like reading history books.

解答例の訳　「私は本を読むと新しい言葉が学べるので，テレビゲームをするより本を読むほうが好きです。また，外国文化の歴史について学ぶことが楽しいので，私は歴史の本を読むことが好きです」

解　説　Which do you like better, A or B? は「A と B のどちらが好きですか」という意味で，reading books「本を読むこと」と playing video games「テレビゲームをすること」のどちらが好きかを尋ねている。最初に，自分が好きなほうを I like ～ better (than …) の形で書き，続けてその理由を 2 つ説明する。解答例では，1 文目：自分の考え（本を読むほうが好き）＋ 1 つ目の理由（新しい言葉が学べる），2 文目：2 つ目の理由（外国文化の歴史を学ぶことが楽しいので歴史の本を読むことが好き），という構成になっている。理由を説明する because「～なので」，情報を追加する also「また」，直前に述べたことの結果を表す so「だから」などの用法に慣れよう。

語　句　new words「新しい言葉」, enjoy ～ing「～することを楽しむ」, foreign「外国の」, culture(s)「文化」

198

| 一次試験・
リスニング | 第**1**部 | 問題編 p.149〜150 | 🔊 | ▶MP3 ▶アプリ
▶CD 3 **43**〜**53** |

例題　解答 ③

放送文　★：I'm hungry, Annie.

　　　　☆：Me, too. Let's make something.

　　　　★：How about pancakes?

　　　　　1 On the weekend.　　　　**2** For my friends.

　　　　　3 That's a good idea.

放送文の訳　★：「おなかがすいたよ，アニー」

　　　　☆：「私もよ。何か作りましょう」

　　　　★：「パンケーキはどう？」

　　　　　1 週末に。　　　　　　　　**2** 私の友だちに。

　　　　　3 それはいい考えね。

No. 1　解答 ③

放送文　★：Sorry he's so noisy.

　　　　☆：It's OK. I like dogs.

　　　　★：Do you have one, too?

　　　　　1 I don't usually come here.

　　　　　2 Well, it's a new park.

　　　　　3 No. My parents don't like them.

放送文の訳　★：「犬がとてもうるさくてごめん」

　　　　☆：「大丈夫よ。私は犬が好きなの」

　　　　★：「きみも犬を飼っているの？」

　　　　　1 私は普段ここへは来ないわ。

　　　　　2 ええと，それは新しい公園よ。

　　　　　3 ううん。私の両親は犬が好きじゃないの。

解説　Do you have one, too? の one は a dog のこと。犬を飼っているかどうかという質問に対応しているのは **3** で，No. の後にその理由を My parents don't like them (＝dogs). と説明している。

18年度第3回　リスニング

199

No. 2　解答 **2**

放送文 ★：I like your car.

☆：Thanks.　I drive it on weekends.

★：How long have you had it?

　　1　That's expensive.　　**2**　Since October.

　　3　From my parents.

放送文の訳 ★：「きみの車，いいね」

☆：「ありがとう。毎週末に乗っているの」

★：「どれくらいの間乗っているの？」

　　1　それは値段が高いわ。　　**2**　10月からよ。

　　3　私の両親からよ。

解　説　How long は期間を尋ねる表現。How long have you had it? は「それ（＝車）をどれくらいの間所有しているか」，つまり，その車を手に入れてからどれくらい経つかということで，Since「～以来」を使って答えている **2** が正解。

No. 3　解答 **1**

放送文 ★：Where are you going, Susan?

☆：To the hospital to visit my mother.

★：Is she sick?

　　1　No, she broke her leg.

　　2　I went there yesterday.

　　3　It's a big hospital.

放送文の訳 ★：「どこへ行くの，スーザン？」

☆：「母を見舞いに病院へ」

★：「お母さんは病気なの？」

　　1　ううん，脚を骨折したの。

　　2　私は昨日そこへ行ったわ。

　　3　それは大きな病院よ。

解　説　Is she sick? はスーザンの母親が病気なのかどうかを尋ねた質問。No の後に she broke her leg と母親の状況を説明している **1** が正解。broke は break「（骨）を折る」の過去形，leg は「脚」で，break one's leg で「脚を骨折する」という意味。

200

No.4　解答 2

放送文　☆：Are you wearing that suit tonight?
　　　★：Yes.　What are you going to wear?
　　　☆：My new red dress.
　　　　　1　Before ten o'clock.　　　**2**　That'll look great.
　　　　　3　It's near here.

放送文の訳　☆：「今夜はそのスーツを着ていくの？」
　　　★：「うん。きみは何を着ていくんだい？」
　　　☆：「新しい赤のドレスよ」
　　　　　1　10時前に。　　　　　　　**2**　それはよさそうだね。
　　　　　3　それはこの近くだよ。

解　説　wear は「～を着る」という意味。女性の My new red dress. は，I'm going to wear my new red dress. ということ。これに対応しているのは **2** で，That'll は That will「それは～だろう」の短縮形，look great は「(服が) すてきに見える」という意味。

No.5　解答 2

放送文　☆：How was my tennis match, Dad?
　　　★：It was excellent, Sarah.
　　　☆：Thanks.　I practiced hard.
　　　　　1　I drove here.　　　　　　**2**　I know you did.
　　　　　3　I'll be there soon.

放送文の訳　☆：「私のテニスの試合はどうだった，お父さん？」
　　　★：「すばらしかったよ，サラ」
　　　☆：「ありがとう。一生懸命練習したの」
　　　　　1　車でここへ来たよ。　　　　**2**　そうしたのを知っているよ。
　　　　　3　すぐにそこへ行くよ。

解　説　tennis match「テニスの試合」の後のサラと父親の会話。practiced は practice「練習する」の過去形。サラの I practiced hard. を受けた発話になっているのは **2** で，you did は you practiced hard ということ。

18年度第3回　リスニング

201

No. 6 解答 1

放送文 ★：Excuse me.

☆：How can I help you?

★：When's the next bus to City Hall?

    1 It'll arrive in a few minutes.

    2 It's two dollars for children.

    3 Get off at the second stop.

放送文の訳 ★：「すみません」

☆：「どうしましたか」

★：「市役所へ行く次のバスはいつですか」

    1 数分後に来ますよ。

    2 子どもは2ドルです。

    3 2番目の停留所で降りてください。

解説　When's は When is の短縮形で，男の子は the next bus to City Hall「市役所行きの次のバス」がいつかを尋ねている。バスが in a few minutes「数分後に」来ると答えている **1** が正解。arrive は「到着する」という意味。

No. 7 解答 3

放送文 ☆：Is that banana cake?

★：Yeah. I made it yesterday.

☆：Wow. Do you often bake cakes?

    1 Yes, when I'm finished.

    2 Yes, it was half price.

    3 Yes, every weekend.

放送文の訳 ☆：「それはバナナケーキ？」

★：「そうだよ。昨日作ったんだ」

☆：「うわー。よくケーキを焼くの？」

    1 うん，ぼくが終わったらね。

    2 うん，それは半額だったよ。

    3 うん，毎週末に。

解説　often は「よく，しばしば」，bake cakes は「ケーキを焼く」という意味で，女性は男性によくケーキを焼くのかどうか尋ねてい

る。every weekend「毎週末に」とケーキを焼く頻度を答えている 3 が正解。

No. 8　解答 ②

放送文 ☆：It was Linda's birthday yesterday, wasn't it?

★：Yeah.

☆：Did you buy her a present?

1 No, it's next Friday.

2 No, but I made her a card.

3 No, I stayed until the end.

放送文の訳 ☆：「昨日はリンダの誕生日だったわよね？」

★：「そうだよ」

☆：「彼女にプレゼントを買ったの？」

1 ううん，それは次の金曜日だよ。

2 ううん，でもぼくは彼女にカードを作ったよ。

3 ううん，ぼくは最後までいたよ。

解説 〈buy ＋（人）＋（物）〉は「（人）に（物）を買う」という意味で，女の子は男の子に，リンダの誕生日に present「プレゼント」を買ったかどうか尋ねている。プレゼントは買わなかったけれど made her a card「彼女にカードを作った」と答えている 2 が正解。

No. 9　解答 ①

放送文 ★：Mom, I found a part-time job.

☆：Congratulations!

★：I'm going to be a waiter at a Korean restaurant.

1 That sounds interesting.

2 I've already eaten.

3 Maybe next time.

放送文の訳 ★：「お母さん，アルバイトを見つけたよ」

☆：「おめでとう！」

★：「韓国料理のレストランでウェイターになるんだ」

1 それは面白そうね。

2 私はもう食べたわ。

3 また今度ね。

203

| 解　説 | 男の子から part-time job「アルバイト」で be a waiter at a Korean restaurant「韓国料理のレストランでウェイターになる」と伝えられた母親の応答として適切なのは **1**。sound ~（形容詞）は「~に聞こえる，思われる」という意味。 |

No. 10 解答 ①

| 放送文 | ☆：I'm going to the new café across the street. |

★：All right.

☆：Why don't you join me?

1 OK, I'll just get my wallet.

2 No, it's beside the bank.

3 Yes, I made a sandwich.

| 放送文の訳 | ☆：「通りの向こう側にある新しいカフェに行ってくるわね」 |

★：「わかった」

☆：「私と一緒に行かない？」

1 いいよ，ちょっと財布を取ってくるね。

2 ううん，それは銀行の横だよ。

3 うん，ぼくはサンドイッチを作ったよ。

| 解　説 | Why don't you ~? は「~してはどうですか」と提案する表現。join は「~と一緒に行く，（人）に付き合う」という意味で使われている。the new café「新しいカフェ」に一緒に行くことを提案されているので，OK の後に wallet「財布」を取ってくると言っている **1** が正解。 |

| 一次試験・リスニング | 第**2**部 | 問題編 p.151～152 | 🔊 | ▶MP3 ▶アプリ ▶CD 3 54 ～64 |

No. 11 解答 ③

| 放送文 | ★：Are you making lemonade, Mom? |

☆：Yes. Why don't you help me?

★：OK. What can I do?

☆：Bring me five cups of water and cut six lemons.

Question: How much water does the boy's mother need?

204

放送文の訳 ★：「レモネードを作っているの，お母さん？」

☆：「そうよ。手伝ってくれる？」

★：「わかった。何をすればいい？」

☆：「水を5カップ持ってきて，レモンを6個切ってね」

質問の訳 「男の子の母親はどれくらいの量の水が必要か」

選択肢の訳 **1** 1カップ。 **2** 2カップ。 **3** 5カップ。 **4** 6カップ。

解　説 質問の How much ～（数えられない名詞）は「どれくらいの量の～」という意味。母親の Bring me five cups of water に正解が含まれている。bring は「（人）に～を持ってくる」，～ cups of … は「～カップ[杯]の…」という意味。

No.12 解答 ③

放送文 ☆：Did you make your lunch today?

★：No, I didn't have time.

☆：How about eating at the French restaurant?

★：Let's eat in the cafeteria. It's faster.

Question: Where does the woman want to have lunch?

放送文の訳 ☆：「今日は昼食を作ってきたの？」

★：「ううん，時間がなかったんだ」

☆：「フランス料理のレストランで食べない？」

★：「カフェテリアで食べよう。そのほうが早いよ」

質問の訳 「女性はどこで昼食を食べたいか」

選択肢の訳 **1** カフェテリアで。

2 彼女の家で。

3 フランス料理のレストランで。

4 男性の家で。

解　説 女性の How about eating at the French restaurant? から 3 が正解。How about ～ing?「～するのはどうですか，～しませんか」は，提案したり誘ったりする表現。Let's eat in the cafeteria. と言っているのは男性なので，1 を選ばないように注意する。

No.13 解答 ②

放送文 ★：How was the speech contest, Sally?

☆：I didn't win, but it was interesting. Karen won first prize.

205

★：Wow! How did your other friends do?

☆：Scott was third, and Bob was fourth.

Question: Who won first prize in the speech contest?

放送文の訳 ★：「スピーチコンテストはどうだった，サリー？」

☆：「入賞はしなかったけど，面白かったわ。カレンが1位を取ったの」

★：「うわー！　他の友だちはどうだった？」

☆：「スコットが3位で，ボブが4位だったわ」

質問の訳 「スピーチコンテストで誰が1位を取ったか」

選択肢の訳 **1** サリー。　　**2** カレン。　　**3** スコット。　　**4** ボブ。

解　説 Karen won first prize. から **2** が正解。won は win「（賞）を勝ち取る」の過去形，first prize は「1位」。サリー自身の I didn't win や，Scott was third, and Bob was fourth. などの情報を整理しながら聞くようにする。

No.14 解答 1

放送文 ☆：Can you teach me how to use the new computer?

★：Not right now. I want to finish my homework first.

☆：How about after dinner?

★：Sure.

Question: What does the girl want to do?

放送文の訳 ☆：「新しいコンピューターの使い方を教えてくれる？」

★：「今すぐはダメだよ。先に宿題を終わらせたいんだ」

☆：「夕食後はどう？」

★：「いいよ」

質問の訳 「女の子は何をしたいか」

選択肢の訳 **1** コンピューターの使い方を習う。

2 男の子をレストランへ連れて行く。

3 彼女の宿題を終わらせる。

4 夕食を作る。

解　説 最初の Can you teach me how to use the new computer? の聞き取りがポイント。Can you ～?「～してくれませんか」は相手に依頼する表現で，これが女の子のしたいことなので **1** が正解。I want to finish my homework first. と言っているのは男の子で

206

あることに注意する。

No. 15 解答 ②

放送文　☆：Good morning. Dr. Hill's office.

★：Hi, I'd like to see the doctor tomorrow morning.

☆：I'm sorry, but he's busy tomorrow. He can see you this afternoon at four.

★：That'll be fine.

Question: When will the doctor see the man?

放送文の訳　☆：「おはようございます。ヒル医院です」

★：「もしもし，明日の午前に先生に診てもらいたいのですが」

☆：「申し訳ありませんが，先生は明日は多忙です。今日の午後４時でしたら診察できます」

★：「それで結構です」

質問の訳　「医者はいつ男性を診るか」

選択肢の訳　**1** 今日の午前。　　　　　　**2** 今日の午後。

3 明日の午前。　　　　　　**4** 明日の午後。

解説　男性の I'd like to see the doctor tomorrow morning. に対して女性は I'm sorry … tomorrow と言っているので，3 と 4 は不正解。その後に続いている女性の He can see you this afternoon at four. と男性の That'll be fine. のやり取りから判断する。

No. 16 解答 ④

放送文　☆：Look over there! It's Donna Simpson.

★：Wow, you're right!

☆：She's so famous. I've seen all her movies.

★：Me, too. She's my favorite actress.

Question: Why are the boy and girl surprised?

放送文の訳　☆：「あそこを見て！　ドナ・シンプソンよ」

★：「うわー，本当だ！」

☆：「彼女はとても有名よね。私は彼女の映画をすべて見たわ」

★：「ぼくもだよ。彼女はぼくが一番好きな女優なんだ」

質問の訳　「男の子と女の子はなぜ驚いているか」

選択肢の訳　**1** チケットがとても安い。

18年度第3回　リスニング

207

2 映画館が閉まっている。

3 彼らは映画のポスターを当てた。

4 彼らは有名な人を見かけた。

解説　最初の Look over there! It's Donna Simpson. から，ドナ・シンプソンという人を見かけた場面であることを理解する。また，女の子の She's so famous. や男の子の She's my favorite actress. から，ドナ・シンプソンは有名な女優だとわかる。

No. 17 解答 4

放送文　☆：You look happy.

★：I am. My dog ran away on Wednesday, but he came back last night.

☆：Great. Was he OK?

★：Yeah, but he looked a little cold.

Question: What happened last night?

放送文の訳　☆：「うれしそうね」

★：「そうなんだ。ぼくの犬が水曜日に逃げちゃったんだけど，昨夜戻ってきたんだ」

☆：「よかったわね。犬は大丈夫だった？」

★：「うん，でもちょっと寒そうだった」

質問の訳　「昨夜，何が起こったか」

選択肢の訳　**1** 男の子の犬が逃げた。

2 男の子が新しいペットを買った。

3 男の子が風邪を引いた。

4 男の子の犬が家に戻ってきた。

解説　男の子の発話について，My dog ran away → on Wednesday と，he came back → last night という2つの情報を整理しながら聞く。質問では last night について尋ねているので **4** が正解。ran は run の過去形で，run away で「逃げ出す」という意味。

No. 18 解答 1

放送文　★：Is that a new CD, Carla?

☆：Yes. I went to the shopping mall this morning to buy it.

★：I love that band.

208

☆：Me, too! Let's listen to it.

Question: What did Carla do this morning?

放送文の訳 ★：「それは新しい CD なの，カーラ？」

☆：「ええ。今朝それを買いにショッピングモールに行ったの」

★：「ぼくはそのバンドが大好きなんだ」

☆：「私もよ！ 一緒に聞きましょう」

質問の訳 「カーラは今朝，何をしたか」

選択肢の訳 **1 彼女は CD を買った。**

2 彼女は大好きなバンドに会った。

3 彼女は友だちに CD をあげた。

4 彼女はバンドの練習に行った。

解 説 最初の Is that a new CD, Carla? から，カーラの CD が話題だとわかる。カーラの I went to the shopping mall this morning to buy it. の it は CD を指していて，今朝したことは shopping mall「ショッピングモール」へ行って CD を買ったということ。

No.19 解答 ③

放送文 ★：Hello?

☆：Hi, James. It's Helen. Are you watching the soccer game on TV?

★：No, I'm finishing my math homework. Why?

☆：It's an exciting game. You should watch it.

Question: What does Helen tell James to do?

放送文の訳 ★：「もしもし？」

☆：「もしもし，ジェームズ。ヘレンよ。テレビでサッカーの試合を見てる？」

★：「ううん，数学の宿題を終わらせているところだよ。どうして？」

☆：「わくわくする試合よ。見たほうがいいわ」

質問の訳 「ヘレンはジェームズに何をするように言っているか」

選択肢の訳 1 彼の宿題を終わらせる。　　2 テレビを消す。

3 サッカーの試合を見る。　　4 彼女に数学の教科書を返す。

解 説 ヘレンの Are you watching the soccer game on TV? や You should watch it. から，ヘレンはジェームズにテレビでやってい

18
年度第3回　リスニング

209

るサッカーの試合を見るように言っていることを理解する。
should は「～したほうがいい」という意味。

No. 20 解答 2

放送文 ☆：Where did you buy that coat?

★：At Domingo's.

☆：I love that place. I got these jeans there, too.

★：They're nice.

Question: What are they talking about?

放送文の訳 ☆：「そのコートをどこで買ったの？」

★：「『ドミンゴズ』で」

☆：「私はその店が大好きよ。私もそこでこのジーンズを買ったの」

★：「それはすてきだね」

質問の訳 「彼らは何について話しているか」

選択肢の訳
1 レストラン。   2 洋服店。
3 ホテル。   4 ファッション雑誌。

解 説 At Domingo's. は男の子が coat「コート」を買った店。女の子
の that place と there も Domingo's を指していて，これが話題
の中心になっている。正解 2 の clothes shop「洋服店」は放送文
では使われていないが，コートや jeans「ジーンズ」を販売してい
ることから判断する。

| 一次試験・リスニング | 第**3**部 | 問題編 p.153～154 | 🔊 | ▶MP3 ▶アプリ ▶CD 3 65～75 |

No. 21 解答 3

放送文 Yoko was going to buy Ted a CD for his birthday, but the
one he wanted was sold out. She'll go to the bookstore to
get a book for him instead.

Question: What will Yoko get for Ted's birthday?

放送文の訳 「ヨウコはテッドの誕生日に CD を買う予定だったが，彼がほし
かった CD は売り切れていた。彼女は代わりに書店へ行って彼に
本を買うつもりだ」

210

| 質問の訳 | 「ヨウコはテッドの誕生日に何を買うか」 |

選択肢の訳 **1** コンサートのチケット。　　**2** 何枚かの CD。

3 本。　　　　　　　　　**4** カード。

解　説　She'll go to the bookstore to get a book for him instead. から，**3** が正解。instead「代わりに」とは，最初に買おうとしていた CD の代わりにということ。the one he wanted was sold out の one は CD を指し，sold out は「売り切れで」という意味。

No. 22 解答 ③

放送文　I often go to Toronto on business.　Last week, I had a meeting in Seattle for the first time.　When I got back to my office in Tokyo, I wrote a report about the trip.

Question: Where did the woman have a meeting last week?

放送文の訳　「私は仕事でよくトロントへ行く。先週，初めてシアトルで会議があった。東京のオフィスへ戻ってきたとき，私はその出張について報告書を書いた」

質問の訳　「女性は先週どこで会議があったか」

選択肢の訳　**1** ニューヨークで。　　　**2** 東京で。

3 シアトルで。　　　　　**4** トロントで。

解　説　Last week, I had a meeting in Seattle for the first time. に正解が含まれている。for the first time は「初めて」という意味。**2** の Tokyo は my office「自分のオフィス」があるところ，**4** の Toronto は on business「仕事で」よく行くところで，いずれも不正解。

No. 23 解答 ④

放送文　Makiko began working as a teacher three years ago.　She was teaching in Osaka, but six months ago she moved to Nagoya because her husband got a job there.　She now teaches at a school in Nagoya.

Question: When did Makiko move to Nagoya?

放送文の訳　「マキコは 3 年前に教師として働き始めた。彼女は大阪で教えていたが，彼女の夫が名古屋で仕事を得たので 6 か月前にそこへ引っ越した。彼女は現在，名古屋の学校で教えている」

18年度第3回　リスニング

211

| 質問の訳 | 「マキコはいつ名古屋へ引っ越したか」 |

| 選択肢の訳 | **1** 3か月前。 **2** 4か月前。 **3** 5か月前。 **4** 6か月前。 |

| 解　説 | three years ago → began working as a teacher「教師として働き始めた」, six months ago → moved to Nagoya「名古屋へ引っ越した」, now → teaches at a school in Nagoya「名古屋の学校で教えている」のように，時と行動を結びつけて聞くようにする。 |

No. 24 解答 ①

| 放送文 | David's dream is to travel around Spain. He is working part-time to save enough money for his trip. He works in a bookstore on weekends. At high school, he studies Spanish hard.

Question: Why is David working part-time? |

| 放送文の訳 | 「デイビッドの夢はスペインを旅行することだ。彼は旅行のための十分なお金を貯めるためにアルバイトをしている。彼は毎週末，書店で働いている。高校では，スペイン語を熱心に勉強している」 |

| 質問の訳 | 「デイビッドはなぜアルバイトをしているか」 |

| 選択肢の訳 | **1** 彼の旅行のお金を得るため。

2 本を買うため。

3 彼のスペイン語のレッスンの支払いをするため。

4 新しい車を買うため。 |

| 解　説 | デイビッドが working part-time「アルバイトをしている」理由は，He is working part-time to save enough money for his trip. で説明されている。放送文の save「（お金）を貯める」の代わりに，正解の **1** では get「～を得る」が使われている。 |

No. 25 解答 ②

| 放送文 | I moved to a new house last week. I like it because it's near a big park. My house is far from the station, so I have to ride my bike there.

Question: What is the man talking about? |

| 放送文の訳 | 「ぼくは先週，新しい家に引っ越した。それは大きな公園の近くにあるので気に入っている。ぼくの家は駅から遠いので，そこへは自転車に乗っていかなければならない」 |

| 質問の訳 | 「男性は何について話しているか」 |

| 選択肢の訳 | **1** 彼の新しい自転車。　　　　**2** 彼の新しい家。 |
| | **3** 公園の近くの駅。　　　　**4** 彼の会社の近くの公園。 |

解　説　最初の I moved to a new house last week. で話題が示され，これ以降，先週引っ越した新しい家の場所などについて話していることから **2** が正解。far from ～は「～から遠い」，ride は「～に乗っていく」という意味。

No. 26 解答 ③

放送文　My friend and I usually play tennis for two hours every Sunday. Last Sunday, I was 30 minutes late, so we could only play for one and a half hours.

Question: How long did the woman play tennis last Sunday?

放送文の訳　「私の友だちと私は普段，毎週日曜日に 2 時間テニスをする。先週の日曜日，私が 30 分遅刻したので，私たちは 1 時間半しかできなかった」

質問の訳　「女性は先週の日曜日，どれくらいの時間テニスをしたか」

| 選択肢の訳 | **1** 30 分間。　　　　　　　　**2** 1 時間。 |
| | **3** 1 時間半。　　　　　　　　**4** 2 時間。 |

解　説　1 文目の usually play tennis for two hours を聞いて **4** を選んでしまわないように注意する。質問では last Sunday のことを尋ねていて，Last Sunday, … so we could only play for one and a half hours. から **3** が正解。so「だから」は，I was 30 minutes late の内容を受けている。one and a half hours は「1 時間半」という意味。

No. 27 解答 ④

放送文　Jenny got $20 for Christmas from her uncle. She wanted to buy some sunglasses, but they were too expensive. She found some cute socks, so she got them instead.

Question: What did Jenny buy?

放送文の訳　「ジェニーはクリスマスにおじから 20 ドルもらった。彼女はサングラスを買いたかったが，値段が高すぎた。彼女はかわいらしい

18
年度第3回　リスニング

213

靴下を見つけたので，代わりにそれを買った」

質問の訳 「ジェニーは何を買ったか」

選択肢の訳
1 クリスマスカード。 2 財布。
3 サングラス。 4 靴下。

解説 She wanted to buy some sunglasses, but …の流れに注意して，sunglasses「サングラス」は買っていないことを理解する。最後の She found some cute socks, so she got them instead. から，ジェニーが代わりに買ったのは socks「靴下」だとわかる。

No. 28 解答 1

放送文 When my dad was 20, he went to Brazil for one month. He loves telling me stories and showing me photos from his trip. One day, I want to go there, too.

Question: What does the girl want to do in the future?

放送文の訳 「私の父は 20 歳のとき，1 か月間ブラジルへ行った。父は私に旅行の話をしたり写真を見せたりするのが大好きだ。いつか，私もそこへ行ってみたいと思っている」

質問の訳 「女の子は将来何をしたいか」

選択肢の訳
1 ブラジルへ旅行する。
2 彼女の父親に関する話を書く。
3 彼女の父親に写真を見せる。
4 カメラを買う。

解説 女の子は最後に，One day, I want to go there, too. と言っている。one day は「（将来の）いつか」という意味で，there は to Brazil「ブラジルへ」のこと。放送文の go の代わりに，正解の 1 では Travel が使われている。

No. 29 解答 2

放送文 I usually leave my car keys on the small table beside my bed, but this morning, they weren't there. I found them under the sofa in the living room.

Question: Where did the man find his car keys this morning?

放送文の訳 「ぼくは普段，車のかぎを自分のベッドのそばにある小さなテーブ

ルの上に置いておくが，今朝，かぎがそこになかった。ぼくは居間のソファーの下でかぎを見つけた」

質問の訳　「男性は今朝，どこで車のかぎを見つけたか」

選択肢の訳　1　車の下で。　　　　　　2　ソファーの下で。
3　ベッドの上で。　　　　4　テーブルの上で。

解説　最後の I found them under the sofa in the living room. から，2 が正解。found は find「～を見つける」の過去形，them は my car keys「ぼくの車のかぎ」のこと。4 の On the table. は普段，車のかぎを置いておく場所。

No.30 解答 ②

放送文　Now for the weather news. It has been sunny recently, but tomorrow there will be heavy rain until noon. Then, in the afternoon, it will be cloudy.

Question: What will the weather be like tomorrow morning?

放送文の訳　「それでは気象情報です。ここのところ晴れていましたが，明日は正午まで激しい雨になるでしょう。そして午後は，くもりでしょう」

質問の訳　「明日の午前の天気はどうなっているか」

選択肢の訳　1　晴れ。　　2　雨。　　　3　くもり。　　4　雪。

解説　放送文は weather news「気象情報，天気予報」。tomorrow morning「明日の午前」の天気については，but tomorrow there will be heavy rain until noon と言っている。heavy rain は「激しい雨」，until noon は「正午まで」という意味。

18年度第3回　リスニング

215

二次試験・面接　問題カード  日程　問題編 p.156〜157　

全訳

人気のある食べ物

天ぷらは人気のある日本食だ。新鮮な野菜や海産物が、熱い油で調理される。多くの人々はレストランで天ぷらを食べることを楽しむが、家で天ぷらを作ることが好きな人たちもいる。

質問の訳

No.1　パッセージを見てください。多くの人々はどこで天ぷらを食べることを楽しみますか。

No.2　イラストを見てください。女性は何を見ていますか。

No.3　帽子をかぶった男性を見てください。彼は何をしていますか。

さて、〜さん、カードを裏返しにしてください。

No.4　あなたはどのような種類のペットがほしいですか。

No.5　あなたは買い物に行くことが好きですか。
　　　はい。　→　あなたは何を買うことが好きですか。
　　　いいえ。→　あなたは友だちとどこへ行くことが好きですか。

No.1

解答例
They enjoy eating tempura at restaurants.

解答例の訳
「彼らはレストランで天ぷらを食べることを楽しみます」

解説
質問は Where「どこで」で始まり、多くの人々が enjoy eating tempura「天ぷらを食べることを楽しむ」場所を尋ねている。3文目に正解が含まれているが、解答する際、①質問の主語と重なる Many people を3人称複数の代名詞 They に置き換える、②文の後半 but some people like to make tempura at home「しかし、家で天ぷらを作ることが好きな人たちもいる」は質問に直接対応した内容ではないので省く、という2点に注意する。

No.2

解答例
She's looking at a menu.

解答例の訳
「彼女はメニューを見ています」

解説
look at 〜は「〜を見る」という意味で、質問の What is 〜 looking at? は、「〜は何を見ていますか」という現在進行形〈am/

is/are＋動詞の〜ing〉の疑問文。質問に合わせて She's [She is] looking at 〜という現在進行形を使い，この後に女性が見ている a menu「メニュー」を続ける。

No. 3

解答例
He's washing the dishes.

解答例の訳
「彼は皿を洗っています」

解　説
イラスト中の the man with a cap「帽子をかぶった男性」に関する質問。質問の What is 〜 doing? は，「〜は何をしていますか」という現在進行形の疑問文。「皿を洗う」は wash the dishes で，質問に合わせて He's [He is] washing the dishes. という現在進行形で答える。

No. 4

解答例
I want a dog.

解答例の訳
「私は犬がほしいです」

解　説
What kind of 〜は「どのような種類の〜」という意味。自分が飼いたいと思う pet「ペット」の種類を，I want a dog [cat, rabbit].「私は犬[ネコ，うさぎ]がほしいです」の形で答える。

No. 5

解答例
Yes. → What do you like to buy?
　— I like to buy T-shirts.
No. → Where do you like to go with your friends?
　— I like to go to concerts.

解答例の訳
「はい」→ あなたは何を買うことが好きですか。
　—「私は T シャツを買うことが好きです」
「いいえ」→ あなたは友だちとどこへ行くことが好きですか。
　—「私はコンサートへ行くことが好きです」

解　説
最初の質問の Do you like to 〜? は「あなたは〜することが好きですか」という意味で，go shopping「買い物に行く」ことが好きかどうかを Yes(, I do). / No(, I don't). で答える。Yes の場合の 2 番目の質問 What do you like to buy? には，買うことが好きなものを I like to buy 〜 の形で答える。No の場合の 2 番目の質問 Where do you like to go with your friends? には，友だちと行くことが好きな場所を，I like to go to 〜 の形で答え

217

る。解答例の他に，（Yes の場合）I like to buy books.「私は本を買うことが好きです」，（No の場合）I like to go to fast food restaurants (with my friends).「私は（友だちと）ファーストフード店へ行くことが好きです」のような解答も考えられる。

| 二次試験・面接 | 問題カード **B** 日程 | 問題編 p.158〜159 | 🔊 | ▶MP3 ▶アプリ ▶CD 3 81〜84 |

全訳

冬の競技

冬季オリンピックは国際的なスポーツの祭典だ。いろいろな国の人たちが金メダルをとろうと懸命に努力する。スノーボードとスケートは見ていてわくわくするので，それらは多くの人たちに楽しまれている。

質問の訳

No.1 パッセージを見てください。スノーボードとスケートはなぜ多くの人たちに楽しまれているのですか。

No.2 イラストを見てください。何人がかばんを運んでいますか。

No.3 男性を見てください。彼は何をしようとしていますか。

さて，〜さん，カードを裏返しにしてください。

No.4 あなたは週末によくどこへ行きますか。

No.5 あなたは泳ぎに行くことが好きですか。

はい。　→　もっと説明してください。

いいえ。→　あなたは普段友だちと何をしますか。

No.1

解答例 Because they are exciting to watch.

解答例の訳 「それらは見ていてわくわくするからです」

解説 enjoyed は enjoy「〜を楽しむ」の過去分詞で，質問は Why are 〜 enjoyed …「〜はなぜ楽しまれているか」という受動態の疑問文。正解を含む 3 文目は，〈〜, so …〉「〜（原因・理由），だから …（結果）」の構文。解答する際，①質問の主語と重なる Snowboarding and skating を 3 人称複数の代名詞 they に置き換える，②文の後半 so they are enjoyed by many people「だから，それらは多くの人たちに楽しまれている」は質問に含まれ

218

ている内容なので省く，という2点に注意する。

No. 2

解答例　Two people are carrying bags.

解答例の訳　「2人がかばんを運んでいます」

解　説　〈How many＋複数名詞〉は数を問う表現で，ここでは何人が are carrying bags「かばんを運んでいる」か尋ねている。イラストでかばんを運んでいるのは2人だが，単に Two people. と答えるのではなく，質問の現在進行形に合わせて Two people are carrying bags. と答える。

No. 3

解答例　He's going to go skiing.

解答例の訳　「彼はスキーをしに行こうとしています」

解　説　be going to ～は「～しようとしている」という意味で，男性がこれからとる行動は吹き出しの中に描かれている。質問に合わせて，He's [He is] going to ～（動詞の原形）の形で答える。「スキーをしに行く」は go skiing と表現する。また，He's [He is] going to ski.「彼はスキーをしようとしています」と答えることもできる。

No. 4

解答例　I go to the library.

解答例の訳　「私は図書館へ行きます」

解　説　質問は Where「どこへ」で始まり，on weekends「週末に」よく行く場所を尋ねている。自分がよく行く場所を I (often) go to ～（場所名）の形で答える。go の後に，質問にはない to をつけることに注意する。

No. 5

解答例　Yes. → Please tell me more.
　　　　— I have a swimming lesson every Saturday.
　　　　No. → What do you usually do with your friends?
　　　　— I often go hiking with my friends.

解答例の訳　「はい」→ もっと説明してください。
　　　　—「私は毎週土曜日に水泳のレッスンがあります」
　　　　「いいえ」→ あなたは普段友だちと何をしますか。
　　　　—「私は友だちとよくハイキングに行きます」

解 説 最初の質問には，go swimming「泳ぎに行く」ことが好きかどうかを Yes(, I do). / No(, I don't). で答える。Yes の場合の 2 番目の質問 Please tell me more. には，いつ，どこへ，誰と泳ぎに行くかなどを答えればよい。No の場合の 2 番目の質問 What do you usually do with your friends? には，普段友だちとすることを I で始めて答える。解答例の他に，(Yes の場合) I like to go swimming in the sea.「私は海に泳ぎに行くことが好きです」，(No の場合) I often play video games with my friends.「私はよく友だちとテレビゲームをします」のような解答も考えられる。

英検3級に合格したら…

英検®準2級にチャレンジしよう！

準2級は，入試優遇や単位認定をはじめ，取得後は幅広く適用されます。試験問題では日常生活での話題が扱われ，レベルの目安は「高校中級程度」です。

準2級からここが変わる！

※試験内容は変更される可能性がありますので，受験の際は英検ホームページで最新情報をご確認ください。

筆記
長文の空所に適切な語句を補う問題が加わります。語い力を上げると同時に，文章の前後関係をきちんと把握するよう心がけましょう。

リスニング
放送回数がすべて1回になり，第1部から補助イラストがなくなります。英文の情報を整理しながら，一度で正確に聞き取ることが求められます。

面接
問題カードのイラストが2つになり，人物の行動描写と状況説明が求められます。

オススメの英検書はこちら！

学校でまだ習っていないことも
しっかり学べる

参考書

英検準2級総合対策教本

商品詳細はこちら

本体1,500円+税　CD付

MEMO

英検受験の後は 旺文社の
英検® 一次試験 解答速報サービス

PC・スマホからカンタンに自動採点!

- ウェブから解答を入力するだけで，リーディング・リスニングを自動採点
- ライティング（英作文）は観点別の自己採点ができます

大問別の正答率も一瞬でわかる!

- 問題ごとの○×だけでなく，技能ごと・大問ごとの正答率も自動で計算されます

英検® 一次試験 解答速報サービス
https://eiken.obunsha.co.jp/sokuhou

※本サービスは従来型の英検 1 級～ 5 級に対応しています
※本サービスは予告なく変更，終了することがあります

旺文社の英検®合格ナビゲーター　https://eiken.obunsha.co.jp/

英検合格を目指す方には英検®合格ナビゲーターがオススメ!
英検試験情報や級別学習法，オススメの英検書を紹介しています。

2021年度版
英検®3級
過去6回全問題集　別冊解答